GRÜNDER.DE

THOMAS KLUẞMANN & CHRISTOPH J. F. SCHREIBER

AUẞERGEWÖHNLICH ERFOLGREICH

30 HERAUSRAGENDE PERSÖNLICHKEITEN VERRATEN, WIE SIE IHR GELD VERDIENEN

GRÜNDER.DE

VIELEN DANK AN

Projektleitung:	Jasmin Lütke-Laxen
Redaktion & Lektorat:	Katharina Schell Andreas Fricke Luisa Färber Luisa Kleinen Insa Schoppe
Umschlagsillustration:	Fahim Ahmadi Céline Anger Marcel Grommes
Buchsatz:	Kathrin Lembcke
Webdesign:	Fahim Ahmadi Marcel Grommes
Vermarktung:	Corinna Becker Annika Bertsch Tobias Dörpinghaus David Jovanovic

ISBN 978-3-947473-21-2
1. Auflage

INHALT

VORWORT

AUßERGEWÖHNLICH ERFOLGREICH

Was hat eine Gruppe aus Unternehmern, Gründern, Social-Media-Stars, Musikern und Sportlern gemeinsam? Sie alle sind auf ihre jeweils eigene Art und Weise *außergewöhnlich erfolgreich* geworden. 30 Erfolgsstorys, die zahlreiche unterschiedliche Ausgangspunkte haben, die sowohl geradlinige als auch holprige Karrierewege beschreiben, die aber alle zum außergewöhnlichen Erfolg geführt haben – und zur Aufnahme in diesem Buch.

So bekannt manche erfolgreiche Menschen auch sein mögen, so wenig ist teilweise über ihre Anfänge bekannt. Viele von ihnen mussten sich erst einmal beweisen: Sie mussten ihre Führungsqualitäten unter Beweis stellen, sich in einem Marktsegment voller Vorurteile etablieren, Schicksalsschläge verarbeiten und einfach gegen den Strom schwimmen, um ihre Ziele weiter zu verfolgen. Diese Kombination an einzigartigen Werdegängen soll anderen Menschen zeigen, was möglich ist. Dass es nicht immer nur Highlights und Standing Ovations gibt, sondern auch Rückschläge, Kritik und schwierige Phasen.

Umso mehr freuen wir uns über die 30 Erfolgsgeschichten, die wir hier in diesem Buch zusammengetragen haben. Denn nicht alle, die viel erreicht haben, sind bereit dazu, offen über ihre Geschichte zu sprechen und das, was sie an ihren jetzigen Punkt im Leben gebracht hat, preiszugeben. Daher danken wir an dieser Stelle allen Beitragenden für ihre Bereitschaft, offen über ihre Werdegänge zu sprechen und die teils tiefen Einblicke, die sie damit in ihr unternehmerisches Schaffen gegeben haben.

Wir haben uns mit Gründer.de das Ziel gesetzt, dass wir Menschen so gut es geht unterstützen möchten, ihr eigenes Business aufzubauen. Das tun wir nun schon seit mehr als 10 Jahren. Auf unserer Plattform bieten wir Gründern, Selbstständigen und Startups täglich hochwertige neue Inhalte aus der Szene mit Informationen, Tipps und Ratgebern. Des Weiteren unterstützen wir seit vielen Jahren besonders Motivierte durch unser Kickstart Coaching. So möchten wir Gründern und denen, die es werden möchten, sowie auch Unternehmern, die ihr Business digital aufstellen wollen, dabei helfen, ihre Ziele zu erreichen. Darüber hinaus unterstützen wir Gründer mit unseren vorgefertigten Softwareprodukte, um ihnen den Einstieg in Bereiche wie Dropshipping, Print On Demand oder Affiliate Marketing möglichst einfach zu gestalten.

Existenzgründung, praxisorientierte Weiterbildung und Online-Marketing sind Teile der Inhalte auf Gründer.de. Die Marke der Digital Beat GmbH, die im Dezember 2010 von uns gegründet wurde, hat inzwischen über 100.000 Menschen zu unseren Online-Kongressen geführt und in den letzten zwei Jahren mehr als 90.000 Bücher mit namhaften Gastautoren verkauft. Insgesamt haben wir über 1.000 Existenzgründer mit unseren Coachings unterstützt.

Unabhängig von deinem Ziel: Ob du hauptberuflich gründen möchtest, dir ein zweites Standbein aufzubauen gedenkst oder einfach nach neuen beruflichen Herausforderungen suchst: Mit dem umfangreichen Magazin, den praxiserprobten Produkten von Gründer.de und unserem Mitgliederbereich bieten wir dir die Hilfe, die du als Selbstständiger brauchst. Auch, wenn du noch keine konkrete Idee hast, aber eine Möglichkeit suchst, Geld zu verdienen, stehen wir dir zur Verfügung und begleiten dich mit unserem über 40-köpfigen Team auf deinem Weg – von der Ideenfindung bei der großen Themenvielfalt über die Planung bis hin zur finalen Gründung deines eigenen Unternehmens.

Unsere Message ist, dass es nicht immer nur den klassischen Karriereweg gibt, sondern Gründen eine sinnvolle, lukrative und vor allem realistische – da lernbare – Alternative darstellt. Sowohl für die generelle Existenzgründung als auch für den Ausbau eines Unternehmens im Online-Bereich wissen wir genau, auf was es zu achten gilt.

Unsere Artikel und Ratgeber rund um die Themen der Gründerszene findest du unter

www.gruender.de

sowie weiterführende Informationen und News auf unserem Instagram-Kanal

www.instagram.com/gruender.de

Mit diesem zweiten Teil von *Außergewöhnlich Erfolgreich* möchten wir die Runde der potenziellen Vorbilder erweitern. Denn oft hindert uns unsere Vorstellungskraft daran, über den Tellerrand hinauszusehen und unsere Leistungsfähigkeit vollends auszuschöpfen. Mit Vorbildern, die zeigen, wie es geht und dass der Weg zum Erfolg möglich ist, erreichen wir genau die Inspiration, die es für die ersten Schritte braucht. Denn klar ist: Das Ziel eines Unternehmens ist es natürlich auch, dass sich der Erfolg für seine Führung auszahlt. Insbesondere, wenn jemand viele Risiken eingegangen ist, erwartet er für seine harte Arbeit eine entsprechende Belohnung.

Dass sich dieser Aufwand aber lohnt, zeigt sich daran, dass gut drei Viertel aller Selfmade-Millionäre ihr Vermögen durch ein eigenes Business aufgebaut haben. Sie alle wissen davon zu berichten, wie steinig der Weg sein kann – aber auch, wie sehr sich die Entbehrungen in der Vergangenheit ausgezahlt haben.

Deshalb wollen wir dich inspirieren und motivieren, damit du deine eigenen Möglichkeiten entdeckst, von den Erfahrungen anderer lernen kannst und erfolgreich in die Selbstständigkeit startest. Nimm dir einen unserer 30 *außergewöhnlich Erfolgreich*en zum Vorbild – oder kombiniere das Beste aus allen Erfahrungsberichten – und schreibe damit deine eigene Erfolgsstory.

Viel Spaß beim Lesen und viel Erfolg!

Dein Thomas Klußmann und Christoph J. F. Schreiber

EINLEITUNG

Was bedeutet es, »Erfolg zu haben«? Unsere 30 Interviewpartner haben darauf ganz unterschiedliche Antworten. Sabrina Spielberger etwa, Gründerin des Affiliate-Netzwerks Digidip, sieht Erfolg durch den Aufbau eines Mitarbeiterstamms, die Auszeichnung mit Awards und die Expansion ihres Business ins Ausland. Für TV-Bekanntheit Jorge González sind es die geilen Momente von Auftritten oder wenn man ihn auf der Straße mit seinem bekannten Spruch »Hola Chicas« begrüßt. Oder sind 200.000 Kunden ein Meilenstein, wie es die Gründerinnen von ooia definieren? Erfolg bedeutet für jeden etwas anderes. Und die verschiedenen Hintergründe in der Gruppe unserer Co-Autoren beweisen: Jeder kann erfolgreich sein. Was sie aber alle gemeinsam haben, ist, dass ihr Erfolg ihnen auch finanziell viel geholfen hat – und vielleicht hältst du genau deshalb gerade dieses Buch in den Händen.

Effektiv Geld verdienen und langfristig Erfolge feiern – das ist für viele das Ziel in der heutigen Zeit. Aber gerade das digitale Zeitalter stellt uns vor große Herausforderungen, denn auf den ersten Blick scheint es oft, als gäbe es eine Idee bereits. Die Challenge ist es, sich mit der eigenen Idee, dem eigenen innovativen Konzept und – besonders in Zeiten von Social Media – mit der eigenen Persönlichkeit von der Masse abzuheben. 30 solcher Geschichten stellen wir dir in diesem zweiten Teil von *Außergewöhnlich Erfolgreich* vor.

Wer aber sind wir, dass wir außergewöhnlichen Erfolg beurteilen könnten? Ich, Thomas Klußmann, habe in den letzten 20 Jahren immer wieder bewiesen, dass ich den Erfolg im Blut habe – aber dass man auch hart dafür kämpfen muss. Aufgewachsen bin ich auf einem Bauernhof – inzwischen habe ich alleine seit 2010 acht Unternehmen gegründet und 14 Bücher veröffentlicht.

Als Founder und CEO von Gründer.de unterstütze ich angehende Gründer, Selbstständige und Startups mit meinem Know-how und meinem großen Netzwerk aus Experten. Auch meine Expertise im Online-Marketing kommt dir zugute. Denn mein tägliches Geschäft besteht darin, neue Online-Geschäftsmodelle zu entwickeln und diese effektiv ins Offline-Business zu übertragen. Das ist meine große Leidenschaft.

Mein Name ist Christoph J. F. Schreiber. Ich bin seit mittlerweile 15 Jahren Unternehmer, CEO der Digital Beat GmbH und Autor zahlreicher Bücher und Studien. Ein normaler Job kam für mich nie in Frage und so probierte ich mich schon früh in verschiedensten Bereichen unternehmerisch aus. Bereits während meines Studiums gründete ich Düsseldorfs erste studentische Unternehmensberatung, war der größte deutschsprachige Anbieter von Rum-Verkostungen und startete gemeinsam mit Thomas vor über 10 Jahren Gründer.de, die Marke, unter der auch dieses Buch erschienen ist.

Die Gestaltung von digitalen Geschäftsmodellen ist mittlerweile zu meiner größten Expertise geworden und dieses Know-how gebe ich gerne weiter, unter anderem als Speaker auf unserer Online-Marketing-Konferenz Contra. Erfolgreich sein kann meines Erachtens nur jemand, der bereit ist, sich ständig weiterzuentwickeln und sich dabei von erfolgreichen Menschen inspirieren lässt – also genau wie du es mit dem Buch vorhast.

Wir beide, Thomas und Christoph, wissen aus eigener Erfahrung, welche Schwierigkeiten am Anfang eines Business-Aufbaus auf dich warten können. Unser Ziel ist es daher, dir mit der Reihe *Außergewöhnlich Erfolgreich* und diesem zweiten Teil das zu bieten, was du zum Durchstarten brauchst: Inspiration, Erklärungen, Information und nicht zuletzt Motivation. Du erhältst in diesem Buch einen Einblick in die Erfolgsgeschichten unserer 30 Co-Autoren, erfährst detailliert den Aufbau ihres Business und die Beweggründe dafür. Sie sprechen aber auch über ihre Fehler und Misserfolge, die sie in ihren Karrieren erlebt haben, und wie sie daraus gelernt haben. Um nur zwei Beispiele zu nennen: Du erfährst in diesem Buch, wie ein Einbruch den Unternehmer, Coach und Keynote-Speaker Felix Thönnessen nicht entmutigt, sondern sogar motiviert hat, seine Ziele weiter zu verfolgen. Oder wie drei Kölner Jungs durch ein paar lustige Bilder zu Instagram-Stars wurden und nun Kooperationen mit zahlreichen namhaften Partnern abschließen.

So unterschiedlich Erfolg gemessen werden kann, so verschieden sind auch die 30 Geschäftsmodelle, die wir in dieser zweiten Ausgabe von *Außergewöhnlich Erfolgreich* vorstellen: Von »Herr Anwalt«, der seinem Beruf mit Infotainment ein ganz neues Image verpasst, über »Mr Stöckelschuh« Jorge González als eine der bekanntesten Persönlichkeiten in der deutschen TV-Landschaft sowie Formel-1-Weltmeister und Greentech-Unternehmer Nico Rosberg bis hin zu erfolgreichen Startups mit besonders innovativen Ideen wie ooia oder Artnight – in diesem Buch findest du sie alle und ihre *außergewöhnlich erfolgreich*en Geschichten.

Wir haben für dich als kostenlosen Bonus ein Best-of der spannendsten, unterhaltsamsten und aufschlussreichsten Interviews unserer Co-Autoren als Video bereitgestellt. Diesen Bonus kannst du dir hier kostenlos abholen:

https://start.gruender.de/ae/bonus/

In jedem Kapitel dieses Buchs erfährst du, wie unsere 30 Co-Autoren ihr Geld verdienen, was sie zu ihrem Business gebracht hat und wie sie planen, auch langfristig so erfolgreich wie bisher zu sein. Ob die Erschließung neuer Marktlücken oder Kooperationen mit erfahrenen Partnern – die Möglichkeiten sind ebenso vielfältig wie die Persönlichkeiten, die ihre Erfolgsgeschichten erzählen: Gründer, Entertainer, Influencer, Sportler, Musiker... Die Liste ist lang.

Nicht wenige unserer *außergewöhnlich Erfolgreich*en hatten zu Beginn ihrer Karriere mit Schwierigkeiten zu kämpfen. Für potenzielle Investoren oder Geschäftspartner waren die Ideen zu unkreativ, der Markt zu festgefahren, das Risiko zu groß. Dennoch haben sie ihre Pläne verwirklicht und damit in vielen Fällen auch etwas Neues und Gutes in die Welt gebracht. So trägt z. B. Joanna Hajnaj, deren Firma Schwimmdächer für Öl- und Chemietanks herstellt, dazu bei, Emissionen zu reduzieren. Fabian Voraus macht mit seiner Community »BeYourBest« auf gesunde Ernährung aufmerksam und die Gründerinnen von ooia haben mit dem Wort »Periodenunterwäsche« einen neuen Begriff in den deutschen Sprachgebrauch gebracht.

Die 30 Geschichten in diesem Buch sind sehr unterschiedlich. Aber eines sind sie alle: *außergewöhnlich erfolgreich*. Und sie sollen dich inspirieren und dir zeigen, dass auch du einen solchen Weg gehen kannst. Einen ersten Schritt dafür kannst du mit uns gehen: Seit 2013 helfen wir Gründern im Rahmen unseres Kickstart Coachings, aus der Idee ein echtes Business zu machen. Mit intensiver Begleitung und richtigem Know-how bieten wir motivierten Menschen die Gelegenheit, ein erfolgreiches und gewinnbringendes Unternehmen aufzubauen. Basis dafür ist ein Strategiegespräch im ersten Schritt.

Wenn das für dich interessant ist, kannst du dich unter

https://start.gruender.de/kickstart/

anmelden und einen Termin
für dein kostenloses Strategiegespräch vereinbaren.

Abschließend möchten wir noch einen Hinweis zum Wording in diesem Buch geben: Aus Gründen der besseren Lesbarkeit verwenden wir bei Personenbezeichnungen und personenbezogenen Hauptwörtern in diesem Buch die männliche Form. Entsprechende Begriffe gelten im Sinne der Gleichbehandlung grundsätzlich für alle Geschlechter. Die verkürzte Sprachform hat nur redaktionelle Gründe und beinhaltet keine Wertung.

Viel Spaß!

NICO ROSBERG

© Tom Ziora

Nico Rosberg

Mit Vollgas in die Nachhaltigkeit

Rosberg? Den Namen kennen vor allem Motorsport-Fans. Aus zweierlei Gründen: einerseits durch den finnischen Formel-1-Weltmeister von 1982, Keke Rosberg, andererseits auch durch seinen Sohn Nico, der 34 Jahre nach seinem Vater den Titel in der höchsten Motorsportserie holte. Nico ist aber weitaus mehr als ein ehemaliger Rennfahrer im Formel-1-Boliden. Seit dem Ende seiner aktiven Karriere engagiert er sich für zahlreiche Projekte und investiert in verschiedene Unternehmen. Seit 2020 ist er sogar als Juror in »*Die Höhle der Löwen*« zu sehen. Sein Fokus gilt dabei stets Ideen und Projekten, die Nachhaltigkeit unterstützen. Aber wie fing alles an und wann wurde aus dem Formel-1-Weltmeister ein Nachhaltigkeits-Unternehmer?

Vollgas von Beginn an

Der Name Nico Rosberg müsste auch vielen ein Begriff sein, die sich nicht so stark für den Motorsport interessieren. 1985 in Wiesbaden geboren, wuchs Nico in Monaco auf, wo er die internationale Schule besuchte. Die Begeisterung für Autorennen wurde ihm dabei in die Wiege gelegt – nicht nur, weil die Formel 1 in Monaco eine ihrer anspruchsvollsten und somit prestigeträchtigsten Grand-Prix-Rennstrecken hat, sondern vor allem durch seinen Vater. Der Finne Keke Rosberg war selbst einst Rennfahrer in der Formel 1 und gewann 1982 den Weltmeistertitel. Daher ist es nicht verwunderlich, dass Nico eines Tages die höchste Motorsportserie anvisierte und bereits im Alter von sechs Jahren mit dem Kartfahren begann. Schon als Zehnjähriger fuhr er erfolgreich in verschiedenen Kart-Meisterschaften mit. Es folgten der Vize-Europameistertitel in der Formel A 2000 und 2002 der Meistertitel in der Formel BMW. Nico war damals 17 und durfte als jüngster Fahrer überhaupt einen Formel-1-Boliden von Williams testen. Der große Traum des künftigen Weltmeisters: einmal einen Grand-Prix in Monaco gewinnen.

11 Jahre Formel-1-Erfolgsgeschichte

Der Startschuss in der Formel 1 fiel für Nico im Jahre 2006, als er für Williams zum Stammfahrer wurde. Bei seinem Debüt fuhr er die schnellste Runde und sammelte seine ersten beiden WM-Punkte. Vier Jahre später wechselte er zu Mercedes Grand Prix und erreichte in der Endabrechnung den 7. Rang. Darüber hinaus landete Nico 2010 drei Mal auf dem Podium – und war damit deutlich besser als sein damaliger Teamkollege und Rekordweltmeister Michael Schumacher.

Seinen ersten Grand-Prix-Sieg in der Formel 1 erreichte Nico 2012 in China. Ab 2013 fuhr er gemeinsam mit Lewis Hamilton für Mercedes und duellierte sich mit seinem britischen Teamkollegen in spannenden Rennen. Dabei erfüllte er sich 2014 seinen Traum, als er den großen Preis von Monaco gewann und die Saison 2014 und 2015 jeweils als Vizeweltmeister hinter Hamilton beendete. Seinen größten Erfolg feierte Nico in der Saison 2016 als er mit fünf Punkten Vorsprung vor Hamilton den WM-Titel in der Formel 1 gewann. Es war gleichzeitig der Schlusspunkt der aktiven Formel-1-Karriere des damals 31-Jährigen. Am Ende blickt er auf 23 Grand-Prix-Siege, 30 Pole-Positionen und 57 Podiumsplätze in elf Jahren zurück.

Vom Formel-1-Weltmeister zum Gründer und Investor

Mit dem Gewinn des Weltmeistertitels in der Formel 1 wurde Nico klar, dass er in diesem Sport alles erreicht hatte, was er sich erträumte. Instinktiv wusste er, dass er nun etwas Neues beginnen wollte. Nur: In welche Richtung, das war zu dem Zeitpunkt nicht ganz klar. Nico hatte ein großes Interesse an Mobilität und technischen Entwicklungen in die Richtung alternativer Antriebe. Zu dieser Zeit erhielt er Einblicke in die Entwicklungen von Mercedes und die Formel E sowie auf der *Consumer Electronics Show (CES)*, um sich Impulse für seine Entscheidung zu holen. Außerdem beschäftigte sich Nico mit dem Thema Klimawandel. So reifte der Wunsch in ihm, etwas zu tun, das anderen Menschen hilft. Seinen Fokus legte er darauf, nachhaltige Innovationen und Entwicklungen voranzubringen. Daher stieg er 2018 als Investor in der Formel E ein – einer Rennserie, in der die Fahrzeuge mit Elektromotor betrieben werden.

Heute ist Nicos Hauptgeschäft das Impact Investing. Er investiert in mehr als 30 Startups aus Bereichen wie nachhaltige Mobilität, Technologie, Gesundheit und Ernährung sowie Agroforstwirtschaft und CO2-Reduktion. Darüber hinaus fungiert er als Botschafter zukunftsweisender Unternehmen (darunter Continental, EnBW, Jungheinrich, Julius Bär und BIanchi) und fördert Unternehmen beim Übergang zu nachhaltigeren Produkten und Geschäftspraktiken. Des Weiteren tritt er regelmäßig als Gast und Redner bei globalen Veranstaltungen wie dem Weltwirtschaftsforum und der UN-Klimakonferenz auf.

Verschiedene Tätigkeitsbereiche, ein Ziel: Nachhaltigkeit

Nachhaltigkeit ist das große Ziel, das Nico mit seinen Investitionen verfolgt. Gemeinsam mit den Berliner Unternehmern Marco Voigt und Sven Krüger rief er 2019 das GREENTECH FESTIVAL ins Leben. Unter dem Motto #celebratechange werden hier zukunftsorientierte Technologien vorgestellt, die einen nachhaltigen Lebensstil fördern. Aufgrund des großen Erfolgs durch den Austausch unterschiedlichster Persönlichkeiten und Unternehmen wird die Messe künftig auch an internationalen Standorten wie New York, London und Singapur stattfinden.

In der Extreme E, einer Rennserie für SUVs mit Elektromotor, ist Nico seit 2020 als CEO und Gründer mit seinem eigenen Team *Rosberg X Racing* unterwegs. Die Rennserie widmet sich neben der Förderung von Elektromobilität auch anderen sozialen Themen, darunter dem Kampf gegen den Klimawandel oder der Gleichstellung von Mann und Frau. Rosberg X Racing ist eine Weiterentwicklung des Teams Rosberg, das Nicos Vater 1994 gegründet hat. Ziel des Teams ist es, im Wettbewerb erfolgreich zu sein und gleichzeitig mehr Bewusstsein im Kampf gegen den Klimawandel zu fördern. Nico sagt selbst, es sei spannend, wie die Themen zusammen funktionieren und er genieße es, dass der Motorsport als Plattform an gesellschaftlicher Relevanz gewinne. Unter anderem hat Rosberg X Racing die Kampagne #DrivenbyPurpose ins Leben gerufen. So werden an jedem Ort, den das Team besucht, nachhaltige und soziale Projekte unterstützt.

Das Konzept in der Extreme E ist bisher aufgegangen. Als Basis fungieren laut Nico die spannenden Rennen in der Serie. Gleichzeitig wird aber auf das Thema Umwelt hingewiesen. Außerdem ist die Kombination aus Motorsport und Umweltschutz entgegen vieler Erwartungen kein allgemeiner Widerspruch. Die Rennen finden emissionsfrei statt, die Energie für die Elektromotoren erzeugen die Teams mittels Wasserstoffgeneratoren vor Ort. Da der Serientross per Schiff reist, ist die Logistik zudem reduziert. Damit wollen Rosberg und die Extreme E der Welt zeigen, wie cool Elektromobilität ist. Das Ziel ist nicht, Technologie abzuschaffen, sondern sie zu verbessern – auch im Motorsport.

Geschäftsmodell vor Umsatz – auch als »Löwe«

Das wichtigste Ziel für Nicos Business ist, mit nachhaltigen Geschäftsmodellen zu langfristigem Erfolg zu kommen. Natürlich spiele der Umsatz eine Rolle, um etwa den Erfolg zu messen. Besonders wichtig ist es ihm aber, nachhaltigen Ideen zum Durchbruch zu verhelfen – sei es bei Startups oder indem er unterstützt, nachhaltige Prozesse in bestehende Unternehmen zu integrieren. Durch seine Kontakte bringt er viele verschiedene Player zusammen, die sich gegenseitig inspirieren.

Weitere Kontakte und Inspiration sammelt Nico durch seine Tätigkeit als Juror in der VOX-Show »*Die Höhle der Löwen*«. Dort ist er seit der 8. Staffel – mit dem Fokus auf nachhaltige Produkte von Startups – als Investor tätig. Wichtig ist für ihn dabei, dass er an eine Idee glaubt und den Eindruck hat, dass diese erfolgreich realisiert werden kann. Und natürlich ist eine gute Due Diligence – also dass eine sorgfältige Analyse des Unternehmens hinsichtlich seiner wirtschaftlichen, steuerlichen, rechtlichen und finanziellen Verhältnisse positiv ausfällt – essenziell, um die wichtigsten Fragen direkt zu beantworten.

Alles nur Geschäft? Keinesfalls! – gemeinnützige und philanthropische Projekte

Auch außerhalb seiner geschäftlichen Investitionen engagiert sich Nico für die Förderung von nachhaltigen Projekten. Beispielsweise setzt er sich für eine positivere CO2-Bilanz ein, die etwa durch Aufforstungsinitiativen vorangetrieben wird. Er ist u.a. Markenbotschafter von Treedom, einer Organisation, die mithilfe von Baumpflanzungen weltweit nicht nur der Umwelt hilft, sondern auch Menschen eine Lebensgrundlage bietet, die besonders vom Klimawandel betroffen sind. Darüber hinaus ist Nico Mitglied des World Energy Council of Monaco und als Botschafter für die Klimakampagne *Count Us in* tätig. Auch die von Paul McCartney ins Leben gerufene Initiative *Meatfree Monday*, die seit 2009 ein Bewusstsein für die schädlichen Wirkungen von Tierhaltung und Fleischkonsum auf die Umwelt schaffen will, unterstützt Nico mit seinem Namen. Des Weiteren hilft er mittels verschiedener Charity-Aktionen, Geld für benachteiligte, kranke oder behinderte Kinder zu sammeln.

Hürden als Bausteine auf dem Weg zum Erfolg

Eine große Rolle für den Erfolg spielt laut Nico die Präsenz in den sozialen Netzwerken. Es sei für fast jeden wichtig für den Erfolg, denn es gehe ja gar kein Weg mehr daran vorbei. Ihm persönlich gefällt aber auch, dass er das Feedback von Fans und Followern unmittelbar sehen kann.

Die größten Probleme auf dem Weg zum Erfolg sind Rückschläge und Krisen. Gerade auf dem Weg zum Weltmeistertitel in der Formel 1 musste er mit mehreren Schwierigkeiten zurechtkommen. Die Herausforderung war, aus den Krisen herauszufinden und am nächsten Rennwochenende wieder anzutreten und zu bestehen. Rückblickend sagt Nico, dass ihm diese Rückschläge sehr geholfen hätten. Wenn alles glatt läuft, lerne man nichts im Leben. Aus Krisen hingegen kann man wachsen und aus diesem Prozess auch Kraft schöpfen.

Hat sich etwas verändert an Nicos Erfolgsstrategie? Tatsächlich. Während es als Rennfahrer stetig den Kampf mit der Konkurrenz gab, liegt der Fokus als Unternehmer auf etwas anderem: ihm selbst und den Menschen, die ihm etwas bedeuten. Anderen helfen zu wollen, das ist der wichtigste Baustein auf dem Weg zum Erfolg – seien es Partner oder Unternehmen, die Nico unterstützt. Außerdem hat er gelernt, geduldiger zu sein. Als Rennfahrer hatte er immer eine Verdichtung aller Anspannung in Form der Rennwochenenden. Als Investor und Unternehmer aber handelt er Verträge über Wochen und Monate hinweg aus. Gleich geblieben sind hingegen Nicos Liebe zum Detail und das Wissen, dass sich echter Erfolg nur im Team schaffen lässt. Sein Geheimtipp, um *außergewöhnlich erfolgreich* zu werden?

Viel lesen, immer wieder Neues dazulernen wollen und niemals aufgeben. Denn auch jede Krise ist eine große Chance im Leben, die nur genutzt werden muss.

DR. KATI ERNST & KRISTINE ZELLER

ooia

© Jannik Hanne

Dr. Kati Ernst & Kristine Zeller

Wie sie das Wort »Periodenunterwäsche« in den deutschen Sprachgebrauch brachten

Ein Unternehmen zu gründen und damit *außergewöhnlich erfolgreich* zu werden, ist kein leichtes Unterfangen. Das würden wohl die meisten Gründer und Gründerinnen unterschreiben. Doch Kati Ernsts und Kristine Zellers Vorhaben ging weit über das Gründen hinaus. Sie hatten eine Vision, die die Leben von Menstruierenden und auch von denen, die nicht menstruieren, beeinflussen sollte. Das Tabuthema Periode sollte einmal umgekrempelt und völlig neu gedacht werden. Dabei brachten sie nicht nur eine einzigartige Bewegung ins Rollen, sondern erschufen auch ein modernes Unternehmen, das innerhalb von drei Jahren 8-stellige Umsätze verbucht hat: ooia.

Kristine und Kati, eine Freundschaft, die schon über 15 Jahren hält. Die beiden haben Kinder im gleichen Alter und sich schon immer viel ausgetauscht: vor allem darüber, das Mutter-Sein, Job und Interessen unter einen Hut zu kriegen. Beide waren lange Jahre fest angestellt, doch ihnen fehlte die Nähe zu ihren Kindern, ihnen beim Heranwachsen zuzuschauen. Außerdem sollte der Job eine Bedeutung haben und etwas in der Welt bewegen. »Gesprächsstoff gab es über die Jahre viel, aber wir haben nie wirklich konkret über eine Gründung gesprochen.«, so Kati. Bewusst war ihnen nur, dass sie sehr gut zusammenarbeiten würden. »Es war dann eher so, dass das Produkt uns gefunden hat.«

Die Entstehung einer Idee

Bei einem Dinner mit Freunden erzählt eine Freundin Kati von einem »total abgefahrenen« Produkt aus den USA: Periodenunterwäsche. Das heißt eine waschbare Unterhose mit saugfähiger Membran, die während der Periode getragen werden kann. Ein diskussionswürdiges Thema in der Frauenrunde, denn es sollte die alteingesessenen Produkte wie Tampon und Binde ersetzen. Doch Kati ist interessiert. Am selben Abend recherchiert sie, dass das Produkt in Deutschland noch gar nicht existiert. In der Nacht reift der Plan heran und so holt sie schnell auch Kristine ins Boot, die sich aufgrund ihrer beruflichen Erfahrung bereits mit Unterwäsche auskennt. Beide sind bereits langjährig in einem Angestelltenverhältnis, Kati bei McKinsey und Kristine bei Zalando. Der Tausch vom sicheren Job in ungewisse Startup-Gewässer – der Plan ging auf!

Die erste Periodenunterwäsche für Deutschland

Die Ursprungsidee war zunächst, eine Brand aus den USA in Deutschland zu lizenzieren und zu vertreiben. Doch im Produkttest fielen alle Kandidaten durch. Auch gab es verschiedene Aspekte, die für den deutschen Markt nicht funktionieren. So konnte man die Produkte damals nur kalt waschen, in Deutschland ist das jedoch eher unüblich. Alle Entwicklungen führen letztendlich dazu, dass die beiden ihre eigene Periodenunterwäsche herstellen und alles besser machen möchten. Hunderte Stoffe, mit denen am Küchentisch herumexperimentiert wird, und ein großes Netzwerk aus Experten und Expertinnen aus den Bereichen Textil und Gynäkologie sowie Lieferanten aus ganz Europa führen letztendlich zum ersten fertigen Prototypen.

Das perfekte Produkt mussten Kati und Kristine erst selbst entwickeln.

Parallel sind auch der Markenname und die Markenidentität ein großes Thema. Die Fragen, die sich die beiden stellen sind: Wie soll sich die Marke anfühlen? Welches Gefühl möchten wir vermitteln? So wird schnell klar, dass mit der Brand auch eine Bewegung, eine Community, einhergehen muss. Denn im Bereich der Periodenprodukte hatte lange Zeit keine Innovation mehr stattgefunden. Ja, sogar das Wort »Periodenunterwäsche« hatte nicht einmal existiert.

Die beiden entscheiden sich letztendlich für den Namen ooshi. Klassisch lassen sie den Namen von Rechtsanwälten prüfen und diese geben nach ausgiebiger Recherche das Go. Doch als sie den Namen schützen wollen, stellt sich heraus, dass ein Unternehmen Einspruch dagegen erhebt. Um hier größere Probleme zu vermeiden, muss ein alternativer Name her. Schlaflose Nächte, viel Energie und Kraft kostet das Finden eines neuen Namens. Die O-Dopplung zu Beginn des Namens soll gleich bleiben, denn sie gefällt den beiden. Auch emotional war es schwer, den alten Namen loszulassen, so die zwei Frauen. Unter verschiedensten Vorschlägen zweier Agenturen findet sich dann der Name »ooia« in der Liste. Für die Bejahung »Uhh ja« soll der neue Markenname stehen.

Die Finanzierung der ersten ooia-Produktion

Mit einer Kickstarter Kampagne starten die beiden. Bis heute ist ooia zu 100 Prozent gebootstrappt, das heißt selbst finanziert. Durch die Vorfinanzierung der Interessierten kann vermieden werden, weitere Investoren und Geldgeber an dem Unternehmen zu beteiligen. Somit liegt auch heute ooia noch zu jeweils 50 Prozent bei den beiden Gründerinnen. Die Einnahmen aus dem Onlineshop sind dabei der größte und nahezu einzige Vertriebsweg. Der Weg in den Einzelhandel wird zwar immer wieder diskutiert, ist aber bislang noch nicht umgesetzt. In den Gründungsanfängen war dies noch kein Thema, denn zunächst stand weniger der Verkauf, sondern vor allem auch das Schaffen von Awareness für eine völlig neue Produktkategorie im Vordergrund.

Dabei nehmen Kati und Kristine vor allem auch die Bedürfnisse und Ängste der Menstruierenden in den Vordergrund. Denn online beobachtet niemand die Kunden während sie sich über das Produkt informieren. Auch Fragen äußern viele lieber online als offline. Trotzdem merken die beiden, wie der Wind sich dreht und immer mehr Menschen sich bereits mit dem Thema Periodenunterwäsche auseinandergesetzt haben.

Das große Interesse zeigt sich damals bereits in der Kickstarter-Kampagne. Nach bereits sieben Stunden des ersten Tages erreichen sie das anvisierte Ziel von 10.000 Euro. Zum Ende der vier Wochen übertreffen sie dieses Ziel fünffach. Dabei ist die Kampagne zunächst eine echte Blackbox, denn die Gründerinnen wissen nicht einmal, wie hoch der Bedarf an Periodenunterwäsche in Deutschland wirklich ist. Im Nachhinein kann man also sagen, Menstruierende haben nur auf ein Produkt wie dieses gewartet.

Erweiterung des Sortiments: Von der Periodenunterwäsche bis zum Still-BH

Zu Beginn ist das Portfolio von ooia noch recht überschaubar, zwei Slips machen den Anfang. Heute zeigt das junge Unternehmen, dass Periodenprodukte sexy sein können. Schwarze Spitze oder sogar als String – »make it fashionable« ist ihr Motto beim Entwerfen der Produkte und der Auswahl der Stoffe. Auch verschiedene Saugstärken, saugfähige Still-BHs, eine Everyday-Kollektion als Ersatz für Slipeinlagen und sogar Perioden-Beachwear sind heute teil der Produktpalette. Und diese wächst stetig. Durch das Feedback ihrer Kundinnen können die beiden schnell auf Wünsche und Bedürfnisse reagieren. Egal ob Farben, Formen oder neue Produktkategorien – Rückmeldungen aus der Community sind für die beiden richtig und wichtig.

Das klassische Modell wird heute durch Varianten aus Spitze oder anderen Passformen ergänzt.

Aber wie funktionieren die Periodenpanties überhaupt in der Anwendung? Die Höschen können während der Periode getragen werden und haben unterschiedliche Saugstärken. Nach dem Tragen werden sie zunächst von Hand kalt ausgewaschen und gehen dann bei 40°C mit der normalen Wäsche in die Waschmaschine. Nach dem Lufttrocknen sind sie dann bereit für die nächste Anwendung.

Die emotionale Mission hinter ooia

Doch wie bringt man neben dem Unternehmensaufbau eine revolutionierende Bewegung ins Rollen? Das Ziel war nicht, zu missionieren und die Periodenunterwäsche jedem aufzudrängen, so argumentiert Kristine. Vielmehr sollten die Menstruierenden sich zunächst erneut mit der Verwendung ihrer Produkte auseinandersetzen. Kati und Kristine haben also bei der einzelnen Person angefangen und da, wo diese mit ihrem eigenen Tabu steht. »Der Markt war bisher stark geprägt von den zwei Produktgruppen: Tampons und Binden. Wir glauben, dass in vielen Chefetagen Männer sitzen und die Bedürfnisse von Frauen zu wenig gehört werden«, so die beiden. Auch das eigene Körperbewusstsein wird durch die ooia-Revolution neu zum Fokus-Thema. Die Frauen beschäftigen sich erstmals genauer mit der Periode und fragen sich: Wie viele Tage und wie stark habe ich meine Periode? Wann laufe ich aus, in der Nacht oder beim Sport?

Ein weiterer Fokus, den die beiden setzen, ist, den Frauen das Gefühl zu geben, sich wiederzuerkennen. Auf der Website platzieren die beiden Gründerinnen Models mit unterschiedlichsten Körpertypen. Auch bei den Modellen möchten sie die breite Masse erreichen und mit ihren Styles möglichst viele Frauen ansprechen. Von den Followern werden sie für diese Entscheidungen gefeiert. Das beweisen die fast 100.000 Follower auf dem @its.me.ooia Instagram-Kanal. »Dass wir nicht nur ein produzierendes, sondern auch ein aktivistisches Unternehmen sind, das war von vornherein gar nicht der Plan«, sagt Kati selbst.

ooia wird zum Thema gesellschaftlicher Konversationen – doch wie?

Doch auch mit dem Ziel im Blick war der Weg kein einfacher. Immer wieder müssen die beiden Powerfrauen mit Rückschlägen und Herausforderungen kämpfen. Diese beginnen bereits bei der Materialbeschaffung. Die Produkte für ooia werden fair in Europa mit drei verschiedenen Nähereien hergestellt und auch die Stoffe stammen von europäischen Lieferanten. In Zeiten von Corona, in denen Lieferketten einbrechen oder sich enorm verlangsamen, ist das natürlich schwierig.

Neben dem eigenen Social-Media-Account hat vor allem auch Katis und Kristines Herangehensweise die Message von ooia verbreitet. Den Menschen, bei Offline- und Online-Events, erzählen sie von dem Projekt. »Auch allen, die es nicht hören wollten«, so die Gründerinnen und lachen. Daraus entstehen ein Netzwerk und weitere Connections, die bei den Anfängen extrem helfen. Ein richtiges Schneeballsystem entsteht, die Medien berichten über ooia und auch Influencer springen auf die Bewegung auf.

Ein Blick in die Vergangenheit – die größten Meilensteine

Nicht nur der Tag der Kickstarter-Kampagne im September 2018 ist ein echtes Highlight in den Köpfen der beiden Gründerinnen. Auch einen besonderen Preis können die beiden in ihrer Anfangsphase entgegennehmen. Von der Bundesregierung werden sie als Kreativpilotinnen ausgezeichnet. Hier werden Menschen hervorgehoben, die mit außergewöhnlichen Ideen die Welt ein Stückchen verändern. Eine große Ehre für das damals noch junge Unternehmen. Auch heute noch gibt es regelmäßig Erfolge zu feiern. So feiert ooia im Jahr 2022 die 200.000ste Kundin und es werden stetig mehr ooia-Trägerinnen.

Das macht ooia zum Umsatz-Wunder

Eine Weiterentwicklung findet bei ooia immer von zwei Seiten statt. Zum einen aus Produktsicht und zum anderen aus Marketingsicht. Das Marketing-Team versucht bei Letzterem, mit dem bestehenden Sortiment immer mehr Menschen zu erreichen. Das kann durch eine andere Ansprache, einen anderen Kanal oder eine andere Art von Werbung geschehen. Allerdings erhalten sie hier auch Input aus dem Produkt-Team. Jeden Monat landen neue Produkte auf der Website und so natürlich auch im Warenkorb der Kundinnen. Mit dem Feedback aus Instagram oder mithilfe verschiedener Umfragen können die Produktentwickler Inspiration schöpfen und die Umsätze so ebenfalls erhöhen. Ziel ist es also, die Kundinnen noch besser zu bedienen und neue zu gewinnen.

Spannend ist, dass Kundinnen meist nicht nur einen Slip oder ein Produkt pro Bestellung kaufen, auch die Wiederkaufsrate ist hoch für einen Onlineshop, so Kati. Zudem nutzen die beiden Gründerinnen eine unabhängige Bewertungsplattform, um bei den Kundinnen für Trust zu sorgen. Hier können Bewertungen nicht gelöscht oder manipuliert werden, das heißt, die pure Realität wird hier abgebildet. Doch das Feedback ist zu großen Teilen positiv.

Und es gibt eine weitere Marketingmaßnahme, die maßgeblich zum Erfolg beiträgt: die beiden Gründerinnen selbst. Als Gesichter hinter ooia schaffen sie Vertrauen und sind wie die großen Geschwister, Mütter und Freundinnen, die Periodenunterwäsche empfehlen und von den Vorteilen berichten. Vielleicht macht sie ihre nahbare und feministische Art zum Umsatz-Wunder von ooia.

Learnings als Arbeitgeber

Neben einem hohen Umsatz sind auch die Mitarbeiterzahlen unter Kati und Kristine gewachsen. Zu Beginn hatten sie mit ungefähr 5 Angestellten gerechnet, heute sind es bereits über 40. Doch auch auf diesem Weg haben sie einiges gelernt. Besonders herausfordernd: Teambuilding als Remote Company. Denn zu Zeiten der Corona-Pandemie ist das Office von ooia nahezu komplett geschlossen. Obwohl das Startup zu dieser Zeit bereits sehr flexibel und digital arbeitet, stehen die zwischenmenschlichen Beziehungen unter einer echten Challenge. Heute kommunizieren sie klar, dass sie eben keine Remote Only Company sind. Denn neue Mitarbeiter zu halten funktioniert nur, wenn sie schon früh die Kultur im Unternehmen spüren und auch selbst leben können, so die Gründerinnen. Herausforderungen wie diese nehmen die beiden als Team an und sind froh, alle Steine auf dem Weg gemeinsam bewältigen zu können.

Der Top-Tipp der Gründerinnen

Für Kristine und Kati war klar, dass sie zusammen gründen. Sie teilen die Tiefs, aber vor allem auch die Hochs. Dabei ist die Wahl der richtigen Partnerin der wichtigste Schritt beim Gründen. »Skills kann man sich später hinzu kaufen, aber wenn die Werte nicht stimmen, das ist schwierig«, so die Gründerinnen. Hin und wieder sind sie sich auch einmal uneinig wenn Entscheidungen anstehen. Hier haben sie sich bereits vorher ein Format überlegt: Die kollegiale Beratung. Bei dieser Business-Idee werden Menschen aus verschiedenen Branchen und Bereichen zusammengeholt. Diese diskutieren das Problem ohne die beiden Gründerinnen, das soll dann vermehrt für Klarheiten und eine Einigung sorgen. Bei einem Problem, welches das ganze Unternehmen betrifft, haben sie sogar Mediatoren festgelegt, die dann im Prozess beratend zur Seite stehen. Unkonventionelle Methoden und der Gedanke, etwas in der Welt verändern zu wollen, das steht bei Kati Ernst und Kristine Zeller ganz oben auf der Agenda und das macht sie als Unternehmerinnen so *außergewöhnlich erfolgreich*.

MIRCO WOLF WIEGERT

Fritz-Kola

Mirco Wolf Wiegert

Zwischen Cola-Monopol und Limonaden-Sozialismus

Kaum einer kennt sie heutzutage nicht: die Cola, die etwas anders aussieht und sich durch ihr schlichtes und individuelles Design von ihren bunten Konkurrenten im Regal abhebt. fritz-kola eben. Ein Original, nicht nur im Design, sondern vor allem im Geschmack. Mit fünf Produktionsbetrieben, knapp 300 Mitarbeitern und einer Auswahl von verschiedenen Sorten von Cola und Limonaden, ist fritz-kola eine relevante Marktgröße geworden. Die Getränke werden in den unterschiedlichsten Ländern Europas verkauft. Doch wie gelang es den beiden Gründern Mirco Wolf Wiegert und Lorenz Hampl, sich im Cola- und Limonadenmarkt zu behaupten und einen festen Platz einzunehmen?

Alles beginnt mit einem Impuls

Jeden Unternehmer treibt etwas anderes an, um den Wunsch der Selbstständigkeit zu erfüllen. Der eine hat die zündende Idee, die er unbedingt ausprobieren möchte. Der andere gründet aus einer intuitiven Situation heraus, weil er einfach sein eigenes Ding machen will. Bei Mirco und Lorenz war es irgendetwas dazwischen. Kennengelernt haben sich die beiden Hamburger Jungs bei den Pfadfindern. Wandern, Gitarre spielen und am Lagerfeuer sitzen – die ganzen Klischees, die einem zwangsweise durch den Kopf schießen, durchlebten die Jungs tatsächlich und fanden es großartig. Aus der Bekanntschaft wurde echte Freundschaft, die auch Schule, Berufsausbildung und Studium trotzen konnte. Besonders das Studium genossen die jungen Männer sehr – jede Menge Spaß, neue Freunde, Partys, alles was das Studentenleben so zuckersüß machte, ließ den Gedanken aufkeimen, dass diese Zeit noch nicht enden sollte. Irgendwo und für irgendwen arbeiten, das konnten sich die beiden nicht vorstellen. Sie wollten ihr eigener Herr sein, so viel war klar.

Also suchten sie gezielt nach Ideen, die sich auch tragen ließen und Spaß versprachen. Es sollte etwas Konkretes sein, etwas zum Anfassen und nichts, das es nur rein virtuell gab. Vor allem wollten die beiden eins: genau dort unterwegs sein, wo sie auch sonst gerne unterwegs waren. Nämlich in Clubs, Cafés und Restaurants. Und so entstand die Vision einer eigenen Cola. Denn in den 90er Jahren gab es kaum Auswahl an Limonaden und Brausegetränken. Daher sollte es ein Getränk werden, das es mit der einzigen – und in ihren Augen weniger leckeren – Konkurrenz aufnehmen kann und zum Standard-Getränk jeder Bar wird. Mehr Cola, weniger Zucker und maximaler Geschmack. Gegen das Coca-Cola-Monopol und im Sinne des »Limonaden-Sozialismus«. Gesagt, getan. Die Idee stand, nun musste die Umsetzung folgen.

Wie macht man eigentlich eine Cola?

Man muss sich das mal vorstellen: Wer damals eine Cola in Restaurants, Bars, Clubs und Kneipen bestellte, bekam ein koffeinhaltiges Getränk aus einer großen Plastikflasche, serviert in einem Glas ohne Eis und meist auch ohne Kohlensäure. Ganz klar, dass die beiden ehemaligen Studenten Mirco und Lorenz irgendetwas tun mussten. Eine echte Alternative, die mehr Geschmack, Stil und Qualität versprach.

Doch was braucht es, um eine gute Cola zu kreieren? Ein Colarezept, ganz klar. Und wo suchen die meisten Menschen nach Rezepten? Genau, im Internet. Auch wenn es Google damals, Anfang der nuller Jahre schon gab, war die Qualität an Informationen wirklich ernüchternd. Weder konkrete Rezepte, noch die Zutaten für eine gute Cola ließen sich im World Wide Web auftreiben. Also telefonierten Mirco und Lorenz quer durch die Republik und hatten Glück, dass die wirtschaftliche Infrastruktur in Deutschland zu dieser Zeit bereits gut funktionierte. Es gab für jede Frage jemanden, der sie beantworten konnte. Und auch für ihre Fragen fanden sich Experten, die ihnen weiterhalfen. Mirco und Lorenz sammelten all ihr Geld zusammen, stolze 7.000 Euro Startkapital, hatten zwei gebrauchte Autos, ihre Computer und Handys und fühlten sich 2002 bereit, dem großen Abenteuer der Unternehmensgründung entgegenzutreten.

Einzige Bedingungen: Klare Vision und finanzielle Unabhängigkeit

Tief im Inneren waren sie der Überzeugung, dass es funktionieren wird. Ihre Vision war so klar wie nie zuvor: Es musste eine Cola werden, die es Gastronomen quasi unmöglich macht, sie schlecht zu servieren. Es würde diese Cola nur in kleinen Mehrwegflaschen aus Glas geben, die der Gastronom lediglich kalt stellen und frisch vor dem Gast öffnen muss. Eine Cola, die dadurch immer frisch ist, Studenten in jeglichen Bars und Clubs begeistert und durch ihre Optik überzeugt. Diese Vision verschriftlichten sie in einem Businessplan. Eine Seite brauchten sie dafür. Mehr nicht.

Von Beginn an gab es eine sehr wichtige Bedingung: Es müssen schwarze Zahlen geschrieben werden. Immer. Das war klar und die Grundlage, auf der sie alles aufbauten. Um kosteneffizient zu arbeiten, zahlten sich die Unternehmer erst einmal keinen Lohn aus. Im Gegenteil: Sie hatten beide noch andere Jobs, die ihnen ihre Existenz sicherten. Während Lorenz in der Technik einer TV-Produktionsfirma arbeitete, fand man Mirco in der Buchhaltung einer Optiker-Kette. Erinnern sich die Gründer zurück, fällt ihnen als erstes ein, wie viel sie damals arbeiteten. Eine intensive Zeit, aber fritz-kola musste sich selbst tragen.

Der Weg zur schwarz-weißen fritz-kola

Im Herbst 2002 fingen sie an, zwei Test-Chargen in einer Brauerei im Westen Deutschlands produzieren zu lassen. Fertig abgefüllt, fuhren sie damit direkt ins Studentenwohnheim in Hamburg-Othmarschen – das Studentenwohnheim, in dem auch Mirco während seines Studiums wohnte. Im Keller dieses Wohnheims gab es eine Bar, deren Partygäste als Testpersonen auserkoren wurden. Mirco und Lorenz wollten von diesen Studenten ganz genau wissen, welche Cola-Variante die wirklich bessere ist. Und die Studenten nahmen ihre Aufgabe sehr ernst. Es wurde nicht nur getestet, wie sich die Geschmäcker unterschieden, sondern auch, ob sich die Cola gut mit Whisky und Rum mischen ließ. Ein echter »Härtetest«. Und schließlich stellte sich von den zwei Test-Chargen ein glasklarer Sieger heraus.

Zur perfekten Markteinführung fehlte den beiden Männern nur noch ein Name und Logo. Es gab viele Ideen, viele Möglichkeiten, aber wenig Geld. Ihre norddeutschen Wurzeln wollten beide Gründer irgendwie erkenntlich machen. Es folgte eine lokale Meinungsumfrage. Die beiden erstellten eine Liste mit 50 norddeutschen Namen, positionierten sich direkt vor einem Einkaufszentrum und befragten Passanten, welche Namen perfekt zu einer Hamburger Cola passen würden. »Fritz« ging als Favorit hervor. So entstand der Name fritz-kola. Doch dass Fritz eigentlich gar nicht so wirklich norddeutsch ist, sollten sie erst Jahre später herausfinden.

Auch ein Logo und eine Farbwelt mussten her. Aus einer gewissen Geldnot heraus blieben sie bei schwarz-weiß, da für diese Farben die Druckkosten am geringsten blieben. Auch das nötige Kleingeld für die Entwicklung und rechtliche Prüfung eines

Logos konnten die beiden Gründer nicht aufbringen. Um rechtlich dennoch auf der sicheren Seite zu sein, griffen die zwei Gründer in die Trickkiste. Sie fotografierten sich gegenseitig mit einer analogen Kamera, ließen die Fotos in einer Drogerie digitalisieren und legten in Heimarbeit beide Köpfe nebeneinander. Denn woran tatsächlich niemand Rechte für sich beanspruchen konnte, waren ihre eigenen Gesichter. Für den letzten Feinschliff ließ sich eine talentierte Nachbarin überreden, die das Logo verschönerte und es zu dem machte, wie man es heute kennt. 2003, ein Jahr nach Gründungsbeginn, hielten Mirco und Lorenz dann endlich ihre fertige fritz-kola in den Händen. Ein fantastisches Gefühl.

Eine feste Größe im Kühlschrank

Motiviert bis in die Haarspitzen, liefen sie los und verkauften fritz-kola – erst zu zweit, dann alleine – aus dem Auto heraus. Sie klapperten alle Hamburger Bars, Cafés, Restaurants, Kneipen und Clubs ab. Sie sprachen mit den Gastronomen und verhandelten. Im besten Fall würde fritz-kola ihren Kunden schmecken, im schlechtesten Fall würde sie das nicht und Mirco und Lorenz kauften sie zurück. Ein faires Angebot, auf das sich viele einließen. Es funktionierte. Denn in der mittlerweile 18-jährigen fritz-kola-Geschichte mussten die beiden Unternehmer ihre Cola nur zwei Mal zurückkaufen.

Da die Existenz der beiden niemals von ihrem Business abhing, fiel es den Gründern leichter, das Unternehmen voranzutreiben. Von Tag 1 wurde statt einer Einnahmen-Überschuss-Rechnung bilanziert und alles fein säuberlich festgehalten. Auch um für spätere Finanzierungshilfen einen Track-Record zu haben – eine individuelle Referenzliste über Erfolge. Nach drei Jahren, zahlten sich Mirco und Lorenz das erste Mal ein kleines Gehalt aus. Nach ca. fünf Jahren war ihr Track-Record dann so beeindruckend, dass sie sich von der Sparkasse eine halbe Millionen Euro leihen konnten. Ein wichtiger Meilenstein und ein weiteres Zeichen, dass alles in die richtige Richtung lief. Ihr Ziel blieb trotzdem, finanziell möglichst unabhängig zu sein, um die Freiheit zu haben, auf externe Finanziers zu verzichten.

Und so ging es los: fritz-kola eroberte nicht nur die Hamburger Gastronomie, sondern schrittweise auch die Europäische Welt. Mit den Jahren entwickelten sie immer neuere Getränke, verlagerten ihren Bürostandort, wuchsen als Team und wurden zur fritz-kola GmbH. Mittlerweile ist die Hamburger Cola auch in Ländern wie Finnland, Norwegen, Niederlande, Österreich, der Schweiz oder Spanien erhältlich. So, wie es sich Mirco und Lorenz immer vorgestellt hatten.

Ein simples Vertriebsmodell

Ihr Vertriebsmodell ist während dieser massiven Expansion immer relativ simpel geblieben. Sie arbeiten mit mehreren Partnern zusammen und lassen die Getränke verbrauchernah produzieren. Den Produktionsprozess haben sie ausgelagert und arbeiten mit Mehrwegglas. Sie schicken alle notwendigen Materialien zu ihren Produktionspartnern, lassen dort alles herstellen und verkaufen die gefüllten Flaschen an den Getränkegroßhandel. Diese liefern die Getränke dann an die Supermärkte, Cafés und Restaurants aus. Direkte Kunden sind also nur die Getränkehändler. Sind die Flaschen ausgetrunken, kommen sie wieder zu ihnen zurück, werden gewaschen, neu gefüllt und wieder verkauft. Simpel, aber es funktioniert hervorragend.

Obwohl fritz-kola für seine »kola« bekannt ist, wächst das Sortiment mit dem Erfolg des Unternehmens mit. Rhabarberschorle, Mate, Honigmelone, Karamell-Kaffee, Orange und viele andere Getränke haben den Weg in sämtliche Bars und Clubs gefunden – und bleiben bis heute. Dass man sich auf diesem Erfolg aber nicht ausruhen kann, wissen die beiden Unternehmer und entwickelten über die Jahre immer wieder neue Getränkesorten. Die Ideen und Impulse kamen aber tatsächlich von Gastronomen und Fans der Marke. Und zwar aus der ganzen Welt. Deshalb versuchen die Unternehmer, auch neue Ideen aufzugreifen, zu diskutieren und sich davon inspirieren zu lassen. Nicht immer entsteht dabei eine neue Getränkesorte – aber manchmal schon.

Diese Arbeitsweise trägt zum Erfolg maßgeblich bei. Auch wenn sich Lorenz 2016 dazu entschloss fritz-kola zu verlassen, arbeitet Mirco zusammen mit Winfried Rübesam als neuer Geschäftsführer genauso hart weiter. Das Ziel: zu wachsen und fritz-kola jeden Tag ein Stückchen besser zu machen.

Was passiert, wenn der erste Zauber verflogen ist?

Mirco ist sich sicher, dass der Erfolg von fritz-kola auch auf ihrer Fokussierung basiert. Insbesondere wenn der erste große Zauber verflogen ist, ist es wichtig, den Fokus auf das Wesentliche bewahren. Alle, die bei fritz-kola arbeiten, wissen, worum es geht: richtig gute kola zu machen. Und darauf ist Mirco stolz. Doch am Ziel ist fritz-kola noch lange nicht angekommen. Bis heute ist die Unternehmensführung ein 18-jähriger Marathon, den sie zurückgelegt haben und es immer noch tun. Ein Marathon, in dem es zahlreiche Rückschläge, Niederlagen und viele, viele Lernkurven gab. Der Trick? Durchhalten, nach Meinung von Mirco. Wenn es heute nicht geht, dann ist morgen ein neuer Tag, an dem man frisch starten kann.

Auch die starke Konkurrenz, die es mittlerweile gibt, schüchtert den Gründer nicht ein. Mirco ist der Meinung, dass es sogar etwas Gutes hat. Ein Zeichen dafür, dass der Markt funktioniert. Für den Kunden ist dieser Umstand hervorragend. Er kann sich quer durch das Regal mit den Limonaden probieren und die Marke finden, die für ihn am besten schmeckt. Besteht man diesen Test, ist man als Marke richtig gut. Besteht man ihn nicht, fliegt man raus. Ganz einfach und vor allem fair. Ist ein Getränk nicht mehr gefragt, macht Mirco dieses Problem zum Thema und arbeitet mit seinem Team daran. Dabei war und ist sich der Gründer jeden Tag des Risikos bewusst, vom Kunden abgelehnt zu werden. Dieser Umstand zwingt zu Aufmerksamkeit und Fleiß.

vielviel Koffein: Das Marketingkonzept

Wer die Cola oder auch andere Getränke des fritz-kola-Universums schon mal getrunken hat, weiß, dass nicht nur der Geschmack anders ist, sondern auch das Aussehen. Denn das Marketing bei fritz-kola war schon immer zielgerichtet auf die Konsumenten ausgelegt. Die Zielgruppe: Studenten und Kunden der Szene-Gastronomie. Bedeutet, weg vom Mainstream und hin zu Kunden, die urban und kreativ sind, trendbewusst und nachhaltig leben, die Individualität groß schreiben und offen sind, Neues auszuprobieren. Dieser klaren Linie ist sich fritz-kola bis heute treu geblieben. Die Werbung ist geradeheraus und mit Witz, die Botschaften immer sehr direkt und auf den Punkt, das Design sehr schlicht aber einprägsam. Werbeslogans wie »koksen ist achtziger« oder »unser soziales netzwerk heißt tresen«, plakatieren ganze Städte. Auch eine eigens entwickelte Typographie und die Standardfarben schwarz-weiß lassen die Flaschen schon von weitem erkennen. Und das, was man bekommt, erspäht man als Kunde bereits im Claim: »vielviel Koffein«.

Was Mircos tagtägliche Arbeit im Unternehmen ist? Einen roten Faden in alles bringen, so, dass das Gesamtkonstrukt Sinn ergibt. Doch damit meint er nicht nur das Design der Flaschen, sondern eben auch das Gesamtkonstrukt fritz-kola – das so viel mehr ist als nur ein Szene-Getränk.

Auch vor klaren politischen Statements schreckt fritz-kola nicht zurück.

Für eine nachhaltigere Cola-Zukunft

Obwohl das Thema Nachhaltigkeit in aller Munde ist und wichtiger denn je erscheint, hat sich der nachhaltige Gedanke bei fritz-kola ganz unbewusst breit gemacht. Der Pfadfinder im Herzen ließ Mirco und Lorenz schon immer einen bewussteren Umgang mit der Umwelt erleben. Ganz nach der Devise: Verlasse die Welt etwas besser, als du sie vorgefunden hast. Heute heißt das Nachhaltigkeit. Und diese wird bei fritz-kola so umgesetzt, indem kein Abfall produziert und auf die CO2-Reduktion geachtet wird. Auch mit Blick auf die Zutaten ist fritz-kola mehr grün als schwarz-weiß: Das Wasser kommt aus lokalen, produktionseigenen Brunnen der Abfüller.

Bei der kola-Produktion werden echtes Kolanussextrakt und Koffein aus natürlichem Ursprung verwendet. Auch alle Limonaden sind ausschließlich aus natürlichen Inhaltsstoffen, die Säfte aus ökologischer Landwirtschaft und jedes Getränk, das die Produktionsstätte verlässt, sowieso vegan und glutenfrei. Damit dieser Gedanke noch ganzheitlicher umgesetzt werden kann, setzen sich Mitarbeiter seit geraumer Zeit professionell und fokussiert mit dieser Thematik auseinander und schreiben

Nachhaltigkeitsberichte. Immer auf der Suche nach Antworten auf die Frage: Wie können wir die Welt besser machen, auch wenn wir »nur« kola produzieren?

Wenn man Mirco fragt, wo es mit fritz-kola hingehen soll, dann ist die Antwort: immer weiter. Und zwar genau da, wo es eben hingeht. Natürlich hat fritz-kola Ziele, weiterhin zu bestehen, seine Marktrelevanz zu behalten und sogar auszubauen. Auch durch ein stimmiges Marketingkonzept die Markenbekanntheit zu erhöhen und gleichzeitig mit und von seinen Mitarbeitern zu lernen. Aber was Mirco als leidenschaftlicher Unternehmer persönlich am meisten erfüllt, ist zu sehen, wie die ersten Generationen mit fritz-kola aufwachsen. Als hätte es sie schon immer gegeben. Ein wahnsinnig schönes Gefühl für den Gründer. Und etwas, was ihm die nötige Motivation gibt, genauso weiterzumachen.

LENA GERCKE

© Gisela Schober | German Select | Getty Images

Lena Gercke

Vom Laufsteg in die Unternehmenswelt

Es war im Jahr 2006, als sich eine junge und schüchterne 17-jährige Schülerin spontan und ohne groß zu überlegen bei einer Castingshow bewarb, um Deutschlands nächstes Topmodel zu werden. Oft sind es genau diese spontanen Momente, die das bisherige Leben komplett auf den Kopf stellen können. Und so kam es auch, denn dieses junge Mädchen gewann die TV-Show und wurde zu einem der bekanntesten Gesichter in der Öffentlichkeit. 16 Jahre später ist sie nun Unternehmerin und Moderatorin, Influencerin und eine gestandene Frau, die genau weiß, wohin sie möchte. Die Rede ist von niemand geringerem als Lena Gercke, eine Powerfrau, die heute *außergewöhnlich erfolgreich* ist.

Lena Gercke gehört zu den Menschen, deren Stimme und Auftreten Selbstbewusstsein ausstrahlen und einem zugleich das Gefühl geben, mit einer Freundin zu reden. Doch dieses Selbstbewusstsein war nicht von Anfang an da, es entwickelte sich über die Jahre. Fragt man sie heute, warum sie sich damals bei *Germany's next Topmodel* beworben hat, kann sie selbst keine Antwort darauf geben. Es wundert sie heute noch, woher dieser Mut kam. Aber er war im entscheidenden Moment da und brachte sie nicht nur zur Teilnahme, sondern ein halbes Jahr später auch zum Sieg der TV-Show.

Der Start ins Model-Business

Mit dem Sieg und Modelverträgen in der Tasche ging Lena jedoch weiter zur Schule und absolvierte nach eineinhalb Jahren ihr Abitur. Nebenbei fing sie an zu modeln. Nach zunächst kleineren Jobs während der Schulzeit folgten nach dem Abitur schließlich auch die großen Deals. Nun war sie viel freier, fing an zu reisen und schöpfte aus dem Vollen. Mit jeder neuen Stadt folgte eine neue Modelagentur. Mailand, Paris, London und New York – Städte und Länder, die Lena begeisterten und prägten. Modisch wie menschlich. Obwohl die Zeit im Ausland aufregend war, war sie auch herausfordernd. Alleine in einem fremden Land zu leben, früh schon auf eigenen Beinen zu stehen und sich ihren eigenen Lebensunterhalt zu verdienen, war für Lena nicht immer einfach. Ständig unterwegs zu sein und auch immer wieder die Komfortzone verlassen zu müssen, forderte sie und formte sie. In Zeiten der Unsicherheit predigte sie sich selbst, dass am Ende des Tages alles gut sein würde – im schlimmsten Fall könnte sie immer noch nach Hause zurückkehren. Und dieser Gedanke ließ sie weitermachen. Lena lief über die verschiedensten Laufstege der Welt, machte Werbung für unterschiedliche Produkte und Marken, zierte Cover von deutschen und internationalen Magazinen. Nach einigen Jahren im Ausland kam Lena wieder nach Deutschland zurück. Im Gepäck: viele Eindrücke, viele Erfahrungen und ein gesteigertes Selbstbewusstsein.

Da ihre Karriere im Fernsehen begann, war der Weg dahin zurück nur natürlich. Und so moderierte Lena neben ihrer Model-Tätigkeit von 2009 bis 2012 die österreichische Ausgabe der TV-Castingshow *Austria's next Topmodel*. Das war der Start ihrer Moderatoren-Karriere. Darauf folgten die nächsten Jahre Sendungen und TV-Magazine wie *red!*, *Das Supertalent* und vor allem die Castingshow *The Voice of Germany*, bei der sie bis 2021 ein fester Bestandteil der Mitwirkenden war.

Der Drang nach etwas Eigenem

Doch nach einiger Zeit entstand der Wunsch in Lena, etwas Eigenes zu machen. Etwas zu kreieren und ein Produkt zu erschaffen. Das Model-Leben war großartig, aber die Arbeit als bloßer »Dienstleister« war irgendwann nicht mehr genug. Das Präsentieren von Mode verschiedenster Designern wurde zunehmend langweiliger, weil Lena mehr wollte. Sie wollte sich selbst kreativ ausleben und Verantwortung tragen. Sie wollte ein eigenes Business.

Dass dieser Wunsch entstand und immer realer wurde, war kein Zufall. Nach all den Jahren, vielen Stunden in unzähligen Masken und Backstage-Bereichen und nach vielen Gesprächen mit den verschiedensten Menschen sah Lena, wie sich unterschiedliche Selbstständigkeiten entwickelten. Sie erlebte, wie Träume entstanden, Pläne geschmiedet wurden und Karrieren florierten. Diesen Input sog Lena in sich auf und er festigte ihre Gedanken und Meinungen. Ja, es war an der Zeit, ein eigenes Modelabel zu gründen.

LeGer – Aus Traum wird Realität

2017 entstand dann LeGer. Eine Personal Brand und Lizenzmarke, die Lena zusammen mit ABOUT YOU, einem deutschen Händler für Kleidung, Schuhe und Accessoires, ins Leben rief. Eine Marke, unter der sich Lena kreativ ausleben konnte, Kollektionen entwarf und Mode für das feierte, was es ist: eine Ausdrucksform, ein Statement, ein Gefühl.

Endlich trat das ein, was sich Lena lange gewünscht hatte. Sie erschaffte, kreierte und ließ LeGer zu einer immer größeren Marke heranwachsen. Vier Jahre nach dem Start der Marke erfolgte 2021 die Ausgründung als GmbH. Ein Meilenstein, auf den Lena heute sehr stolz ist.

Weil LeGer eine Personality Brand ist, spielen die sozialen Netzwerke eine sehr große Rolle für den Unternehmenserfolg. Im Reich der Views, Klicks und Likes verknüpft Lena ihren Alltag authentisch mit ihrer Marke – und schafft dies, ohne dass es werblich erscheint. 80 Prozent ihres Alltags drehen sich um ihr Business und ihre Leidenschaft für Mode und Marken. Das ist der Content, den Lena mit ihrer Community teilen möchte und der sich komplett auf ihren sozialen Netzwerken widerspiegelt. Keine bloße Strategie, sondern eine perfekte Symbiose – einer der Gründe dafür, warum LeGer so erfolgreich ist.

Auf Wachstumskurs

Zwar gibt es LeGer bisher nur auf dem Marktplatz ABOUT YOU und auch der Versand wird noch immer über den Internethändler abgeschlossen, aber das soll sich in den nächsten Monaten und Jahren ändern. Denn Lena wäre nicht begeisterte Unternehmerin, wenn sie und ihr Team nicht schon weitere Pläne für das Modelabel hätten. LeGer soll eine eigenständige Marke werden, die als feste Größe im Modemarkt besteht.

Die Kollektionen, die Lena mit LeGer herausbringt, sind ganz unterschiedlich und verfolgen doch eine einheitliche Linie. Urban, stylisch und leger – Kleidung, die alltagstauglich ist und jeder tragen kann. Egal, ob Frau oder Mädchen. Egal, welche Größe. Egal, welcher Typ oder Kultur. Lena möchte Mode kreieren, die die Schönheit unterstreicht und das Selbstbewusstsein stärkt. Einige Einzelteile ihrer Kollektion sollen die Käuferinnen aber auch herausfordern, mal mutig zu sein. Sich etwas zu trauen und die eigene Komfortzone zu verlassen. So, wie es Lena einst selbst tat.

Daher entwickelt sich nicht nur die Marke weiter, sondern auch Lena als Unternehmerin. Tag für Tag. Als Model war sie nur für sich selbst verantwortlich, ist viel gereist und hatte nicht mehr an Ausgaben als ihre eigenen Reisekosten – und eben das, was sie für sich selbst gebraucht hat. Nun sieht die Sache anders aus: Fest stationiert in Berlin, mit Kind und eigener Firma, haben sich die unternehmerischen Ausgaben stark verändert. Nun hat sie Ausgaben für Mitarbeiter, Büroräume, Marketingmaßnahmen und den generellen Einkauf. Denn was viele vielleicht nicht direkt bedenken: Bevor man als Fashion Brand ein wirkliches Produkt in den Händen hält, muss man erst in Vorleistung gehen. Man muss ein Produkt erst erschaffen, um es dann auch verkaufen zu können.

Für viele Menschen kann diese Verantwortung lähmend wirken. Aber nicht für Lena, denn sie hat ein gut aufgestelltes Team, das stetig wächst und mit ihr zusammen LeGer formt. Ob Management, Assistenten oder Marketingspezialisten – Lena weiß, dass sie sich voll und ganz auf ihr Team verlassen kann. Weil hier alle dieselbe Vision teilen und zu 100 Prozent engagiert sind. Das gibt Lena die Freiheit, trotz ihrer Tätigkeit als Geschäftsführerin auch kreativ an den Kollektionen zu arbeiten. Sie hat erkannt, dass nichts wichtiger ist als motivierte Mitarbeiter. Deshalb setzt sich Lena auch gerne in Vorstellungsgespräche, um die perfekten Kandidaten für ihr Team zu finden. Sie möchte die Menschen kennenlernen und ihre Motivation verstehen. Dabei sucht sie nicht vordergründig nach den besten Referenzen und Fähigkeiten, sondern vielmehr nach Leidenschaft. Alles andere kommt dann von allein. Denn auch sie macht tagtäglich »Learning by doing« und wächst so langsam in die Rolle der Geschäftsführerin rein. Ohne BWL oder Wirtschaftsstudium, aber mit der klaren Vision eines erfolgreichen und etablierten Modelabels.

Eine Unternehmerin mit vielen Talenten

Wer jetzt denkt, dass Lena nun tief in die Unternehmerwelt abtaucht, kennt die 34-Jährige schlecht. Neben LeGer gibt es noch weitere berufliche Standbeine, die sie mit Leidenschaft und Freude ausübt. Zum einen ist sie weiterhin regelmäßig im Fernsehen zu sehen. Zum anderen modelt sie weiterhin und arbeitet eng mit verschiedenen Marken zusammen – meistens als Markenbotschafterin und Influencerin. Kunden wie Adidas oder BMW sind langjährige Kooperationspartner und daher auch auch regelmäßig in Lenas Posts bei Instagram zu sehen. Aber nie gekünstelt oder überladen, weil genau das Teil ihres Lebens ist.

Ihr »Baby«, wie Lena es nennt, ist trotzdem LeGer. Und dafür muss sie wirtschaftlich und vorausschauend planen. Deshalb entwickelt Lena neben ihrer Kreativarbeit auch konkrete Maßnahmen, um den Umsatz zu erhöhen. Zusammen mit ihrem Team hat sie ein Business Case für die nächsten fünf Jahre aufgestellt. In diesem haben sie ganz klar definiert, wie viel Umsatz erreicht werden soll, welche Ziele angestrebt werden und wie sie diese erreichen wollen. Ein Fahrplan für die Überholspur.

Zu diesem Fahrplan gehören zum Großteil auch Marketingmaßnahmen. Aus diesem Grund veranstaltet LeGer nicht nur Fashion-Events, sondern nutzt die Power von Social Media. Lena weiß, dass ohne ihre Social-Media-Präsenz, sowohl privat als auch für LeGer, ihre Marke nicht den Erfolg feiern würde, den sie heute feiert. Das bedeutet auch, dass LeGer ebenfalls auf Influencer und Ambassadors (Botschafter) zugeht, die die DNA von Lenas Marke verbreiten und präsentieren.

Damit die Influencer und auch Lena selbst immer wieder hochwertigen Content posten und LeGer stets auf das nächste Level heben können, muss die Marke von innen heraus wachsen. Bedeutet: mehr Produkte, mehr Kollektionen, mehr Highlights. Deshalb sind mittlerweile auch die Kategorien gewachsen. Die klassischen saisonalen »Spring-Summer« und »Herbst-Winter« Kollektionen, erstrecken sich inzwischen nun über monatliche »Drops« – wie man in der Fashionbranche so schön sagt. Da Lena durch ihre Model-Tätigkeit genau weiß, wie die Branche funktioniert, lenkt sie LeGer immer mehr in die richtige Richtung. Sie orientiert sich an bestimmten Anlässen wie die Hochzeitssaison, an Sonder-Kategorien wie Sport und an gewissen Nischen wie Unterwäsche. Sie und ihr Team probieren viel aus und trauen sich viel. Zum Beispiel mit einer neuen Kollektion nur für Männer – Neuland, aber ein Segment mit viel Potenzial. Und auf der Suche nach mehr Potenzial will LeGer das Premium-Feld erobern, stets mit dem Ziel vor Augen, neue Märkte zu finden, die Marke weiterzuentwickeln und dadurch natürlich auch den Umsatz zu erhöhen.

Auf dem richtigen Weg

Weil Lena ihrem Beruf aus Leidenschaft nachgeht, ist sie keine analytische Unternehmerin. Natürlich setzt sie sich Pläne und überlegt sich Maßnahmen. Aber Konkurrenzanalysen und fachmännische Marktbeobachtungen stehen hier nicht auf der Tagesagenda. Zwar vergleicht sie mit ihrem Team die Preisentwicklung und auch die Qualitäten der Wettbewerber, aber der Fokus liegt immer auf LeGer. Gelernt wird weniger anhand Entscheidungen anderer Unternehmen, sondern vielmehr anhand der eigenen Erfahrungen. »Wer viel auf die Konkurrenz schaut, verliert sich selbst aus den Augen«, weiß Lena. Das ist kontraproduktiv, denn nicht immer funktioniert die Strategie der Konkurrenz auch bei einem selbst.

Wenn Lena irgendwann nicht mehr aktiv LeGer führen möchte, braucht es natürlich einen Abnabelungsprozess, der sicherlich Jahre dauern würde. Einfach weil die Marke so eng mit ihr selbst als Person verknüpft ist. Aber so weit denkt sie noch nicht. Jetzt heißt es erst einmal: kreativ sein, mutig sein und einfach das machen, was einen tagtäglich wirklich glücklich macht.

Und so hat Lena ihren eigenen Weg gefunden und findet ihn noch immer. Dass sie aber beruflich auf dem richtigen Weg ist, weiß sie bestimmt. Denn so wie sie sich damals im richtigen Moment für *Germany's next Topmodel* beworben hat, so hat Lena auch jetzt im passenden Augenblick die Chance für ihre eigene Modemarke gesehen und die Gelegenheit beim Schopf gepackt. Natürlich riskiert sie auch einiges, aber wenn man mutig ist, passieren Dinge, die man nicht erwarten würde.

FABIAN VORAUS

Fabian Voraus

Mit Herz und Gefühl zum Millionen-Business

Das Beste im Menschen herausholen – das ist die Mission von Fabian Voraus. Ein aufgeweckter, junger Mann, der immer gut gelaunt scheint und das Herz am richtigen Fleck trägt. Das zeigt sich schnell, wenn man mit dem 27-jährigen Unternehmer ins Gespräch kommt. Denn das Glück anderer ist der Mittelpunkt Fabis unternehmerischen Handelns. Mit seiner BeYourBest-Community, die er vor sieben Jahren gegründet hat, unterstützt er Menschen dabei, die beste Version ihrer selbst zu werden: mit gesunder Ernährung, verbesserter Lebensweise und dem richtigen Mindset. Tja, hört sich in der Theorie wunderbar an, aber kann man damit auch Geld verdienen? Ja, kann man. Fabi ist inzwischen nicht nur Millionär, er ist vor allem eins: rundum glücklich und erfüllt. Genau das gibt er anderen Menschen weiter.

Was der Sinn des Lebens ist, darüber lässt sich bekanntlich streiten. Dass das Leben aber einen tieferen Sinn hat, dessen ist sich Fabi sicher. Sein persönliches Ziel ist es, die Welt ein großes Stück besser zu verlassen, als er sie vorgefunden hat. Und dieser Vision geht Fabi seit sieben Jahren nach – mit BeYourBest, einer Community, die ihm durch das Konzept des Empfehlungsmarketings die Möglichkeit bietet, Menschen für mehr Gesundheit zu begeistern und zusätzlich Geld zu verdienen.

Alles fing an mit dem Studium an der Kölner Sporthochschule. Zu dieser Zeit trieb Fabi sehr viel Sport und beschäftigte sich eingehend mit Gesundheit und Ernährung. Wie viele andere, war auch er auf der Suche nach körperlicher Leistungssteigerung. Er wollte seine Muskeln weiter aufbauen und seine Ernährung optimieren. Durch Zufall stieß er über die sozialen Netzwerke auf innovative und natürliche Gesundheitsprodukte und – um diese Produkte zu erlangen – auch auf das Empfehlungsmarketing. Ausgiebige Recherchen und das Durchlesen von Studienergebnissen überzeugten ihn und festigten seine Entscheidung, diese Produkte selbst ausprobieren zu wollen.

Während seines Studiums versuchte Fabi immer schon, die Brücke zu schlagen zwischen theoretischem Wissen rund um die Ernährung und der praktischen Umsetzung. Theorie und Praxis in einem versprachen diese Ernährungsprodukte und führten tatsächlich zu dem gewünschten Erfolg. Berauscht von diesem Erfolg, wollte Fabi dieses Wissen unbedingt mit anderen Menschen teilen und von seinen Erfahrungen berichten. Also fing er an, diese Produkte über das Konzept des Empfehlungsmarketings zu vertreiben. Erst einmal nur mit dem Ziel, sich über die Provisionen für jedes empfohlene Produkt ein paar hundert Euro neben seinem Studium dazuzuverdienen.

Aus der Nebentätigkeit entsteht ein Business

Die wirklich positiven Resonanzen der Kunden, an die Fabi die Produkte weiterempfahl, ließen ihn größer denken. Kunden schrieben ihm, dass sie durch das Ernährungskonzept nun endlich 10 Kilo abgenommen haben, ein besseres Hautbild, weniger Haarausfall oder mehr Energie haben und sich einfach gesünder, wohler und glücklicher fühlen. Diese Nachrichten ergriffen Fabi und ließen ein Gefühl von Erfüllung entstehen. Von da an wusste er ganz genau, dass er mit diesem Konzept sehr viel mehr Menschen helfen könnte.

Fabi traf daraufhin die Entscheidung, damit ein richtiges Business aufzubauen. Und das, ohne auf unternehmerische Erfahrungen zurückzuschauen oder überhaupt Ahnung von Marketing und Co. zu haben. Unerfahren wie er war und ohne großen Plan, setzte er seine Selbstständigkeit um. Investierte 60 Euro in die Franchise-Lizenz, mit welcher er zum Unternehmer wurde, und fing einfach an, seine Geschichte auf Social Media zu teilen. Wie er seine Ernährung verändert hatte, sich seine Gesundheit verbesserte und er nun ein glücklicheres Leben lebt. Geradeheraus und authentisch, so wie er ist, sprach er auf seinem Instagram-Profil zu seinen Followern und suchte die Diskussion. Seine Community wuchs, seine Kanäle wurden immer größer und sein Business immer erfolgreicher.

Bis er die 60 Euro Investition raus hatte, vergingen drei Monate. Im ersten Monat verdiente Fabi gerade einmal 18 Euro Empfehlungsprovision, im zweiten Monat gar nichts und im dritten Monat dann 400 Euro. 400 Euro mit etwas, das ihm Spaß bereitete und anderen Menschen hilft, ein gesünderes und glücklicheres Leben zu leben. Und diese Erfolge gaben Fabi das Gefühl, auf dem richtigen Weg zu sein. Nach 1,5 Jahren hat er sich neben seinem Studium ein hauptberufliches Einkommen aufgebaut und entschied sich, sich ausschließlich nur noch auf sein Business zu konzentrieren um es weiter aufzubauen. Er überlegte wie er das Geschäftsmodell weiter skalieren und »duplizieren« konnte, um noch mehr Menschen erreichen und ihnen helfen zu können. Die Idee einer eigenen Community entwickelte sich und führte zu der Geburtsstunde von BeYourBest.

BeYourBest: das Geschäftsmodell

BeYourBest ist eine Community, deren Hauptziel die Erhaltung und der Schutz des wichtigsten Guts im Menschen ist, nämlich die Gesundheit. Und das nicht nur in Form von Ernährungsumstellungen oder Sporteinheiten – BeYourBest zielt auf ein ganzheitliches Konzept ab, sodass sich eine gesunde Lebensweise in allen Gewohnheiten widerspiegelt. Mit BeYourBest versucht Fabi, eine Balance zwischen Körper, Geist und Seele zu schaffen. Dafür empfiehlt er die Produkte, die ihm selbst geholfen haben, weiter. Die Produkte sind 100 Prozent natürlich, ohne künstliche Zusätze und basieren auf dem Grundsatz der Nachhaltigkeit und den neuesten wissenschaftlichen Erkenntnissen. Sie helfen Menschen gesunde Ernährung einfach und simpel in den Alltag zu integrieren und schließen die Lücke zwischen den Nährstoffen, die wir zu uns nehmen und zu uns nehmen sollten. Doch an erster Stelle steht für Fabi immer die Zufriedenheit seiner Kunden und Teampartner. Er möchte mit seinem Konzept Kunden zu richtigen Fans machen und sie so begeistern, dass auch sie die Produkte und das Gesundheitskonzept weiterempfehlen wollen. Am Ende soll jedes Community-Mitglied sich aber aber auch persönlich weiterentwickeln, um nicht nur gesundheitlich, sondern auch mental die beste Version seiner selbst werden.

Das Geheimnis des Geschäftsmodells bzw. des Empfehlungsmarketings ist die Simplizität. Wen die Produkte überzeugen, der nutzt diese langfristig und profitiert nicht nur von deren Wirkung und Qualität, sondern auch von Events, Community-Reisen, Expertenwissen, Zoomcalls und vielem mehr. Wer wirklich Fan ist und weiteren Menschen selbst von den eigenen Erfolgen erzählen möchte, der empfiehlt die Produkte weiter, als Partner oder Empfehlungsgeber. Ziel jedes Empfehlungsgebers ist, dass Menschen mit BeYourBest gesundheitliche Veränderungen merken, mehr Energie haben, abnehmen oder Muskeln aufbauen können und einfach bewusster leben. Hier wird kein Schönheitsideal vermittelt, sondern an einem authentischen Selbstbild gearbeitet. Genau so, wie sich jeder wohl fühlt. Und weil keine Werbung der Welt so gut überzeugen kann wie eine authentische Erfolgsstory, werden auch sämtliche Marketingkosten gespart. Jeder überzeugte Partner in der Community trägt dazu bei, dass BeYourBest weiterempfohlen wird – und wächst. Das ist die Basis des Geschäftsmodells.

Finanziell funktioniert BeYourBest wie folgt: Wer ausschließlich Kunde sein möchte, kann einfach für sich selbst die Produkte nutzen. Jeder Kunde hat zusätzlich die Möglichkeit sich die Produkte durch ein paar Empfehlungen zu refinanzieren. Wer mit der BeYourBest-Community Geld verdienen möchte und sich in unsicheren Zeiten wie der Corona-Krise ein kleines Zusatzeinkommen aufbauen will, der wird Partner und wird damit selbst unternehmerisch tätig. Und das kann jeder so machen, wie es für ihn selbst passt. Es gibt Leute in der BYB-Community, die neben dem Studium mit 200 bis 300 Euro ihren Geldbeutel aufbessern. Es gibt aber auch Partner, die beispielsweise das kleine bisschen Extra-Budget für den Familienurlaub verdienen möchten. Jeder kann hier also mit seiner eigenen Intention und Intensität ein Nebeneinkommen aufbauen und damit auch unterschiedliche Umsätze erwirtschaften.

Wer sich aber ein richtiges Business aufbauen möchte, der kann sich ein eigenes Franchise-Netzwerk schaffen und von der Umsatzbeteiligung dieses Netzwerkes profitieren: ca. 5 Prozent des Gesamtumsatzes kommen dann auf das eigene Konto. Und so verdient auch Fabi sein Geld mit BeYourBest. Die Einnahmen setzen sich aus den Provisionen für neue Empfehlungen, Wiederbestellungen von zufriedenen Kunden, der Umsatzbeteiligung des eigenen Netzwerks und dem Bonusprogramm zusammen. Somit hat man nicht nur die Möglichkeit, sich ein aktives Einkommen aufzubauen, sondern auch ein Passives. Dies funktioniert durch die eine starke Stammkundenbasis, welche die Produkte liebt und versteht, und die Umsatzbeteiligung des Netzwerks.

Wie jedes andere Business auch, hat Fabi mit BeYourBest ebenfalls Ausgaben – doch diese fallen deutlich geringer aus. Natürlich zählen Bereiche wie Buchhaltung, Steuerberatung und Co. dazu, aber die Produktion der Produkte und auch den Versand übernimmt das Partnerunternehmen, wie es bei Franchise-Unternehmen sehr oft der Fall ist. Ebenso muss Fabi die Rechnungsausstellung nicht selbst übernehmen. Hier setzt der Kundensupport an, sodass auch dieser Bereich keinerlei Ausgaben verursacht. Das Einzige, was Fabi damals als Budget investieren musste, waren 60 Euro Lizenzgebühren im Jahr. Heute investiert er vor allem in Menschen, in den Aufbau seiner Community, Incentives, Reisen oder Events, um seiner Community das Bestmögliche zu bieten und sie in ihrer gesunden Lebensweise zu unterstützen. Seit neuestem bieten sie NOW!, ein Programm zum ganzheitlichen Gewichtsmanagement, an. NOW! wurde gemeinsam mit Detlef Soost, Entertainer, Motivator und einer der führenden deutschen Abnehm-Experten, entwickelt. So bieten sie gemeinsam der Community einen noch größeren Mehrwert und helfen tausenden Menschen beim gesunden Abnehmen.

Die meisten Community-Member von BeYourBest kamen über Fabis private Profile auf Social Media. Fabi hat dort eine große Reichweite: über 20.000 Follower auf Instagram und über 17.000 Follower auf TikTok. Auf diesen Kanälen teilt er authentische Einblicke aus seinem Leben, gibt wertvolle Business Tipps und teilt viel Mehrwert im Bereich Gesundheit oder Persönlichkeitsentwicklung. Wer ihm dort folgt und sich mit ihm austauscht, ist oft schnell begeistert und möchte ein Teil der Community werden. Weil diese Menschen auf der Suche nach Veränderung sind. Und weil man sehen kann, wie glücklich und zufrieden Fabi ist und wie die neue Lebenseinstellung zu einer 180-Grad-Wandlung führt.

Das ist auch die Strategie hinter Fabis Social Media-Accounts – wenn man es überhaupt Strategie nennen kann. Den Erfolg von BeYourBest zeigt er an sich selbst und kommuniziert auch, wie er Schwierigkeiten überwand und was ihm geholfen hat. Er teilt alles, was ihm selbst hilft und was er auch anderen empfehlen würde. Durch seine Profile sendet er puren Mehrwert und wichtige Impulse an seine Follower aus. Das ist seine Art und Weise, seine Community zu stärken und aufzubauen.

Das Geheimnis seines Erfolgs

Fabi ist sich sicher, dass der Erfolg, den er heute hat, dadurch gekommen ist, dass er zu 100 Prozent authentisch ist, Menschen helfen möchte und einfach Spaß hat. Dass er erfolgreich ist, lässt sich schwer übersehen. Seine Community verzeichnet über 60.000 Mitglieder mit über 4.000 Lizenz-Partnern in über 15 verschiedenen Ländern. Empfehlungsgeber sind in der BeYourBest-Community zwischen 18 und 80 Jahre alt. Kunterbunt und vielfältig, etwas, was Fabi glücklich und zufrieden macht. So vielen unterschiedlichen Menschen in unterschiedlichen Lebenslagen geholfen zu haben.

Besonders stolz ist Fabi aber nicht auf die erste Million Umsatz, die er bereits mit 22 Jahren erwirtschaftet hat. Vielmehr sind es die kleinen Dinge, die ihn stolz machen. Nachrichten begeisterter Kunden oder auch Partner, die etwas Positives in ihrem Leben verändert haben und einfach dankbar sind, die Möglichkeit kennengelernt zu haben. Auch die großen Meilensteine seines Business sind Fabi im Kopf geblieben, wie 2017 das erste Mal als Speaker in einer Arena mit über 4.500 Menschen stehen zu dürfen. Wie die Teamreise mit 1.000 Partnern, bei der ein ganzes Hotel gebucht wurde. Als Top-Experte 2021 vom ERFOLG-Magazin ausgezeichnet zu werden. Oder auch 2022 auf eine der größten Online-Persönlichkeitsentwicklungs-Seminare nach Las Vegas eingeladen zu werden.

Eines seiner Highlights des Jahres 2022: Fabian als Speaker beim Level Up-Event in Las Vegas.

Fabis Weg der Persönlichkeitsentwicklung

BeYourBest ist Fabis Bestimmung, Leidenschaft und Lebensmittelpunkt. Trotzdem hat er neben seinem Business noch weitere Einkommensquellen, die er sich nach und nach aufgebaut hat. Für ihn stellt sich nicht die Frage ob, sondern welche zusätzlichen Einkommensquellen sinnvoll sind. Daher investiert Fabi in Immobilien, regenerative Energien wie Solarfelder, in Kryptowährung und Aktien sowie Firmenbeteiligungen. Doch das lukrativste Investment ist immer noch das in sich selbst, sagt Fabi. Deshalb investiert er viel Zeit und Geld, um Masterminds, Seminare, Events oder Menschen zu besuchen. Dadurch sammelt er wertvolle Erfahrungen, die er wiederum an Andere weitergeben kann. Denn Wachstum in verschiedenen Lebensbereichen ist für ihn die größte Erfüllung.

Was haben andere Menschen davon, dass es mich gibt? – Mit dieser Leitfrage tritt Fabi an jede Aufgabe und Herausforderung heran. Auch wenn mal Fehler passieren oder bestimmte Dinge nicht so laufen wie erhofft – Fabi ist für jede Erfahrung und jedes Learning dankbar. Zum Beispiel ist auch er damals der großen Illusion verfallen, dass ausschließlich das Erreichen von bestimmen persönlichen, wirtschaftlichen oder materiellen Zielen einen glücklich macht. Eine Luftblase, die für Fabi recht schnell wieder geplatzt ist. Denn durch BeYourBest hat Fabi gelernt, dass das Glück im Hier und Jetzt ist. Es befindet sich nicht ausschließlich am Ziel, sondern es findet sich bereits auf dem Weg dorthin. Die Kunst ist es deshalb, zu lernen, das Glück im Moment zu finden, statt in der Zukunft zu erhoffen. Und wenn du es jetzt nicht schaffst glücklich zu sein, dann wirst du das auch nicht mit viel Geld auf dem Konto sein, weiß er.

Deswegen arbeitet Fabi auf andere Ziele hin. Er hat viele Ideen und Visionen für seine Zukunft. Eins seiner großen Ziele ist *1000 Lifechangers*. Er möchte gemeinsam mit BeYourBest 1.000 Menschen zeigen, wie sie sich ein passives monatliches Einkommen von mindestens 500 Euro durch Empfehlungsmarketing aufbauen können. Warum? Weil er ganz genau weiß, wie viel dieses Geld verändern und anderen Menschen helfen kann. Deswegen will er mit BeYourBest weiter durchstarten und die Community wachsen lassen. Um immer einen Schritt voraus zu sein und seinen Kunden optimal weiterzuhelfen, sucht Fabi zusammen mit seinem Team nach Lösungen für Probleme, die in Zukunft immer größer werden. Wie kann man bestmöglich die Synergien zwischen Online- und Offline-Arbeiten nutzen? Wie kann die Community gestärkt werden? Wie kann man Fitnesskonzepte optimieren und noch besser machen? Ein weiteres Ziel ist daher, mit NOW! das Nummer-1-Abnehmkonzept im deutschsprachigen Raum zu werden.

Natürlich gibt es viel Konkurrenz, aber das sieht Fabi nicht so kritisch. Er weiß, dass jedes andere Fitness-, Ernährungs- und Abnehm-Programm seine Daseinsberechtigung hat. So unterschiedlich die Menschen sind, so unterschiedlich sind auch die Konzepte. Und das ist auch in Ordnung, weil sich jeder Mensch woanders gut aufgehoben fühlt. Deswegen schaut Fabi weder nach links noch nach rechts, sondern folgt seiner Intention. Mit BeYourBest konzentriert er sich auf die Menschlichkeit und darauf, diese zu bewahren. Fabis Intention ist wichtiger als jede Strategie und der Grund, warum BeYourBest zu einem Magneten geworden ist.

Seiner Community und den Partnern gibt er gerne Erfolgstipps. Nach seiner Meinung braucht ein erfolgreicher Unternehmer vor allem drei Eigenschaften: Zum einen muss man hungrig sein. Hungrig nach Veränderung. Zum anderen muss man lernbereit sein, um neue Ideen auch umzusetzen. Doch das Wichtigste ist der Wille, Entscheidungen zu treffen, anzufangen und Probleme zu lösen. Keiner braucht zum Start großes Talent oder das perfekte Umfeld – alles, was man braucht, um erfolgreich zu werden, kann man sich aneignen.

Und so erwischt sich Fabi hin und wieder bei dem Gedanken, wie er eines Tages die Welt verlassen wird und die letzte Person, die er sehen wird, die Person ist, die die beste Version seiner selbst geworden wäre. Die Person, die er geworden wäre, wenn er all sein Potenzial ausgeschöpft hätte. Bis es soweit ist, möchte Fabi möglichst nah an diese Person herankommen und mit jedem Tag seines Lebens die Welt ein Stückchen besser machen.

AIMIE-SARAH CARSTENSEN

ArtNight

Aimie-Sarah Carstensen

Mit dem Edutainment-Prinzip zum beliebten Millionen-Startup

Aimie-Sarah Carstensen macht Hobbykünstler-Träume wahr und erfüllte sich gleichzeitig ihren Wunsch vom eigenen Startup. Denn mit gerade einmal 32 Jahren kann die Powerfrau eine beeindruckende Karriere und internationale Erfolge rund um die »ArtNight« vorweisen. In nur fünf Jahren entwickelten sich ihre unterhaltsamen Workshops zu beliebten Events mit monatlich 40.000 Teilnehmern in fünf Ländern. Damit erreicht das Berliner Startup zweistellige Millionenumsätze und feilt trotzdem unaufhörlich an neuen Strategien. Immer mit dem Ziel vor Augen, den Alltag ihrer Hobbykünstler zu durchbrechen und dabei ein unvergessliches Erlebnis zu schaffen.

Das unüberhörbare Entrepreneur-Herz

Der Apfel fällt nicht weit vom Stamm – diese Redewendung wollte Aimie in ihrer Jugend nie hören. Denn das hätte bedeutet, dass sie eines Tages definitiv in die Fußstapfen ihrer Eltern tritt und damit ebenfalls als Unternehmerin durchstartet. Damals hatte sich Aimie allerdings fest vorgenommen, einen komplett anderen Weg zu wählen. Was vor allem daran lag, dass sie bei ihrer Mutter aufwuchs und den harten Alltag einer selbstständigen und alleinerziehenden Mutter miterlebte. Alle Höhen und Tiefen, Erfolge und Pleiten. Deshalb setzte sie sich das Ziel, stattdessen Mitglied im DAX30-Vorstand zu werden. Also nicht unternehmerisch aktiv zu sein, sondern die Konzernleiter hochzuklettern und die 30 wirtschaftsstärksten Unternehmen Deutschlands zu koordinieren.

Dieser Plan nahm konkrete Gestalt an, als Aimie für ihr duales BWL-Studium bei Canon nach Berlin zog, dann bei der Verlagsgruppe Axel Springer SE einstieg und später beim Medienunternehmen Bertelsmann

SE arbeitete. Schnell gelang der Aufstieg, weshalb sie schon mit Mitte 20 ein größeres Team leitete. Trotz ihrer spannenden Arbeit und der Projektleitung stieg eines Tages dann allerdings doch der Wunsch in Aimie auf, ein eigenes Unternehmen aufzubauen. Eigene unternehmerische Entscheidungen zu treffen, mit all dem Risiko, aber auch den möglichen Erfolgen. Wenn Aimie sich zurückerinnert, fing in dieser Zeit ihr »Entrepreneur-Herz« an zu schlagen und sie konnte diesen inneren Wunsch nicht mehr ignorieren. Also stand die Entscheidung fest, ein eigenes Startup zu gründen.

Von »Paint & Zip« zur ArtNight

Der Start ins Unternehmertum erfolgte dann 2015 zunächst mit ihrem eigenen Startup »Fielfalt« für Female Empowerment, für das Aimie deutschlandweit Events organisierte. Dadurch erfuhr sie schnell, worauf es in der Eventbranche ankommt und wie sich Organisationsabläufe vereinfachen lassen. Kurze Zeit später traf sie ihren späteren Mitgründer David Neisinger und plante mit ihm den Aufbau einer Hochzeitsplattform. Denn dabei konnten sie die Eventplanung mit einem gigantischen Marktpotenzial verbinden. Allerdings saßen Aimie und David eines Abends zusammen und realisierten, dass es sich bei dem Thema Hochzeit nicht wirklich um ihre Leidenschaft handelte. Alle Pläne und Überlegungen wurden daher kurzerhand gestoppt.

Doch dieser Abend entpuppte sich für beide trotzdem als großer Glücksgriff. Denn David berichtete von seinem Aufenthalt in den USA und einem erfolgreichen Eventkonzept mit dem Namen »Paint & Zip«, was als eine unterhaltsame Form von Dating galt. Dabei trafen Fremde an einer bestimmten Location aufeinander, nahmen an einem Malkurs teil und lernten so potenzielle Partner kennen. Bei Aimie sorgte dieses Konzept direkt für Begeisterung, denn sie erahnte das enorme Potenzial. Was wäre, wenn diese Events auch in Deutschland stattfinden? Als kreative Workshops und einer neuen Form der Abendgestaltung? Bei der jeder Teilnehmer sein eigenes Bild malen und mitnehmen kann. Diese ersten Gedanken legten die Basis für das Konzept von ArtNight.

Geschäftsstart mit der Lean Startup-Methodik

Dann ging es auch direkt los. Beide wollten nicht länger abwarten, sondern diese einmalige Chance nutzen und ihr eigenes Startup aufbauen, um die ArtNight als Erlebniskonzept zu etablieren. Allerdings nicht mit dem Fokus auf Dating, sondern nach dem »Edutainment«-Prinzip. Einer Mischung aus Entertainment und Education, also dem unterhaltsamen Lernen einer neuen Tätigkeit. Denn die Teilnehmer sollten zwar einen spaßigen Abend in einer Bar oder einem Restaurant verbringen, aber auch eine neue Maltechnik lernen und das eigene Meisterwerk mit nach Hause nehmen. Dafür stand für die Gründer zunächst eine Marktanalyse an, um herauszufinden, welches Volumen der Eventmarkt tatsächlich bereithält.

Heraus kamen mehrere Millionen Veranstaltungen und Teilnehmer pro Jahr. Auch wenn sich diese Analyse auf alle Events bezog, bewiesen die Zahlen das hohe Marktpotenzial. Zusätzlich holten Aimie und David schnellstmöglich Feedback von Experten und der Familie ein. Danach planten sie den Start mit der Lean-Startup-Methodik. Das bedeutet, das Veranstaltungsformat wird zunächst im kleinen Rahmen getestet und anschließend anhand von Kundenfeedback optimiert. Dafür hielten sie zuerst nach passenden Locations in Berlin Ausschau und starteten die allererste Künstlerakquise, die noch etwas provisorisch über eBay Kleinanzeigen erfolgte.

Möglich machten diese ersten Schritte ihre gemeinsamen Ersparnisse in Höhe von 4.800 Euro, mit denen die Gründer allerdings auch die ersten Monate ohne Gehalt überbrücken mussten. Wenn sich Aimie an die Zeit zurückerinnert, hielt dieser Einstieg in die Startup-Welt immer wieder neue Herausforderungen bereit. Zum Beispiel bei der gezielten Suche nach Business Angels, die die Gründer selbst beharrlich kontaktierten, um weiteres Know-how zu erhalten. Doch diese Geduld machte sich bezahlt, denn schon nach wenigen Wochen konnten die allerersten Malkurse in Bars und Restaurants stattfinden. Ausgestattet mit Leinwänden, Pinseln und Farben, erklärten die akquirierten Künstler ihre besten Techniken und begeisterten die ersten Teilnehmer.

Bei der ArtNight kann jeder Teilnehmer seine Kreativität ausleben.

Warum sich unperfekte Pläne lohnen

Schon diese ersten Testläufe offenbarten, dass es sich bei ArtNight um eine lukrative Geschäftsidee handelte. Denn auch die Folge-Events in Berlin waren schnell ausverkauft, weshalb sich das Portfolio um weitere Künstler und Kunst-Motive erweiterte. Dieser schnelle Erfolg klingt nach einem Gründer-Traum, aber für Aimie lässt sich das einfach erklären. Demnach muss eine Gründung nicht immer kompliziert ablaufen, wenn sich die großen Ziele auf kleine Schritte runterbrechen lassen. Statt bspw. große Pläne aufzustellen, wie sich Locations flächendeckend mieten lassen, besuchten die Gründer einfach Bars und Restaurants in Berlin. Dort stellten sie ihre Idee vor und vereinbarten dann den ArtNight-Termin.

Daher ist es ihrer Meinung nach auch sinnvoll, direkt zu starten, anstatt zu lange über einem Businessplan zu brüten. Auch wenn die Umsetzung dann vielleicht nicht perfekt ausfällt, ergeben sich dadurch immer neue und wichtige Erkenntnisse zur eigenen Geschäftsidee. So war es auch bei ArtNight, denn durch die erfolgreich verkauften Tickets planten Aimie und David eine Expansion in weitere Städte. Dabei standen München und Leipzig ganz oben auf der Liste. Durch diese Strategie sollte endgültig klar werden, ob der Erfolg mit dem offenen Berliner Publikum zusammenhängt oder sich das Konzept deutschlandweit durchsetzen kann.

Die Preisgestaltung eines Event-Startups

Dieser Schritt rund um die Expansion erforderte auch eine einheitliche Preisgestaltung, die trotzdem alle Einnahmen und Ausgaben abdeckte. Auf der Seite der Ausgaben standen die Künstlergage, Mietkosten für die Location und die Workshop-Utensilien, wie Farben, kleine Leinwände für jeden Teilnehmer, Pinsel und Schürzen. Hinzu kamen die Steuern, Versicherungen sowie erste Marketingkosten, um die Events über Social Media Ads zu bewerben. Anhand dieser Ausgaben konnte das Gründerteam wiederum die benötigten Einnahmen berechnen und den Ticketpreis pro Teilnehmer ermitteln. Dieser lag zum Start bei 29 Euro. Allerdings gibt es bei dieser Berechnung laut Aimie keine allgemeingültige Formel, die jedes Startup nutzen kann.

Vielmehr hängt die Preisgestaltung vom jeweiligen Businessplan ab. Denn in diesem ist festgelegt, wie viel Marge als Differenz zwischen Selbstkosten und Verkaufspreis übrig bleiben soll. Dabei hat sich für Aimie auch der Fokus auf die sogenannten Unit Economics bewährt, die alle Einnahmen und Ausgaben auf eine bestimmte Einheit beziehen. Diese Einheit beschreibt einen einzigen grundlegenden Gegenstand, der einen Wert für ein Unternehmen schafft. Für eine Fluggesellschaft kann diese Einheit ein verkaufter Einzelplatz sein, bei ArtNight das verkaufte Ticket. Das heißt, Prozesse werden nicht als Ganzes betrachtet, sondern als einzelner Vorgang, der sich dann auf das Ganze übertragen lässt.

Ein TV-Auftritt für neue Umsatz-Rekorde

Mit diesem Konzept und weiteren Städten, stieg die Anzahl der ArtNight-Veranstaltungen immer weiter an. Der Beweis also, dass die beliebten Erlebnisse auch deutschlandweit funktionieren. Doch der endgültige Durchbruch stand 2017 an, als Aimie und David von einem Casting der Gründershow »*Die Höhle der Löwen*« für VOX erfuhren. Diese einmalige Gelegenheit, ihr Startup vor einem Millionen-Publikum zu präsentieren und dabei vielleicht sogar einen Investor zu gewinnen, wollten sich beide nicht entgehen lassen. Nach der Bewerbung erhielten sie direkt eine Zusage und durften ein paar Wochen später ihre Geschäftsidee vor der Jury präsentieren.

Zum Glück musste das Gründerteam nicht viel Überzeugungsarbeit leisten, denn der Investor Dr. Georg Kofler erkannte das große Potenzial und stieg bei dem Startup ein. Dieser Auftritt sorgte über Nacht für einen enormen Ansturm und neue Verkaufsrekorde. ArtNight erreichte statt 300 nun mehrere tausend Teilnehmer pro Monat. Durch das Investoren-Kapital in Höhe von 150.000 Euro konnte das Startup innerhalb kürzester Zeit in weitere Städte und Länder expandieren. Heute besuchen monatlich 40.000 Teilnehmer eine ArtNight, die Events finden in fast 90 Städten, verteilt auf fünf Länder, statt. Dabei kümmert sich ein Team aus 60 Mitarbeitern um die Organisation und das Netzwerk mit 400 selbstständigen Künstlern.

Bei DHDL wurden aus den Investoren Carsten Maschmeyer und Dagmar Wöhrl kreative Hobbykünstler.

Die wichtigsten Learnings aus dem Unternehmensaufbau

Wenn Aimie auf die letzten Jahre zurückblickt, gelang diese beeindruckende Erfolgsgeschichte zum einen durch den TV-Auftritt. Aber auch durch die ständige Optimierung des Geschäftsmodells, mit neuen Kunst-Motiven und aufregenden Locations. Zudem gehört die besondere Flexibilität zu den Erfolgsfaktoren von Art-Night. Denn als 2020 die Corona-Pandemie überall Events verhinderte, reagierte das Startup blitzschnell und konzipierte Online-Workshops mit unterhaltsamen Livestreams. Das gehört demnach zu den wichtigsten Eigenschaften eines Gründers, auf Veränderungen schnell zu reagieren und das Geschäftskonzept anzupassen.

Außerdem wurde die Marketingstrategie von ArtNight immer wieder verbessert, um die Events noch effektiver zu bewerben. Dabei setzten die Gründer auf die primären Bereiche PR, Social Media und Performance Marketing. Das heißt zum einen, die klassische Berichterstattung über ArtNight immer wieder vorantreiben, sei es in Magazinen oder auf News-Portalen. Gleichzeitig jedoch auf Social Media mit der Community in Kontakt bleiben und dort die selbstgemalten Bilder der Teilnehmer zu präsentieren. Und insgesamt über Performance Marketing zu analysieren, welche Online-Marketing-Maßnahmen funktionieren bzw. sich noch verbessern lassen.

Trotzdem gab es aber auch immer wieder Hürden, die das Gründerteam überwinden musste. Dabei erinnert sich Aimie an die Expansion nach Frankreich, kurz vor dem Investoren-Deal. Es zeigte sich, dass das Konzept von ArtNight zwar heute ideal in Deutschland, Österreich, der Schweiz, den Niederlanden und Großbritannien funktioniert. Aber der damalige gleichzeitige Geschäftsaufbau in Deutschland, Österreich und Frankreich ohne jegliche Erfahrung sorgte für enorme Schwierigkeiten. Deshalb entschieden sich Aimie und David dazu, Frankreich vorerst wieder aus dem Portfolio zu nehmen. Stattdessen sollte der Fokus stärker auf die vorhandenen Länder gelegt werden. Solche Fehler sind laut Aimie jedoch völlig normal, da Gründer immer Risiken eingehen müssen und sich das Zielgruppen-Verhalten nie konkret vorhersagen lässt.

Zukunftsaussichten und Gründer-Tipps

Auch wenn ArtNight schon einige Meilensteine vorweisen kann, stehen zukünftig noch viele Pläne und Entwicklungen an. Diese bringt Aimie nun allein voran, da David das Startup 2021 verlassen hat. Zu Aimies großen Zielen gehören dabei noch mehr Städte, weitere Länder, neue kreative Erlebnisprodukte und natürlich viele neue Teilnehmer. Gleichzeitig setzt die Realtainment GmbH auf Workshops in anderen spannenden Bereichen, wie die PlantNight für kreative Pflanzen-Kreationen, aber auch die BakeNight für gemeinsame Backrezepte. Damit konzentriert sich das Startup auf seine Kernkompetenz, erfindet sich gleichzeitig jedoch immer wieder neu. Bisher kommen die neuen Workshops schon gut bei den Teilnehmern an und sorgen für weitere Freizeit-Highlights.

Aimie und der Investor Dr. Georg Kofler testen die Rezepte der BakeNight.

Abschließend möchte Aimie allen angehenden Gründern noch die Redensart »Andere kochen auch nur mit Wasser« ans Herz legen. Was bedeutet, dass die Erfolgsgeschichte der großen Unternehmen zwar in der Presse immer so beeindruckend und einzigartig klingt. Doch jedes Startup startet mit ganz kleinen Prozessen, die wiederum andere Abläufe im Unternehmen anstoßen. Daher ist es laut Aimie besonders wichtig, sich niemals zu unterschätzen und möglichst schnell in kleinen Schritten loszulegen. Jeder kleine Schritt führt zu neuen Erkenntnissen. Dabei lohnt es sich, an die eigene Idee zu glauben und die Learnings umzusetzen, um dann langfristig erfolgreich zu sein.

SEBASTIAN MEYER

Rewinside

© Paul Sydow

Sebastian Meyer

Ein Business zwischen Content, Clicks und dem YouTube-Algorithmus

YouTube. Wenn man will, ein eigener Kosmos, in dem man sich komplett verlieren kann. Über 2 Milliarden YouTube-Nutzer gibt es weltweit, die sich Millionen von Videos auf dem Videoportal von Google anschauen. Hier werden pro Minute mehr als 500 Stunden Videomaterial hochgeladen. Themen und Formate wie Comedy, Wissenschaft und Lehrinhalte, Gaming, Tutorials oder auch Vlogs gehören zu den beliebtesten Videoarten auf YouTube. Und mittendrin, beziehungsweise ganz oben mit dabei ist Sebastian Meyer. Besser bekannt als Rewinside. Ein junger Mann aus Köln, der als YouTuber ein erfolgreiches Business aufgebaut hat und zu den Größten der deutschen YouTube-Liga gehört.

»Würde ich es heutzutage nochmal hinbekommen?«, eine Frage, die sich Sebastian schon häufiger gestellt hat. Kurzum: Man weiß es nicht. Das YouTube-Business ist heute härter geworden und die Anzahl der Content-Creator größer. Mit dem, was Sebastian seit seinem Start im Jahr 2012 über YouTube und den Algorithmus dahinter gelernt hat, würde er es vielleicht nochmal schaffen, so groß zu werden wie jetzt. So groß wie jetzt bedeutet: drei erfolgreiche YouTube-Kanäle (der Größte mit über 3 Millionen Abonnenten), Videoaufrufe im sechsstelligen Bereich, 2 Millionen Follower auf Instagram, über 1 Millionen Follower auf Twitch und über 300.000 Follower auf TikTok. Seine Themen: Comedy, Gaming und Lifestyle hauptsächlich. Rewinside, wie er sich auf allen Kanälen nennt, ist somit einer der erfolgreichsten deutschen YouTuber und daher auch ein wirklich erfolgreicher Unternehmer.

Vom Hobby zum Beruf

Dass ihn sein Weg irgendwann an den Himmel der YouTube-Stars führt, hat Sebastian zu Beginn nicht erahnen können. Als harmloses Hobby fing er an, zusammen mit zwei Freunden Minecraft zu spielen und sich dabei aufzunehmen. Zocken war die Leidenschaft der 3er-Gruppe, sie fanden sich recht unterhaltsam und wollten auch andere an ihrem Spaß teilhaben lassen. Jeder hatte seinen PC, eine Kamera und ein Mikrofon – und los ging's. Ganz nach dem Motto: Was andere können, können wir auch, nur eben lustiger. Gestartet mit dem Computerspiel Minecraft, folgten Streamings über Shooter-Spiele wie Call of Duty, Counter-Strike und Fortnite. Irgendetwas schienen die jungen YouTuber richtig zu machen, denn nach kurzer Zeit wurde die Sichtbarkeit ihrer Videos immer größer. 2012 fingen sie an, YouTube als Plattform stärker zu beobachten und strategischer vorzugehen. Die Kommentare wurden immer wichtiger, die Vorschaubilder (Thumbnails) sorgfältig erstellt, die Videotitel aufmerksam abgewägt – alles mit dem Ziel, dass ihre Videos von YouTube mehr und mehr Usern angezeigt werden. Und es funktionierte. Sebastian erkannte zunehmend, wie viel Potenzial in dieser Plattform steckte. So war er bestärkt in seiner Entscheidung, einen eigenen YouTube-Kanal »aufzumachen«, als sich seine Freunde entschieden, doch lieber zu studieren.

Erfolg stellt sich ein

Mit dem Weggang seiner Freunde änderte Sebastian auch die Themen auf seinem Kanal. Nun standen Entertainment, Vlogging und Lifestyle-Content im Mittelpunkt. Mit diesem Kanal bewarb er sich beim Partnerprogramm von YouTube, um seine Videos monetarisieren zu können. Er hatte genügend Abonnenten und erfüllte alle Voraussetzungen von YouTube, um aufgenommen zu werden. Strategisch klug überlegte Sebastian, was er hochladen könnte, was in jeder Folge passieren sollte und was seinen Zuschauern gefallen würde. Es dauerte nicht lange, da erzielte er durch Werbung, die vor seine Videos geschaltet wurde, seine ersten Einnahmen. Eine Einnahmequelle, von der die Hälfte an YouTube ging und die andere Hälfte an ihn.

Noch heute erinnert sich Sebastian daran, dass er im November 2013 dann den ersten wirklich lukrativen Umsatz erzielte. Zu dieser Zeit lebten einige Freunde von ihm bereits zusammen in einem großen Haus, alles YouTuber, die gemeinschaftlich regelmäßig Content erstellen. Also entschied sich Sebastian dazu, mit einzuziehen. Sein erstes wichtiges Investment, aus heutiger Perspektive. Denn aus dieser Gruppendynamik entstand viel und hochwertiger Content, der sich auf die Karriere aller positiv auswirkte und ihre Kanäle generisch immer weiter wachsen ließ.

Nach ein paar Jahren merkte Sebastian dann, dass auch die anderen Social-Media-Kanäle, die er zeitgleich aufbaute, genug Reichweite hatten, um ebenfalls als Einnahmequellen zu dienen. Also fing er an, auf Twitch und Co. – auf dem es damals noch kein Monetarisierungsmodell gab – durch Kooperationen mit Firmen oder eigene Produkte und Merchandise-Artikel Geld zu verdienen. Es funktionierte. So wie die Einnahmen stetig wuchsen, kletterte auch die Zahl der Abonnenten und Follower immer weiter nach oben. Und das konstant bis heute.

Mitten im YouTube-Wahnsinn

Allmählich wurden die Videos immer professioneller und auch Sebastian als Unternehmer. Aus dem anfänglichen Hobby hat sich ein richtiges Business entwickelt. Mit einem 4-köpfigen Kreativ-Team, eigener Bürofläche, einem Management, Backoffice, Buchhaltung und Steuerberatung, steht heute hinter Sebastian ein ganzer Apparat, den er aus seinen Einnahmen finanzieren kann. Seine Kooperationen mit Unternehmen und Firmen sowie seine Gewinne aus YouTube-Werbeanzeigen, ermöglichen ihm zusätzlich, in eine professionelle Technikausstattung und Freelancer zu investieren. Um so genau den Content kreieren zu können, den seine Zuschauer an Rewinside so schätzen.

Regelmäßig sitzt er mit seinem Team zusammen und überlegt, was er als nächstes drehen könnte. Manchmal schmeißen alle ihre Ideen in den Raum, manchmal schwirrt Sebastian eine Idee auch schon seit einiger Zeit im Kopf herum, die nur darauf wartet, umgesetzt zu werden. Manchmal muss er aber auch schnell sein und mit seinen Videos auf Trends reagieren, um den Viralitätseffekt zu nutzen. Dass der YouTube-Kosmos eine globale »Bubble« ist, zeigt sich, wenn Sebastian selbst auf die Suche nach unterhaltsamen Videos geht. Denn ab und zu findet er die eigenen Videoideen in anderen Ländern wieder. Verärgern tut ihn das nie, im Gegenteil: Es bereitet Sebastian Freude, sich woanders wiederzufinden.

Steht das Konzept eines Videos dann, kann, je nach Aufwand, die Umsetzung entweder in der nächsten Woche erfolgen oder am nächsten Tag. Größere und länger geplante Produktionen, bei denen acht bis neun Kameras im Einsatz sind, erfordern meist etwas mehr Zeit, bis das Video veröffentlicht werden kann. Die Synchronisation der Kameras, das Abmischen des Tons oder auch Abnahmeschleifen, wenn Kunden und Partner noch involviert sind, ziehen die Postproduktion gerne mal in die Länge. Aber Hauptsache ist, dass das Endprodukt nicht nur ihn selbst begeistert, sondern vor allem seine Zuschauer.

Der Garant für YouTube-Erfolg

Was Sebastian schon ziemlich früh begriffen hat, ist, dass für seinen Erfolg der YouTube-Algorithmus entscheidend ist. Als erfolgreicher YouTuber sollte man diesen wirklich verstehen und wissen, wie man seine Videos daraufhin ausrichten kann. Natürlich – und das ist auch Sebastian sehr wichtig – steht der Content immer im Vordergrund. Würde dieser den Zuschauern nicht gefallen und sie nicht unterhalten, flacht der Erfolg ganz schnell ab. Aber es gibt ein paar Stellschrauben, an denen YouTuber drehen können, um ihre Videos noch besser und sichtbarer zu machen.

Wer regelmäßig auf YouTube oder auch anderen sozialen Plattformen unterwegs ist, weiß, dass Interaktionen wie Likes, Verlinkungen, Kommentare und daraus resultierende Diskussionen sehr wichtig für die Zuschauerbindung und die Sichtbarkeit sind. Denn wo viel diskutiert wird, scheint auch viel Aufmerksamkeit zu sein. Mit den Jahren hat YouTube seinen Algorithmus stetig weiterentwickelt und misst mittlerweile auch, wie befriedigend Videos für die User der Plattform sind. Ein Messwert für die Beliebtheit eines Videos ist beispielsweise, ob der Zuschauer die Websitesession abbricht oder eben nicht. Sebastian weiß, dass so ein Abbruch und ein Schließen der Website das Schlimmste ist, was dir als Content-Creator passieren kann. Denn im Endeffekt heißt es, dass der User dein Video so langweilig oder unbefriedigend empfand, dass er sich ganz von YouTube verabschiedet hat. Und das wird mit einem schlechten Beliebtheitswert abgestraft.

Sebastian beim Streaming und in Interaktion mit seinen Zuschauern.

Content, Clicks und Community

Aber nicht nur solche Werte sind wirklich wichtig für YouTuber wie Sebastian. Auch, wie lange Zuschauer das Video anschauen, ob sie weitere Inhalte von dir konsumieren, ob leiser oder lauter gestellt wurde, ob nach vorne oder hinten gespult wird, ob sie aktiv werden und Likes vergeben oder etwas in die Kommentare schreiben – es gibt viele, viele Kennzahlen, die sich eben positiv oder negativ auf die Sichtbarkeit auswirken. Und genau das muss nach Sebastians Meinung jeder verstanden haben, um auf YouTube Karriere zu machen. Wo früher nur anhand von Kommentaren und Schlagwörtern entschieden wurde, bewertet YouTube heute sehr viel versteckter. Und raffinierter.

Aber Sebastian hat verstanden, worauf es ankommt, und nutzt dieses Wissen. Läuft ein Video mal nicht so gut, kann er an diesen Stellschrauben drehen. Entweder pinnt er hin und wieder kontroverse Zuschauer-Kommentare ganz nach oben, um damit andere zum mitdiskutieren zu animieren. Oder er kommentiert auch gerne mal selbst und macht Vorschläge, auf die seine Community wiederum antwortet.

Besonders wertvoll ist, wenn die eigenen Videos auf anderen Plattformen angezeigt werden und der meiste Teil des Traffics bzw. die Zugriffe, nicht aus den eigenen Abonnenten stammt. Ist die daraus resultierende Empfehlungsrate hoch, erkennt man schnell, welche Inhalte bei der breiten Masse funktionieren und welche nicht.

Zwischen Umsatz und Kunstfreiheit

Wo der Markt wächst und viel Umsatzpotenzial herrscht, macht auch Innovation nicht halt. Mittlerweile gibt es viele Tools, die es YouTubern ermöglichen, ihre Performance zu analysieren. Auch Sebastian nutzt solche Tools und beobachtet, welche Faktoren besonders gut funktionieren. Welches Thumbnail wird häufiger angeklickt? Welcher Titel lockt mehr User auf den eigenen Kanal? Das sind alles Fragen, die Analyse-Tools heute beantworten können. Doch so schön diese Zahlen, Messwerte und Ergebnisse auch sind – Sebastian weiß, dass man sich in zu viel Professionalität verlieren kann. Ja, diese Tools sind an manchen Stellen nützlich, aber wichtiger ist für ihn die Leidenschaft. Und das ist definitiv das Kreieren von unterhaltendem Content und nicht das Auswerten von trockenen Messwerten. Denn dass es auch ohne Analyse-Bilanz geht, bekommt Sebastian von anderen YouTube-Kollegen mit. Wenn man das Ganze also mit purer Leidenschaft macht, dieses Gefühl transportiert bekommt und es mit seiner Community teilt, ist das ein wesentlicher Erfolgsfaktor. Es ist das A und O im YouTube-Business.

Doch hinter jedem Business steckt auch immer der Wunsch nach Umsatzsteigerung. Und so auch bei Sebastian. Deshalb überlegt er sich zusammen mit seinem Team, wie man noch mehr herausholen könnte und gleichzeitig noch besseren Content generiert. Daher ist das Gestalten von Videos, die »advertiser-friendly« sind, sehr wichtig. Wichtig deshalb, um mit Werbung Geld zu verdienen. Ob er deshalb in einem Spagat zwischen Umsatz und Community steht? Nein, da muss er strikt den Kopf schütteln. Lieber die Community, sagt er ganz entschieden. Dabei geht er ganz logisch an die Sache: Wenn die Community die Videos liebt, ist es automatisch advertiser-friendly. Zwar ist es wichtig, sich bei jedem Content an die Community-Guidelines von YouTube zu halten, doch hält man sich zu sehr daran, verliert man sein Gesicht. Und das möchte er nicht. Das wäre nicht im Sinne der Kunstfreiheit.

Eine weitere wichtige Einnahmequelle sind Kooperationen mit Firmen. Dabei läuft es bei Sebastian aka Rewinside ganz anders als man es sonst so kennt. Anstatt bloß Produkte in die Kamera zu halten, geht er da viel subtiler vor. Scheint ein Unternehmen zu passen, pitcht Sebastian proaktiv das kreative Videokonzept zusammen mit seinem Team. Ihr Ziel: ein Projekt zu machen, bei dem seine Zuschauer richtig unterhalten werden und nicht nur blöde Werbung sehen. Das kann mal nur ein Video sein, mal ein Kurzfilm oder andere spannende Formate.

Ein Mann, viele Talente

Dass die Einnahmen aus YouTube und Co. aber nicht seine einzigen Einkommensquellen sein sollen, hat der ausgebildete Immobilienkaufmann bereits früh beschlossen. Genau deshalb hat er sich auch für eine Branche entschieden, in die er gerne zwischendurch mal abtaucht: die Immobilienbranche. Nicht, weil sich hier sehr viel Geld verdienen lässt, sondern weil es seine zweite Leidenschaft ist. 2015 fing Sebastian an, Wohnungen zu kaufen, eigene zu bauen und diese dann entweder zu vermieten und wieder zu verkaufen. Und immer ist er mittendrin, berät sich mit dem Bauleiter, wo beispielsweise die Anschlüsse für die neue Kücheninsel hinkommen und was als Nächstes angegangen werden muss. Das bereitet ihm Spaß und ist abseits des Mediendschungels.

Nicht ganz so abseits von der Medienbranche sind seine gegründeten Unternehmen. Wie sein Musiklabel *space music records* mit großen und namhaften Künstlern an Board. Oder dem Startup *SongPush*, mit dem Kunden Kampagnen und Musikpromotion im Markt umsetzen können. Beides naheliegend, da Sebastian selbst hin und wieder als DJ auflegt. Und so entsteht alles, was er beruflich macht und womit er Geld verdient, aus Leidenschaft – auch wenn die Investments in die zwei

Unternehmen bisher noch nicht ertragreich waren. Aber schnelles Geld zu machen, ist auch nicht sein Plan. Er denkt langfristig. Wenn die Gewinne ihm in fünf bis zehn Jahren zugutekommen, geht der Plan auf. Investiert wird nur das, was er an Geld gerade nicht braucht. Und dass er zukunftsgerichtet denkt, zeigt sich nicht nur hier. Denn schon früh hat sich Sebastian auch mit Kryptowährung und Aktien beschäftigt. Ihn interessiert alles, was der Kapitalmarkt so hergibt. Vor allem möchte er sich aber absichern. Denn wenn ein Standbein mal wegfällt, kann ein anderes den Verlust auffangen.

Kein Plan B für Rewinside

Doch womit ist Sebastian nun finanziell am erfolgreichsten? Das kann er nicht genau sagen. Je nach aufgewendeter Zeit sind mal die Einnahmen aus YouTube am höchsten, mal die Rendite aus seinen Anlagen. Angst vor einem abflachenden Erfolg auf YouTube hat er aber nicht. Es gibt immer wieder Hochs und Tiefs, aber jedes Tief regt auch dazu an, wieder kreativ zu werden, sich Neues zu überlegen und immer ein Stückchen weiter zu gehen. Natürlich sind ihm die Dezembermonate am liebsten. In diesen Monaten sind die Einnahmen am höchsten, weil die restlichen Werbeetats vom Jahr noch ausgegeben werden müssen. Aber grundsätzlich kann er sich nicht beklagen. Es läuft, wie man so schön sagt.

Solange es Spaß macht, die Zuschauer ihn noch sehen wollen und er seine Kreativität ausleben kann, wird Rewinside weiterhin im Geschäft bleiben. Auch vor der vermeintlichen Konkurrenz hat Sebastian keine Angst. Für ihn gibt es nicht wirklich Konkurrenten. Wenn ein Kollege mal 40.000 Zuschauer mehr hat, sind das gleichzeitig 40.000 Zuschauer, die auch ihn sehen können. Weil sie eben auf der Plattform sind und man sowieso häufig mit anderen YouTubern kooperiert. Mal taucht Sebastian im Video eines Kollegens auf, mal anders herum.

Trotzdem hat Sebastian Zukunftsstrategien. Er möchte noch größere Projekte planen, noch mehr Formate entwickeln und noch professioneller erscheinen, um seinen ganz eigenen Look zu schaffen. Das Schlimmste für ihn wäre tatsächlich, wenn sich Zuschauer satt sehen würden. Daher ist er im stetigen Austausch mit anderen YouTubern, vernetzt sich und partizipiert. Ohne diesen Austausch und den gegenseitigen Support würde es nicht funktionieren, weiß Sebastian.

Wer sich überschätzt, der verliert

Obwohl es so scheint, als ob die Karriere von Sebastian als Rewinside ohne Weiteres immer steil bergauf ging, ist dem nicht ganz so. Auch er hat Fehler gemacht. Ein Fehler war definitiv seine anfängliche Selbstüberschätzung, erinnert er sich zurück. Statt das eigene Können realistisch zu bewerten und sich in gewissen Bereichen Hilfe zu holen, wollte er erst einmal alles selbst machen. Sowohl technischer Natur, als auch organisatorisch. Doch schnell bemerkte Sebastian dann, dass er an seine Grenzen stieß. Vielmehr erkannte er: Je mehr Aufgaben er an Profis abgab, desto freier konnte er sein.

Aber auch geschäftlich lernte er viel dazu. Dass man nicht mit jedem kooperieren sollte. Und dass es Leute gibt, die auf einem Markt, der nicht großartig reguliert ist und ein bisschen an Wild West erinnert, nur schnelles Geld verdienen wollen. So hat Sebastian schon viele gesehen, die auf fahrende Züge aufspringen wollten.

Aber nicht alles war und ist so erbarmungslos im YouTube-Kosmos wie der wilde Westen. Es gab auch Highlights und Meilensteine, auf die Sebastian stolz ist. Natürlich auf seine eigene Entwicklung, aber vor allem auch auf seinen Freundeskreis: Die meisten sind tatsächlich erfolgreiche YouTuber, die er seine engsten Freunde nennen darf. Und genau das zählt er auch zu seinen absoluten Geheimtipps: das frühe Vernetzen und »Connecten« – mit den richtigen Leuten natürlich. So hat er auch verstanden, dass eine Teamdynamik, gerade auf YouTube, sehr viel stärker ist, als das Schaffen eines Einzelkämpfers. Auch wenn es zu Beginn so scheint, als würde man dem Konkurrenten die Hand schütteln. So ist es nicht.

LINN SCHÜTZE & LEO BARTSCH

MORD AUF EX

Linn Schütze & Leo Bartsch

Zwischen humorvoller Unterhaltung und knallharten Recherchen

Zwei Freundinnen sitzen auf der Couch, trinken ein Gläschen Wein und machen sich einen schönen Abend – doch neben den Alltagsthemen stehen für Linn und Leo vor allem Entführer, Mörder und andere Verbrecher auf dem Programm. Für viele werden schon fiktionale Horrorfilme zur Qual, doch die beiden haben es auf wahre Verbrechen der außergewöhnlichsten und brutalsten Art abgesehen. Mit ihrem True-Crime-Podcast stehen die beiden damit auf Platz 1 der deutschen Charts ihres Genres. Auch wenn sie mit ihrer humorvollen Art, wie sie über den Gossip der True-Crime-Szene sprechen, nicht selten auf Gegenwind stoßen, zeigen sie, wie eine außergewöhnliche Idee zu großem Erfolg führen kann.

Linn und Leo lernen sich zu Beginn ihres Volontariats bei ProSieben kennen. In den typischen Kennenlernspielen merken die beiden schnell, dass es zwischen ihnen matcht. Sowohl in ihren Charaktereigenschaften als auch ihren Zielen für die berufliche Zukunft ähneln sie sich sehr. Während Linn davor bereits bei KiKa und in anderen Produktionsfirmen gearbeitet hatte, war Leo eher im Print-Bereich bei Zeitungen wie der WELT oder DIE ZEIT unterwegs. Beide kamen mit der Idee in das Volontariat, gerne etwas Eigenes zu starten, ein eigenes kleines Projekt – dass dieses einmal so groß werden würde, das passierte ganz unerwartet.

True-Crime-Fans und Podcast-Liebe – die perfekte Kombination

»Mit den Arbeitskollegen verbringt man mehr Zeit als mit seiner Familie, es muss also einfach passen«, so Linn. Beide sind sich einig, dass sie etwas machen wollen, was ihnen zu 100 Prozent gefällt. Jackpot, dass sie jetzt beides in ihrer Tätigkeit vereinen. Sowohl Linn als auch Leo waren bereits Fans von Podcasts. Linn war ein echter True-Crime-Junkie, während es für Leo eher das Medium selbst war, das ihr Interesse weckte. Damals, im Jahr 2019, ist der deutsche Markt für True-Crime-Podcasts noch sehr klein, mittlerweile gibt es über einhundert Angebote auf Spotify, Apple Podcasts und Podimo in dieser Sparte. Die wenigen, die es damals gab, behandelten nur deutsche Fälle. Das war vor allem Linn nicht genug, sie hoffte darauf, dass irgendwann ein weiterer True-Crime-Podcast startet, doch warum nicht einfach selbst machen? »Ich dachte schon, dass es anderen Hörern auch so geht, dass es einfach noch mehr Angebote geben muss, aber dass es so viele sind, die dann bei uns eingeschaltet haben, das hätte ich nie gedacht«, sagt Linn selbst.

Der Startschuss von MORD AUF EX

Heute gibt es über 125 Folgen, die die Zuhörer sich auf dem Kanal von Linn und Leo anhören können. Doch in den ersten Folgen waren beide noch im Volontariat und somit in einem Vollzeitjob tätig. Leo ist im Bereich Formatentwicklung angesiedelt und Linn hat als Reporterin gearbeitet. Die Recherchen fanden nach Feierabend statt und auch die Podcastfolgen wurden damals nie vor 22:30 aufgenommen. Gerade im True-Crime-Genre findet viel Arbeit hinter dem Mikrofon statt, das wird häufig unterschätzt, so die beiden: »Viele denken, man setzt sich einfach nur eine Stunde hin und redet, aber bei uns bedeutet eine Folge zunächst wochenlange Recherche!« Im Nachhinein klingt es fast wie Schicksal, für die beiden kommt der richtige Zeitpunkt, die richtige Partnerin und auch das passende Format zusammen, der Startschuss für MORD AUF EX fällt.

Das Alleinstellungsmerkmal – zwischen gefeiert und kritisiert

Im Unterschied zur Konkurrenz behandeln Linn und Leo in ihrem Podcast vor allem auch Fälle, die außerhalb von Deutschland liegen. Inhaltlich grenzen sie sich so von den bis dato etablierten True-Crime-Podcasts ab. Doch ein weiteres Merkmal überrascht den Zuhörer, wenn er zum ersten Mal einschaltet. Die meisten Podcasts dieser Art sind seriöser, Fälle werden ernst vorgetragen. Bei Linn und Leo hingegen wird auch mal gelacht, es klingt eher als würden sich zwei Freundinnen über Mord und Totschlag austauschen – so absurd wie es auch klingen mag. Leo erinnert sich noch gut an die Anfänge: «Unser Ansatz war für die Zeit extrem mutig. Die USA sind bekannt für ihre provokanten Late Night Shows, aber für Deutschland war das sehr gewagt.« Und so sind auch die ersten Bewertungen niederschmetternd. »Die ersten Rezensionen waren wirklich zerstörend, wir haben aber gesagt, wir bleiben uns treu und machen das wonach wir uns fühlen, das was wir auch wirklich sind«, reflektiert Linn. Die beiden sind sich sicher, es funktioniert nur deshalb so gut, weil sie beide zu 100 Prozent hinter dem stehen, was sie tun.

© Alexander Chouzanas

Die Idee polarisiert – Mord und Tod kombiniert mit humorvoller Stimmung.

Heute zählen die beiden insgesamt über 55 Millionen Streams und Downloads, das sind bis zu 550.000 pro Folge. Das Konzept hat sich also bewährt – auch wenn sie sich seitdem sehr weiterentwickelt haben. Heute ist der Name nicht unbedingt immer noch Programm, die Drinks stehen weniger im Fokus, aber das Gefühl von Gemütlichkeit ist geblieben.

Das Podcast-Business MORD AUF EX

Aufgrund ihres Volontariats bei ProSieben hatten die beiden verschiedene Möglichkeiten, ihren Podcast auch finanziell nach vorne zu bringen, denn der Blick richtete sich auf potenzielle Werbeeinnahmen. So gab es die Option, den Podcast im Hause ProSieben zu produzieren oder aber die Rechte zu behalten und lediglich die Vermarktung in die Hände des Senders zu legen. Nach Gesprächen mit anderen aus der Branche entschieden sie sich für Letzteres. Die Podcast-Tätigkeit wurde den beiden also nie in Form eines festen Gehaltes mit Arbeitsvertrag ausgezahlt. Irgendwann wurde klar, die Reichweiten sind so hoch, dass man ähnlich zum TV-Format auch im Audio-Format Werbung schalten konnte. Ein halbes Jahr nach dem Launch der ersten Folge können die beiden so erste Einnahmen verbuchen, doch das ließe sich eigentlich nur als Taschengeld bezeichnen, sagt Linn selbst.

Um mit einem Podcast Geld zu verdienen, gibt es verschiedene Möglichkeiten, denn der Irrglaube, dass der Podcaster rein durch die Klicks Geld verdient, ist falsch. Als Teil der öffentlich-rechtlichen Medien laufen viele Podcasts heute unter der Untermarke Funk oder anderen Sendern, werden also vom Rundfunkbeitrag finanziert. Andere Podcast-Hosts verschreiben sich einem Anbieter wie Spotify oder Audible und sind somit exklusiv nur auf dieser Plattform verfügbar. Wird der Podcast von Werbung finanziert, so kann man sich einen Vermarkter suchen. Im Falle von MORD AUF EX ist das die Seven.One Entertainment Group, eine Tochtergesellschaft der ProSiebenSat.1 Media SE und einer der größten Vermarkter Deutschlands.

MORD AUF EX ist damals einer der ersten Podcasts, die bei dem Unternehmen unter Vertrag stehen. »Wir sind wirklich auch gemeinsam gewachsen und der einzige Podcast, den sie von Anfang an begleiten«, so Linn. In der Position sucht das Unternehmen passende Werbepartner für den Podcast aus, wobei die beiden Podcast-Hosts natürlich ein Mitspracherecht haben. Es gibt eine Blacklist und jeder potenzielle Partner wird von den beiden auch noch einmal abgesegnet. In Form eines Share-Modells erhalten die beiden Anteile an den Werbeeinnahmen, während die Vermarkter den anderen Anteil erhalten.

Vom Nebenverdienst zum Full-Time-Job

Nach ungefähr einem Jahr wird den beiden klar, dass sie von ihrem Podcast mittlerweile leben können, sie müssen also nicht länger zwei Jobs gleichzeitig nachgehen. Sie holen sich Unterstützung von verschiedenen Partnern und einem großen Medienanwalt. Das Medium Podcast ist damals noch so jung, dass auch für Anwälte ein Vertrag dieser Art völlig neu ist. Linn und Leo ist auch ihre finanzielle Sicherheit sehr wichtig. Anders als das reine Share-Modell von Beginn möchten sie die Gewissheit, dass sie ihre Jobs aufgeben können. Daher erhalten sie von ProSieben eine monatliche Garantie, die dann mit anteiligen Werbeeinnahmen aufgestockt wird. Heute profitieren die beiden von ihrer Reichweite und müssen sich über fehlende Werbepartner keine Gedanken mehr machen. Auch hier ist ProSieben für die beiden der optimale Partner, denn sie können auch von den Connections durch andere TV- und Podcast-Formate profitieren.

Doch Linn und Leo bieten einen weiteren Vorteil gegenüber ihren Konkurrenten auf dem Podcast-Markt, denn sie haben eine andere Zielgruppe. Während Podcasts wie Baywatch Berlin oder auch Fest & Flauschig von überwiegend männlichen Zuhörern geklickt werden, ist bei MORD AUF EX die Zuhörerschaft zu 78 Prozent weiblich, verrät Leo aus den Zahlen von Juli 2022. Damit kommen sie für einige Marken mehr infrage, häufig sind Frauen auf dem Werbemarkt auch die interessantere Zielgruppe. Auch wenn zu Beginn einige Partner aufgrund des Themenfeldes noch Zweifel gegenüber Werbung in True-Crime-Podcasts hegen, kommt das mittlerweile sehr gut an, denn die Werbewirkung scheint zu funktionieren.

Die Dachmarke MORD AUF EX

Der Podcast mit den wöchentlich neuen Folgen ist das Haupt-Business der beiden, trotzdem haben sie weitere Projekte, die damit einhergehen. Von einer Liveshow, mit der sie durch ganz Deutschland touren, bis hin zu einer Kooperation zum eigenen Gin.

© Alexander Chouzanas

Mordgeschichten zum Business machen, das haben Linn und Leo geschafft. So oder so ähnlich sieht es mittlerweile aus, wenn die beiden ihren Podcast aufnehmen.

Die Tour ist für die beiden ein besonderes Highlight und grenzt sich ganz bewusst vom Podcast ab. Laute Musik, ein inszenierter Stromausfall oder das Nachspielen einer Dating Show – die beiden haben sich viele besondere Effekte einfallen lassen. Auch der Auftritt auf der Bühne vor vielen treuen Zuhörern ist ein echtes Erlebnis für die beiden, da sie sonst eher im Pyjama auf der Couch von den Fällen erzählen.

Ihr eigener Gin wurde von der Firma THE DUKE hergestellt und nennt sich die THE DUKE – Mord auf Ex True Crime Special Edition. Auch eigene Merchandise-Artikel wie T-Shirts oder Socken können die Fans des Podcasts im Shop der beiden kaufen. Hier generieren die beiden natürlich ebenfalls Einnahmen. Eines der Projekte lässt die Herzen der beiden jedoch besonders hoch schlagen.

DIE NACHBARN – Investigative Recherchen

Linn und Leo haben noch einen zweiten Podcast aufgenommen, zeitlich begrenzt mit fünf Folgen. In DIE NACHBARN sind die beiden investigativ unterwegs, fahren nach Babenhausen und versuchen, Licht in einen bereits abgeschlossenen Fall zu bringen. Dabei haben sie mit nie gehörten Zeugen gesprochen und waren live vor Ort. Während investigative True-Crime-Podcasts in Deutschland eher Mangelware sind, ist das in den USA bereits etabliert. Der Podcast »Serial« von Sarah Koenig ist das Paradebeispiel und Urgestein der True-Crime-Podcast-Welt. Bei DIE NACHBARN hatten Linn und Leo Produktionsbudget, da dieser Podcast exklusiv unter dem ehemaligen Anbieter FYEO lief. Hier konnten auch externe Mitarbeiter engagiert und Budgets verteilt werden. Besonders bewegend empfanden die beiden den Fakt, dass sie mit ihrer Tätigkeit tatsächlich etwas in den Leben der Betroffenen verändern könnten. »Da hatte ich wirklich Herzklopfen, weil es nicht nur mein eigenes Leben betrifft, sondern auch das von vielen anderen Menschen«, sagt Leo.

Auch für die Zukunft können die beiden sich vorstellen dahingehend weitere Fälle neu aufzurollen, doch eine investigative Recherche kostet viel Zeit und Energie. Ihr Ziel ist es hier, eine Trennung der Marken zu erschaffen. Das heißt auf der einen Seite die humorvolle Unterhaltung mit MORD AUF EX und auf der anderen einen ernsten, investigativen Journalismus.

Social Media – Mehrwert, aber auch Unterhaltung

Der Instagram-Account von MORD AUF EX ist eine weitere von vielen Tätigkeiten, die Linn und Leo koordinieren müssen. Denn er ist sehr beliebt, über 100 Tausend Follower haben die beiden über die Jahre aufgebaut. Dabei ändern sie hier gerne auch monatlich ihre Ausrichtung. Mal wird es eher persönlich, dann gibt es eher wieder Einblicke in die journalistische Arbeit. Häufig gibt es hier auch Extra-Content über die behandelten Fälle oder lustige Side-Facts, um einen Grund zu bieten, den Kanal zu abonnieren.

Eine Konkurrenzanalyse machen die beiden nicht, dafür ist häufig gar nicht die Zeit. Außerdem finden sie den Konkurrenzgedanken eher toxisch und halten sich davon fern: »Ich finde das ganz schrecklich, gerade in der Medienbranche. In der Podcast-Szene hingegen entwickelt sich gerade vieles neu, sodass die Akteure sich eher unterstützen als gegeneinander ankämpfen. Das finde ich richtig cool!«, so Linn. »Hier gibt es wahnsinnig viele erfolgreiche Frauen im Gegensatz zur Männerdominaz in anderen Bereichen und das ist super, wenn man sich da gegenseitig hilft.«

Die Strategie: Mit dem richtigen Bauchgefühl zum Erfolg

Das größte Ziel von Linn und Leo ist es, dass viele den Podcast gerne hören und natürlich wiederkommen. Der Hauptgedanke, der die beiden hier beschäftigt, ist: »Sind wir spannend und unterhaltsam? Wie können wir den Menschen genau das geben, wofür sie den Podcast eingeschalten haben?« Qualität kommt hier vor allem über die Recherche, diese kann gut und gerne ein bis zwei Wochen pro Fall dauern. Dabei gehen die beiden weit über die klassische Internetrecherche hinaus und versuchen zunächst exklusive Informationen von Betroffenen oder den Ermittelnden zu erhalten. So erfahren Linn und Leo die Geschichten aus erster Hand und können falsche Fakten, die im Internet kursieren, revidieren. Aber auch Bücher, Radiointerviews oder Dokumentationen zählen zu ihren Quellen. Dann werden die wichtigsten und spannendsten Fakten herausgesucht und damit eine Dramaturgie gebaut. »Das Geschichten-Erzählen und -Schreiben ist danach ein ganz essenzieller Part in der Podcastvorbereitung.«, so Leo. Die Auswahl der Fälle ist ebenfalls für die Reichweite entscheidend. Leo steht beispielsweise vor allem auf Cold Cases, also ungelöste Fälle. Doch sie weiß, dass das nicht allen so geht und viele nervös macht. Daher spielen vor allem auch die inhaltlichen Themen eine große Rolle. Doch die beiden betonen, dass sie viel Glück mit ihrer Community und ihrem daraus resultierenden Erfolg haben. »Wir sind stetig gewachsen und können uns auf unser Bauchgefühl verlassen, wenn wir etwas veröffentlichen, von dem wir überzeugt sind.«

Gespräche, in welche Richtung sich die beiden entwickeln möchten, gibt es natürlich. Auch Input von außen, durch ProSieben oder andere Kooperationspartner ist immer wieder Thema. Eins ist sicher: An Ideen mangelt es Linn und Leo nicht, immer wieder haben sie neue Visionen, welche Projekte sie noch gerne umsetzen möchten. Ganz oft sind es daher mangelnde Zeit und auch Kapazitäten, die sie dabei bremsen. Denn bei einem tun sich die beiden schwer: sich Unterstützung suchen. Eine Angestellte sowie mehrere freie Mitarbeiter beschäftigen sie bisher. Oft sind das Freunde oder Familie, da sie diesen am meisten vertrauen. Ihr Wunsch ist es, irgendwann eine große Produktionsfirma zu werden. Doch es ist schwierig, die richtigen Leute zu finden. Gibt man mehr ab, so lässt sich auch mehr schaffen. Doch bei MORD AUF EX kommt alles aus den Händen von Linn und Leo, »ob das immer die richtige Business-Entscheidung ist – sicher nicht! Aber das ist die Entscheidung hinter der wir stehen können!«

Voller Stolz auf das Erreichte

Auch wenn man sich auf viele weitere Projekte der beiden freuen kann, so gibt es jetzt schon einige Dinge, auf die Linn und Leo sehr stolz sind. Angefangen bei den Basics wie Schnitt und Aufnahme bis zum fertigen Podcast – die beiden haben viel auf dem Weg gelernt. Auch als Investigativ-Journalistinnen war es nicht immer leicht, denn die beiden mussten sich häufig erst durchkämpfen, um ernstgenommen zu werden. Linn und Leo haben außerdem von vielen Tipps profitieren können, doch die Öffentlichkeit hat auch ihre Tücken. »Jeder hat eine Meinung, das ist gerade für mich auch sehr schwer, da ich sehr emotional bin und mir das auch gerne mal zu Herzen nehme«, sagt Linn selbst über sich, »Aber wir haben so viel gelernt und dass wir einfach unser Ding durchgezogen haben und die Marke MORD AUF EX aufgebaut haben, darauf bin ich schon sehr, sehr stolz!«

Was wird die Zukunft bringen?

Neue Projekte sind einige geplant, das merkt man den beiden an. Über einiges dürfen sie zwar noch nicht sprechen, aber so viel können Linn und Leo verraten: Video und Fernsehen werden eine große Rolle spielen, sicher hat hier auch der Sender ProSieben seine Finger im Spiel. Eine echte Herausforderung für die beiden, die ja momentan eher nicht in Bewegtbild zu sehen sind. Auch investigative, ernstere Themen stehen auf der Agenda. »Es steht etwas in den Startlöchern«, teasern die beiden an. Die größte Herausforderung für die beiden wird hier sein, die Dinge in andere Hände zu geben. Aufnahmeleiter, Schnitt, Ton, das wird hier wahrscheinlich ein ganzes Team übernehmen.

Das Erfolgsrezept von Linn und Leo

Der letzte Urlaub der beiden Gründerinnen von MORD AUF EX ist eine Weile her. Harte Arbeit, das hat die beiden dahin gebracht, wo sie heute stehen. Sie sind froh, eine ähnliche Arbeitsmoral zu haben. Gerade zu Beginn, da gab es keinen Feierabend und auch kein Wochenende. Nur so haben sie sich parallel zu ihrem Job eine Selbstständigkeit erschaffen. »Man muss schon bereit sein, richtig zurückzustecken, aber am Ende zahlt sich das in jedem Fall aus.«, so Linn. Halbherzige Sachen werden wahrscheinlich nicht funktionieren, da sind sie sich sicher. Wer eine Idee hat, der sollte unbedingt alles geben, um dieses Ziel zu erreichen. »Dann muss man auch mal ein paar Partys absagen und vielleicht am Abend nicht noch seine Lieblingsserie suchten – zumindest eben eine Zeit lang.«, so Leo.

Auch ihre Zusammenarbeit als Team ist ein großer Faktor für ihren außergewöhnlichen Erfolg. Denn beide sind froh, nie alleine zu sein. Egal ob Business-Entscheidung oder fehlende Kraft – Linn und Leo können aufeinander bauen und sind sich sicher, sie hätten es ohneeinander nicht so weit geschafft. »Es ist einfach schön, jemanden anrufen zu können und an deiner Seite zu haben, eine Person die dein Anker ist und die versteht, wie du dich fühlst.«, da sind sie sich einig.

TIM HENDRIK WALTER

Herr Anwalt

Tim Hendrik Walter

Wie ein Anwalt Infotainment auf TikTok groß macht

Anwaltsleben und Social Media – das geht nicht zusammen? Tim Hendrik Walter, Fachanwalt für Familienrecht aus Unna, beweist das Gegenteil und verpasst der juristischen Laufbahn einen echten Popularitätsschub! Er hat es geschafft, unter dem Pseudonym »Herr Anwalt» eine 5,5 Millionen Follower starke TikTok-Community aufzubauen – neben seinem Vollzeitjob. Tagtäglich beantwortet der Anwalt auf seinen Social-Media-Kanälen allerlei Rechtsfragen, die seinen überwiegend jungen Followern unter den Fingernägeln brennen, und erzielt damit eine beeindruckende Reichweite. Doch nicht nur das: Tim Hendrik Walter gilt in Sachen Infotainment auf der Social-Media-Plattform TikTok als Vorreiter. Wieso Tim zu »Herr Anwalt« wurde und wie er es geschafft hat, so *außergewöhnlich erfolgreich* zu werden, erfährst du in diesem Kapitel.

Schicker Anzug, ein kleines, aber freundliches Lächeln auf den Lippen und Dreitagebart – auf den ersten Blick sieht Tim Hendrik Walter für viele vermutlich aus wie ein typischer Jurist. Und diesen Eindruck spiegelt auch sein Lebenslauf auf den ersten Blick wider: Tim hat Jura an der Ruhr-Universität in Bochum studiert, anschließend seine beiden Staatsexamina und das Referendariat erfolgreich gemeistert. Bereits während seines Referendariats engagierte er sich als Privat Repetitor für angehende Juristen. Seit 2017 ist er als Fachanwalt für Familienrecht tätig. Im März 2020 bestand der Rechtsanwalt zudem die notarielle Fachprüfung in Berlin.

Doch was man auf den ersten Blick nicht erahnt ist das Folgende: Auf YouTube startete Tim eine zweite Karriere. Denn seit 2016 veröffentlicht er unter dem Pseudonym »Herr Anwalt« Videos auf der bekannten Videoplattform YouTube. In diesen ging es zunächst hauptsächlich um Fragen rund um das Jura-Studium. Erst Jahre später, im November 2019, startete der Anwalt dann auch erfolgreich auf TikTok durch. In kürzester Zeit gelang es Tim mit seinem Content, eine bemerkenswerte Reichweite aufzubauen. Seither richtet er sich in seinen TikTok-Clips an die Generation Z. Er produziert Content, der für Zuschauer unterhaltsam, lehrreich und zudem kostenlos ist. Regelmäßig geht er auf alltägliche Rechtsfragen in seinen kurzen Clips ein. Dazu bedient er sich fiktiver Charaktere, die er meistens selbst verkörpert, und stellt den Sachverhalt so spielerisch in einem Rollenspiel dar.

Tim Hendrik Walter, Fachanwalt für Familienrecht aus Unna, vereint Anwaltsleben mit Social Media.

Zusammengefasst handelt es sich bei TikTok um ein Videoportal zum Aufnehmen, Bearbeiten, mit Musik Untermalen und Hochladen kurzer Clips, das zusätzlich Funktionen eines sozialen Netzwerks bietet. Auf der Plattform tummeln sich hauptsächlich junge Menschen. Betrieben wird die App vom chinesischen Unternehmen ByteDance. Die Plattform hat nicht nur die Social-Media-Welt komplett durcheinander gewirbelt, sondern vor allem auch die Art, wie Menschen Content wahrnehmen. Inhalte sind heute sehr viel kürzer und kommen meist im 9:16-Format daher. TikTok hat aus Sicht des Anwaltes für diese Entwicklung eine große Rolle gespielt.

Ein Kind des Internets

Schon als Kind besaß Tim einen Amiga 500, einen Heimcomputer aus dem Jahr 1987, und als er 13 Jahre alt war, begann er mit dem Computerspielen. Wegen dieser Begeisterung für Videospiele hat er die Entwicklung des Internets quasi hautnah miterlebt. Als dann Social Media kam, war Tim's Begeisterung geweckt und bereits als Jugendlicher erkannte er: Das ist die Zukunft. Schon 2007 hat er sich deshalb bei YouTube angemeldet. Als dann Instagram hinzukam, war er endgültig in den Kontakt mit visuellen Medien gekommen. Tim war begeistert von den Möglichkeiten, die Social Media mit sich brachte, und wollte ein Teil davon sein. So schwer konnte das mit dem Videos drehen ja nicht sein. Gesagt, getan – Tim entschied sich, in Videos auf YouTube das Jura-Studium zu erklären – weil es viele angehende Studenten interessiert und ihm Jura zudem am Herzen liegt. Auf diese Weise gelang es ihm zunächst, eine relativ kleine, aber treue Followerschaft von 10.000 Abonnenten bei YouTube anzusammeln. Als er dann Ende 2019 mit TikTok anfing, ging es jedoch steil bergauf.

Für ihn gibt es keinen Favoriten

Eine Lieblings-Social-Media-Plattform hat Tim jedoch nicht. YouTube und TikTok haben seiner Meinung nach beide ihre Vor- und Nachteile. So bietet TikTok eine unglaubliche Viralität. Dadurch haben auch unbekannte Menschen die Chance, in kurzer Zeit eine hohe Reichweite mit ihren Videos zu erzielen. YouTube besticht als Plattform unter anderem mit einer guten Struktur und ist außerdem auch sehr gut im Schutz des Urheberrechts. Das ist für ihn als Anwalt ein wichtiger Punkt.

Neue Welten, neue Skills – die Lehren des Herrn Anwalts

Soziale Medien sind jedoch nicht nur für Unterhaltung gut. Das empfindet auch Tim so. Er selbst hat vieles auf seinem Weg als Herr Anwalt gelernt. Konkret auf das Creator-Dasein bezogen, hat er in der Vergangenheit unter anderem gelernt, dass man auch mal den Mut haben sollte, etwas zu verändern. Dazu gehört zum Beispiel, ein Video zu posten, das man so noch nicht von ihm kannte. Man sollte sich regelmäßig trauen, etwas Neues auszuprobieren, findet der Anwalt. Das lässt sich auch auf andere Bereiche des Lebens beziehen.

Und nicht nur das: TikTok hat vieles im Leben von Tim verändert. Vor allem nimmt das Drehen und Schneiden der Videos sehr viel Zeit in Anspruch. Nicht zuletzt, weil der Anwalt täglich Videos für TikTok dreht und nicht nur am Wochenende – wie er es etwa für YouTube tut. Durch dieses tägliche Produzieren von Videos haben sich auch seine Fähigkeiten, YouTube-Videos zu drehen, deutlich verbessert. Durch TikTok hat Tim seine Skills nach und nach perfektioniert, die er nun auch auf seine YouTube-Videos erfolgreich anwendet. Er behauptet selbst, mittels TikToks seinen eigenen Stil für Videos gefunden zu haben.

Der Schritt in das Content-Creator-Dasein eröffnete Tim nicht zuletzt neue Türen. Vor allem solche Türen, die ihm die normale Berufswelt in der Kanzlei nicht bietet. Durch den Besuch von Events lernt er zum Beispiel jede Menge interessante Personen kennen. Und die Tatsache, dass er viele junge Zuschauer hat, gewährt ihm einen interessanten Einblick in die Denkstrukturen jüngerer Generationen. So kann er nachvollziehen, was jungen Menschen gerade wichtig ist, worüber sie sprechen, wie sie generell ticken und durch all das auch selbst etwas lernen. Es gibt immer wieder Erlebnisse, die für ihn wie Meilensteine sind. Sei es das Zusammenarbeiten mit anderen begabten Creators oder Gespräche mit interessanten Leuten. Es sind vor allem diese besonderen Erlebnisse, die sich durch das Dasein als Creator ergeben, die der Anwalt am meisten schätzt. Sie geben ihm die Möglichkeit, ab und zu aus der Paragrafen-Welt auszubrechen und in eine andere völlig andere Bubble abzutauchen.

70 Prozent Anwalt, 30 Prozent Content-Creator

Anwalt und Content-Creator gleichzeitig – das ist auch für Tim manchmal ein schwieriger Balanceakt. Aber er geht das Ganze in typisch juristischer Manier einfach strukturiert an. Ein ganz gewöhnlicher Arbeitstag sieht für Tim meistens etwa so aus: Er fängt um 9 Uhr an zu arbeiten. Für gewöhnlich startet er damit, die Herr-Anwalt-News für Instagram zu produzieren. Dafür checkt Tim mehrmals täglich verschiedenste Medien, um up to date zu sein, was in der Welt passiert. Zusätzlich liest er morgens rund 10 Minuten Zeitungen, um die wichtigsten Informationen und News auf keinen Fall zu verpassen. Mittlerweile ist es für ihn nicht mehr schwierig herauszufinden, was dabei besonders interessant und relevant ist. So ist es oft im Leben: Die Übung macht's. Danach startet der Anwalt seine normale Arbeit in der Kanzlei. Nur mittags nimmt er sich noch einmal kurz Zeit für andere Aufgaben und bearbeitet zum Beispiel PR-Termine, liest seine E-Mails oder beschäftigt sich mit anderen Sachen, die aufgrund seiner Creator-Tätigkeit anfallen. Dann geht es zurück an die Akten. Nachmittags hat er außerdem häufig Termine mit Mandanten. Sobald die Kanzlei dann um 18 Uhr schließt, überlegt er sich, was er als nächstes drehen will.

Dann schreibt er ein Skript, nimmt das Video auf und schneidet es. Meistens ist es etwas später als 21 Uhr bis Tim mit all dem fertig ist und nach Hause fährt. Tim ist sich trotzdem sicher, dass seine Tätigkeit als Anwalt nach wie vor überwiegt. »Herr Anwalt« ist für ihn eher ein Nebenjob.

Zum Glück muss Tim sich nicht um alles alleine kümmern. Unterstützung erhält er von seinem Management – beispielsweise bei organisatorischen Dingen und in Sachen PR-Arbeit. Das erleichtert vieles für den Anwalt. Für YouTube beschäftigt er außerdem mittlerweile einen jungen Cutter, der den Rohschnitt der Viedos übernimmt. Immerhin ist der Cut eines längeren YouTube-Videos alles andere als eine kleine Aufgabe und will gelernt sein. Die tägliche Ideenfindung und Produktion von TikToks macht er jedoch nach wie vor alleine. Und es wäre auch schwer, diese Aufgaben in fremde Hände zugeben, denn immerhin kennt Tim seine Community am besten. Generell hält er es für wichtig, dass der Content weitestgehend in der Hand des Creators bleibt.

Zukunftspläne: Geduld, Kontinuität und Lockerheit

Auf sein erstes Buch »#5MinutenJura« ist Tim Hendrik Walter besonders stolz.

Letztes Jahr ist Tims erstes Buch unter dem Titel »#5MinutenJura« erschienen und in der SPIEGEL-Bestsellerliste gelandet. Darauf ist der Anwalt sehr stolz und er kann sich gut vorstellen, dass er sich eines Tages an ein Follow-Up setzt. Ansonsten sind natürlich auch noch andere Projekte in Planung. Allerdings ist er kein Fan davon,

Dinge auszuplaudern, bevor sie spruchreif sind. Immerhin lässt sich im Leben nicht alles planen. Die treuen »Herr Anwalt«-Fans müssen sich also in Geduld üben. Eines steht jedoch fest: Was auch immer Tims nächstes Projekt sein mag, seine Follower werden sicher als Erstes davon erfahren.

Tim wünscht sich für sich selbst, dass er in Zukunft noch mehr Geduld hat. Denn auch wenn TikTok sicher die schnelllebigste und lebendigste aller Social-Media-Plattformen ist: Es ist viel wichtiger, ruhig darüber nachzudenken, was warum funktioniert hat und was nicht, anstatt zu versuchen, Ergebnisse mit der Brechstange zu erzwingen. Denn mit Zwang und Druck schadet man sich und seiner Kreativität am Ende am meisten, findet Tim.

Doch am Ende des Tages ist für den Anwalt die wichtigste Strategie für außergewöhnlichen Erfolg eine Kombination aus Lockerheit und Kontinuität. Nur dann kann man entspannt sein, wenn es mal runter geht, und auf dem Boden bleiben, wenn es hoch geht.

FELIX THÖNNESSEN

Felix Thönnessen

Der authentische Wachstumsexperte

Felix Thönnessen ist Rheinländer durch und durch. Das merkt man direkt, sobald man ihn sprechen hört. Die lockere Art, der rheinische Slang, der sich manchmal in seine Sätze mischt. Doch wenn man nicht nur auf die Art seiner Sprache achtet, sondern auch auf das, was er sagt, erkennt man, wie viel Ahnung dahinter steckt. Und genau diese Mischung ist es, die ihn so *außergewöhnlich erfolgreich* gemacht hat.

Felix Thönnessen, Jahrgang 1980, hilft Unternehmern. Er unterstützt sie dabei, nachhaltig zu wachsen, ihre Träume zu verwirklichen und im Business noch erfolgreicher zu werden. Doch ist er nicht nur Mentor. Mit seiner Erfahrung investiert er außerdem in vielversprechende junge Unternehmen, darüber hinaus sieht man ihn auf zahlreichen Messen und Events als Keynote-Speaker. Über allem, was er tut, steht ein einziges Schlagwort: Wachstum. Und das zieht sich schon lange durch Felix' Vita.

Berater von Beginn an

Felix hat nach seinem Abitur erst Zivildienst gemacht und anschließend in den Niederlanden und England Marketing studiert. Sein Traum damals: Unternehmensberater werden. Warum? Weil der Beruf einfach cool klang. So hat Felix nach seinem Studium in einer Marketingberatung angefangen und dabei schon mit Mitte 20 vieles gehabt, was er damals wollte. Allerdings fehlte ihm eine bestimmte Sache: der Kontakt mit Menschen, die Möglichkeit, eine direkte Wirkung zu haben. Er wollte sein Know-how und die Freude, mit Menschen zu arbeiten, kombinieren.

So entschied sich Felix, damals 27, selbstständig als Gründungsberater zu arbeiten. Er war Ratgeber für verschiedenste Gründer. Jeden Tag saß jemand bei ihm, der etwas gründen wollte, und Felix unterstützte mit seiner Erfahrung. Er empfahl Rechtsformen, wies auf die wichtigen Aspekte bei Businessplänen hin und war Ansprechpartner für alle Fragen, vor denen ein Gründer bei den ersten Schritten steht. Wie Felix sagt, hatte er sich vor allem dazu entschieden, weil ihm selbst irgendwie immer die Unterstützung gefehlt habe. Die Beratungsmöglichkeiten, die es gab, waren sehr rational gehalten und fokussierten sich vor allem auf formaljuristische Aspekte. Was Felix aber tun wollte, war, Gründer zu motivieren und dazu zu animieren, ihre Projekte auch wirklich umzusetzen.

Vom Berater zur Allzweckwaffe in Sachen Wachstum

Inzwischen ist die Gründungsberatung nur noch ein Teil der vielfältigen Palette von Felix' Expertise. Er ist Mentor, Speaker, Investor, Buchautor und vieles mehr. Über all seinen Tätigkeiten steht aber ein großes Thema: Wachstum, sowohl als Person wie auch als Leitung eines Unternehmens. Am meisten arbeitet Felix in seiner Rolle als Mentor und Investor und unterstützt Unternehmer dabei, die nächste Stufe zu erreichen. Dabei geht es weniger um das Erreichen bestimmter Zahlen, sondern vielmehr um den Fokus auf Weiterentwicklung. Manchmal stellen Felix und sein Team auch fest, dass es mit Coaching allein nicht getan ist. Dann wird der Mentor zum Investor und leistet eine umfassende Unterstützung für junge und wachsende Unternehmen.

Aus seiner Expertise resultieren Felix' Auftritte als Speaker und seine Tätigkeit als Autor. Auch bei seinen Vorträgen und Veröffentlichungen dreht sich alles um Wachstum. Wie kann man sein Marketing ausbauen, wie geht man die nächsten Schritte beim Auf- oder Ausbau einer Marke an – das alles sind Themen mit denen sich der Keynote-Speaker Felix befasst. Felix selbst bezeichnet den Schwerpunkt Wachstum als eine Klammer, die alles was er tut, umfasst. Und eine solche Klammer empfiehlt er jedem Unternehmer, um sich selbst immer wieder zu definieren und einzuschätzen, ob eine Idee zum Unternehmen passt oder nicht.

Organisiert, aber nicht eng getaktet

Inzwischen wohnt Felix direkt am Wald. Das ist insofern praktisch für ihn, dass er morgens nach dem Aufstehen erst einmal mit einem Shake durch den Wald laufen und dabei seinen Tag durchgehen kann. So strukturiert er sich, macht sich Gedanken, was er heute schaffen möchte, und ruft sich seine Termine in Erinnerung. Letztere versucht er inzwischen, so minimal wie möglich zu halten. Wenn es geht, hat er maximal zwei feste Termine am Tag. Bei diesen geht es dann meistens um

Marketing für sein Unternehmen in Form von Interviews oder Vorträgen. Felix selbst fungiert dabei als Marketingkanal für sein Unternehmen und alles, was er tut, soll seine Company bekannter und erfolgreicher machen. Es hat sich für ihn so etabliert, dass er seinen eigenen Zeiteinsatz im Blick behält und Qualität der täglichen Arbeit vor Quantität stellt.

Womit genau verdient Felix jetzt aber seine Brötchen? Da sind an erster Stelle die Einnahmen durch seine Mastermind und weitere Coachings. Als Investor verdient er durch die Anteile erfolgreicher Unternehmen, entweder wenn er seine Anteile an einer günstigen Stelle abgibt oder das komplette Unternehmen verkauft wird. Zudem lohnen sich seine Buchverkäufe und, wie er selbst sagt, wird die Tätigkeit als Speaker inzwischen sehr gut bezahlt. Demgegenüber stehen Kosten für sein Team, die Büroräume und Marketingmaßnahmen. Das sind allerdings alles Investitionen, die es ihm wert sind – denn ein Team, das effektiv arbeitet, kostet nun einmal auch etwas.

Als Investor das Feuer spüren

Entscheidend ist für eine Investition von Felix vor allem der Gründer selbst. Er findet, dass nicht immer unbedingt die beste Idee gewinnt, sondern eine gute Idee kombiniert mit der höchsten Motivation, dem stärksten Durchhaltevermögen und der ausgeprägtesten Zielstrebigkeit. Felix möchte das Feuer spüren, um sich von einer Idee überzeugen zu können. Damit einher geht oft auch die Frage, wie besagte Idee vermarktet werden kann. Das ist ein Faktor, den er als Investor früh klären möchte, um die Wachstumsstrategie um diese Idee herum aufzubauen. Dazu gehört laut Felix auch, einfach mal etwas Unkonventionelles zu wagen und mutig zu sein. Ein Beispiel dafür ist das Unternehmen Bienenwixe. Der polarisierende Name für eine Firma, die Honigprodukte vertreibt, ist genau das, was Felix schätzt. Der Mut, so eine Ausrichtung bewusst zu wählen, macht für ihn Unternehmertum aus und kann im Marketing den entscheidenden Unterschied bedeuten. So hat Felix in dieses Startup zwar nicht investiert, supportet es aber, indem es etwa auf Messen an seinem Stand Werbung für sich machen darf.

Der Speaker, der weiß, wovon er spricht

Auch als Keynote-Speaker ist Felix gefragt, obwohl er lange Zeit gar nichts mit diesem Bereich zu tun hatte. Erst, nachdem er sich einige Jahre Praxiserfahrung als Gründer und Gründungsberater aufgebaut hatte, begann er, sein Know-how in kleineren Runden weiterzugeben. Seine Vorträge drehen sich dementsprechend immer um die drei Pfeiler einer Wachstumsstrategie: Mindset, Marketing (Ausrichtung, Positionierung und Verkauf) und Automatisierung (Mitarbeiter, Skalierung der Ziele und Ergebnisse).

Schon bei seinen ersten Auftritten merkte Felix sofort, welche Art von Vortrag ihm besonders liegt: locker und humorvoll über die Kernthemen des Wachstums zu sprechen. Seine rheinische Art ist Teil der Authentizität, die wiederum einer seiner Markenwerte ist. Das war nicht so angedacht, entwickelte sich aber automatisch. Felix sticht dadurch aus der Masse heraus, ist griffiger als manch anderer Speaker. Und nicht zuletzt ist er selbst der erste Repräsentant seines Unternehmens und möchte einen Wiedererkennungswert schaffen. Klare Kante für seine Persönlichkeit zeigen – auch, wenn das dem ein oder anderen vielleicht unseriös vorkommen mag.

Entscheidend als Speaker ist für Felix, dass man sich der Verantwortung bewusst ist, die man als Redner auf einer Bühne hat. Die Verantwortung gegenüber einem Publikum, das sich Zeit nimmt, dem Vortrag zu lauschen. Umso wichtiger ist da, das Know-how mitzubringen in dem Bereich, über den man referiert. Heutzutage sieht er, dass Speaker wie am Fließband produziert werden. Diese lernen, wie sie Redner werden – aber nicht, zu welchen Themen. Es findet zwar ein Filterungsprozess statt, in dem sich bestimmte bevorzugte Themen herauskristallisieren, aber die Praxiserfahrung fehlt vielen.

Felix Thönnessen ist als Keynote-Speaker ein gefragter Mann und begeistert sein Publikum – wie hier auf der Contra 2022.

Als Coach Kontakte in alle Branchen

Überzeugt Felix die Zuhörer, trifft er sie oft auch in seinen Coachings wieder. Coaching ist für ihn kein Fremdwort, denn das macht er schon seit vielen Jahren. Eine ganz besondere Erfahrung war seine vierjährige Tätigkeit als Gründer-Coach bei der Gründershow *Die Höhle der Löwen*. In dieser Zeit hatte er mit allen Startups, die in der Show aufgetreten sind, zu tun. Das allerdings in einer viel höheren Frequenz als als Gründungsberater. Die Zeit in der VOX-Show hat Felix sehr geholfen, seinen Horizont zu erweitern, sodass er für verschiedenste Dinge eine Verbindung zu einem Startup herstellen kann.

Ein Schwerpunkt seines eigenen Coachings spielt sich für Felix in seiner Mastermind und regelmäßigen Erfolgscamps auf Mallorca ab. Bei der Mastermind fungiert Felix langfristig als Mentor und bietet wöchentliche Coachings. Das System der Erfolgscamps entstand durch Zufall: Einige seiner Kunden fragten an, ob die Beratungszeit variiert und intensiviert werden könne. Felix hörte bei einigen anderen Teilnehmern nach und die Idee stieß auf große Begeisterung. In einer kleinen Gruppe von ca. 10 Leuten nimmt sich Felix mit seinen Teilnehmern ein paar Tage Zeit. Die überschaubare Gruppengröße ist genau das Richtige für ihn. So kann er auf jeden einzeln eingehen. Besonders wichtig ist dabei, dass die Teilnehmer für die Erfolgscamps selbst ausgewählt werden, denn Felix legt viel Wert darauf, dass nur Leute dabei sind, die sich etwas aufbauen oder sich weiterentwickeln möchten – aber immer unter dem Aspekt, dass man in dem Camp gemeinsam an einer Idee arbeitet. Inzwischen hat sich diese Idee zu einem festen Bestandteil in Felix' Angebot entwickelt. Die Teilnehmer finden es spannend, sich für einige Tage bewusst aus ihrem Alltag herauszuziehen und in komprimierter Zeit an ihrem Business und sich selbst zu arbeiten. Auch das ganze Team von Felix freut sich darüber, an den Camps mitwirken zu können und ein paar Tage aus der gewohnten Umgebung herauszukommen.

Der richtige Weg – besonders in Krisenzeiten

Rückblickend gibt es viele Dinge, auf die Felix stolz ist. Dabei geht es weniger um das Erreichen einer gewissen Umsatz- oder Kundenmarke, sondern um seine persönlichen Highlights aus der bisherigen Karriere. Ein erster Meilenstein war für ihn gleich zu Beginn, als er seinen sicheren und gut bezahlten Job kündigte, ohne einen komplett ausgefeilten Plan für sein Business zu haben und ohne eine Sicherheitsgarantie. Dennoch war der Wunsch nach Selbstständigkeit so groß, dass er aus seinem damaligen Job herauswollte. Ebenso sieht er seine Tätigkeit bei *Die Höhle der Löwen* als wichtigen Schritt – denn auch dort war anfangs nicht klar, wie gut die Serie beim

Publikum ankommt. Besonders schön war es für ihn, als er sein erstes Buch herausbrachte und es in der Mayerschen Buchhandlung in der Hand hielt.

Das Prägendste jedoch war ein eher unschönes Erlebnis, das ihn nach etwa zwei Jahren der Selbstständigkeit traf. In sein Büro wurde eingebrochen und es wurde alles geklaut. Manch einer hätte in dem Moment vielleicht das Handtuch geworfen. Aber Felix spürte direkt, dass er genug Kraft und Motivation hatte, um alles neu aufzubauen, was ihm damals genommen wurde. Und da wusste er, dass er auf dem richtigen Weg ist.

Die Worst-Case-Frage als essenzielle Lehre

Über all die Jahre gibt es natürlich auch Dinge, die Felix gerne anders gemacht hätte. Da wäre zum Beispiel der falsche Fokus auf die Optimierung des Unternehmens. Er findet, dass er viel zu spät Mitarbeiter eingestellt und stattdessen immer nur an sich selbst optimiert hat. Auch wünscht er sich, er wäre früher ins Risiko bei Investments gegangen anstatt sich lieber erst ein zu großes Sicherheitspolster aufzubauen.

Seine größte Lehre hat Felix aber aus einem Rechtsstreit gezogen, der ihn etwa 5–6 Jahre nach Beginn seiner Selbstständigkeit betraf. Er war mit der damaligen Situation vollkommen überfordert, seine damalige Geschäftspartnerin sogar so sehr, dass sie sich aus dem gemeinsamen Business zurückzog. Am liebsten hätte er damals alles hingeschmissen, denn es war lange Zeit unklar, wie es nun weitergeht. Am schlimmsten war für ihn dabei, es nicht komplett in der eigenen Hand zu haben, sondern von anderen Entscheidungen abhängig zu sein. Viele schlaflose Nächte gepaart mit alptraumhaften Gedanken haben ihn laut eigenem Gefühl um 10 Jahre altern lassen. Aus dieser Erfahrung hat Felix jedoch seine Lehre gezogen, die er an alle seine Kunden weitergibt, und das ist die Frage: Was kann im schlimmsten Fall passieren? In Felix' Fall wäre es eine Geldstrafe gewesen, die er hätte zahlen können, aber das Verfahren wurde letztendlich eingestellt. Und genau diese Erkenntnis gibt er Gründern und Unternehmern mit auf den Weg.

Dem Überangebot auf Social Media trotzen

Wie jeder Unternehmer ist Felix natürlich auch in den sozialen Medien unterwegs. Sein Hauptkanal ist dabei LinkedIn, wo er viele Business-Kontakte erreichen kann. Darüber hinaus ist er aber auch auf den anderen gängigen Portalen wie YouTube, Instagram und TikTok vertreten. Die Bespielung der Kanäle unterscheidet sich in ihrer jeweiligen Art. Bei TikTok etwa dient Felix' Content vor allem der Unterhaltung. Hier muss er in den ersten zwei Sekunden die Aufmerksamkeit seiner Community gewinnen, bevor diese das Interesse verlieren. Bei LinkedIn als Business-Plattform könne er auch etwas tiefer in die Materie gehen. Gleiches gilt für Videos auf YouTube oder die Aufnahme von Podcasts. Diese sind oft thematisch gesteuert, sodass die User mehr Interesse an ausführlicherem Content haben. Auf YouTube beispielsweise sind die meisten Videos von Felix 10–12 Minuten lang. Das mag kurz klingen, dennoch lässt sich in so ein Zeitfenster viel Input packen. Noch wichtiger sei aber die Art des Darreichens seines Contents: die Gestik und Mimik sowie die richtige Interaktion mit der Kamera, um seine Zuschauer aktiv anzusprechen.

Ziele: breiter aufstellen, Marke umbauen

Für die Zukunft plant Felix, sich breiter aufzustellen und spannende Fälle und Personen aus verschiedenen Bereichen in seine Mastermind mit aufzunehmen. Auch die ein oder andere TV-Produktion steht auf dem Programm. Eines seiner größten Projekte ist das Branding seiner Firma. War es lange Zeit so, dass sein vollständiger Name, Felix Thönnessen, gleichgestellt war, wird nun der Vorname hervorgehoben. Langfristig soll der Nachname entfernt werden und seine Firma als Felix bekannt sein. So strebt er eine Mischung aus seiner Personal Brand und der fiktiven Markengestaltung an.

Mentoring als Schlüssel zum Erfolg

Gibt es einen bestimmten Ratschlag, den Felix anderen mit auf den Weg geben kann? Ganz klar: Such dir einen Mentor. Aus eigener Erfahrung weiß Felix, wie schwierig es sein kann, sich ein Business aufzubauen. Dies hat ihn schließlich selbst dazu bewogen, andere zu unterstützen. Wichtig ist, sich mit Leuten zu umgeben, die Ahnung von der Materie haben, an der man arbeitet. Möchte man beispielsweise Schwimmer werden, dann kann man zwar einiges durch Learning by Doing erreichen. Aber der Schlüssel zum Erfolg liegt darin, mit anderen Schwimmern zu sprechen, sich Rat von Schwimmtrainern einzuholen und mit weiteren relevanten Personen Erfahrungen auszutauschen. In einer Gruppe wie einer Mastermind unterstützt man sich gegenseitig – und das hilft elementar dabei, *außergewöhnlich erfolgreich* zu werden.

DAGMARA KAZAKOV

Dagi Bee

Dagmara Kazakov

So wurde sie zu einer der erfolgreichsten YouTuberinnen Deutschlands

Dagmara Kazakov ist eine der bekanntesten Influencerinnen Deutschlands – die meisten Menschen wissen aber wahrscheinlich erst von wem man spricht, sobald man ihren Künstlernamen erwähnt: Dagi Bee hat mit jungen 27 Jahren bereits große Karriere auf Social Media gemacht. Heute ist sie von den Plattformen YouTube und Instagram nicht mehr wegzudenken, denn ihre Videos sind Kult und nicht nur bei jungen Mädchen beliebt. Im Jahr 2022 feiert Dagi Bee ihr 10-jähriges Jubiläum auf YouTube, doch das ist nicht ihre einzige Errungenschaft. Ihr Erfolg auf der Plattform und ihre harte Arbeit haben ihr viele Türen in andere Branchen geöffnet. Heute ist sie Business Woman, Content Creator und Mutter, wie sie sich selbst beschreibt, und in ihren Tätigkeiten wirklich *außergewöhnlich erfolgreich*.

Der erste Upload

Im Oktober 2012 lädt Dagi ihr erstes Video auf YouTube hoch – doch wie kam es dazu? Im Jahr 2011 verliebt sich die Teenagerin in Timo, einen jungen Musiker, der zuerst auf MySpace und dann auf YouTube unter dem Namen LIONTTV Musikvideos, aber auch andere Videos aus seinem Alltag postete. Immer häufiger darin zu sehen: die junge Dagi Bee. Im Comedy-Bereich machen die beiden Videos wie »10 Arten zu Küssen» oder »Ich schminke meine Freundin». Die Community zeigt sich begeistert von der humorvollen Blondine. Immer häufiger wird sie animiert, ihren eigenen Kanal zu eröffnen und eigenen Content zu produzieren, einfach ihr Leben zu teilen. Aber das junge Mädchen hat Zweifel. In ihrem Umfeld stoßen die bereits hochgeladenen Videos von LIONTTV nicht nur auf Wohlwollen, so machen einige ihrer Freunde sich immer wieder über ihre Auftritte lustig. Doch sie lernt, die wahren Freunde von den falschen zu unterscheiden und trifft eine Entscheidung, die ihr ganzes Leben beeinflussen wird.

Mit dem Titel »NO-GOs bei Jungs!« macht sie ihr Debüt. Nach nur 24 Stunden hat das Video über 10.000 Klicks und sie gewinnt knapp 6.000 Abonnenten dazu. Auch die Kommentare zeigen, wie positiv Dagis Video im Netz ankommt. Für sie ein deutliches Zeichen, denn sie tut das, was ihr Spaß macht und erhält positive Resonanz. Neben dem Abitur lädt die damals 18-Jährige wöchentlich ein Video hoch. Zu diesem Zeitpunkt macht sie noch kein Geld mit der Tätigkeit, sieht es stattdessen als Hobby und Zeitvertreib an.

In den Anfängen ihrer Karriere findet Dagi viele Freunde in der Youtube Szene.

Die Anfänge von Dagi Bee

Was anfangs noch etwas unbeholfen und schüchtern wirkt, gewinnt mit der Zeit immer größere Aufmerksamkeit. 2013 zählt sie bereits 300.000 Abonnenten auf ihrem Kanal. In diesem Jahr beginnt sie die Ausbildung zur Industriekauffrau. Doch sie merkt schnell, dass sie das nicht erfüllt – oft muss die YouTuberin Projekte oder Events absagen, weil sie unter der Woche keine Zeit dafür hat. Nach drei Monaten Ausbildung entscheidet sie sich also für die Kündigung und setzt zunächst alles auf die eine Karte YouTube. Noch heute beschreibt sie die Plattform als ihre »Home Base«, der Ort, wo alles begann. Damals plant sie noch, im kommenden Jahr eine neue Ausbildung im Bereich Medien zu beginnen, doch dazu wird es dank ihres großen Erfolgs nicht kommen. Alles kommt anders als geplant. Innerhalb eines weiteren

Jahres steigt ihre Abonnentenzahl auf über eine Millionen. Auch finanziell kann sie zu diesem Zeitpunkt bereits gut von den Einnahmen leben. Und ihre Community wächst weiter – nicht nur auf YouTube. Auch auf Facebook, Instagram, Twitter und Snapchat klettern die Zahlen nach oben.

Der Weg zum Erfolg

Sicherlich hat auch Dagis lockere, witzige und authentische Art zu ihrem einzigartigen Erfolg beigetragen. Doch vieles benötigte harte Arbeit und Kontinuität. So hat sie über den Zeitraum von vier Jahren mindestens zwei Videos pro Woche auf ihrem Kanal hochgeladen, dazu das Managen anderer Kanäle: jeden Tag ein Bild auf Instagram, bis zu 30 Stories auf Snapchat und daueraktiv auf Twitter, um in Kontakt mit ihrer Community zu bleiben. Heute sagt sie: »das war harte Arbeit, die sich aber mehr als gelohnt hat.«

Weitere Projekte werden zum Hype

2015 verkündet Dagi die Trennung von YouTube-Kollege LIONTTV, im selben Jahr lernt sie ihren späteren Ehemann Eugen kennen. Denn sie ist weiterhin auch in anderen Bereichen des Entertainments zu finden. So ist Dagi Schauspielerin in verschiedenen Filmen und Serien wie »Fack ju Göhte 2« oder »Wishlist« – auch in der Musikbranche ist das Multitalent hin und wieder zu sehen. Beim Videodreh für den Song »Bist du Real« von KC Rebell lernt sie Eugen Kazakov kennen. Nach der Trennung von LIONTTV lernen sich die beiden richtig kennen und lieben, zwischen den beiden funkt es.

Im Jahr 2016 präsentiert Dagi ein neues Projekt: den DAGI SHOP. Hier vertreibt sie unter ihrer gemeinsam mit Eugen gegründeten Firma BEETIQUE GmbH verschiedene Merch-Artikel wie Hoodies und Caps. Sie launcht mehrere Kollektionen, geht sogar auf Tour und hat Erfolg mit dem, was sie tut. Auch eine eigene Beauty Marke, die unter »BEETIQUE« läuft, wandert in die Make-Up-Täschchen vieler Follower. Mittlerweile wurde der DAGI SHOP zwar geschlossen, die Beauty-Marke ist aber weiterhin sehr erfolgreich und war zwischenzeitlich sogar als Aufsteller in den dm-Filialen zu finden.

Geschäftsmodell YouTube

Während bestimmte Projekte oder auch die Verkäufe aus ihren Onlineshops Einnahmen abwerfen, so ist auch das Geschäftsmodell YouTube und ihre Tätigkeit als Content Creator sehr lukrativ. Durch die Werbung, die vor ihren Videos geschaltet wird, erhält sie gewisse Einnahmen. Gemessen werden diese mit dem sogenannten CPM-Wert, dem »Cost per Mille«. Das ist der Umsatz, den Creator pro Tausend Klicks von YouTube direkt erhalten. Dieser variiert dann je nach der Watchzeit und den Aufrufzahlen des Videos. Auch verschiedene Product Placements sind Teil der Einnahmequellen als Content Creator. Die Einnahmen hierfür variieren nach Reichweite, Followerzahl, Story Views und auch dem Engagement. Bestenfalls kooperiert Dagi mit Unternehmen, deren Produkte sie sowieso bereits verwendet. So kann sie die Werbepartner besonders authentisch in ihren Content einbauen.

Dagi kann sich noch gut an ihre anfänglichen Einnahmen erinnern. 2013 machte sie ihren allerersten Umsatz und verdient mit den YouTube Videos 1.500 Euro Brutto im Monat. Von Zeit zu Zeit wurden die Einnahmen jedoch immer höher. Auch ihr erstes bezahltes Placement mit Fanta, bei dem sie geschätzt rund 3.000 Euro verdiente, kann vermutlich nicht mehr mit ihren heutigen Einnahmen verglichen werden.

Der Content – von der Idee bis zum Posten

Früher war Dagis Content häufig stark auf ihren Alltag bezogen. Witzige Erlebnisse oder Ideen hat sie sich aufgeschrieben und dann in ihre Videos eingebaut. Besonders die Videos in ihrer Reihe »Probleme mit...« kamen bei den Zuschauern gut an. Hier hat Dagi beispielsweise Probleme im Sommer oder mit den Eltern auf eine humorvolle Art und Weise dargestellt. Vermutlich konnten sich viele ihrer Zuschauer mit den Situationen identifizieren, weshalb die Videos so hohe Klickzahlen erreichten. Im Jahr 2022 macht Dagi den Content, der ihr Spaß macht – von Style & Talks bis hin zu *What I eat in a week*. Auch feste Video- und Uploadtage gehören der Vergangenheit an. Denn mittlerweile ist Dagi nicht nur Ehefrau, sondern auch Mutter eines kleinen Sohnes namens Nelio, der im Dezember 2021 zur Welt kam. Ihr Content muss also zwischen ihren anderen Tätigkeiten jongliert werden.

In der Umsetzung ihres Contents ist vieles gleich geblieben. Sicher, ihre Arbeit ist professioneller geworden, aber es ist immer noch sie selbst, die die Dinge in die Hand nimmt. Früher hat sie für ein Video unterschiedlich lange Zeit einplanen müssen. Während ein Kleidungs-Haul wenig Zeit beim Filmen beanspruchte, haben Videos, wie die der Reihe »Probleme mit...« häufig drei Tage an Arbeitszeit gekostet. Auch heute dreht und schneidet Dagi alle ihre Videos noch selbst. Aber auch hier gibt es Videos, die zwar im Dreh eher weniger Aufwand bedeuten, im Schnitt aber umso mehr. Mit Baby ist es für sie jetzt elementar, ihre Zeit gut einzuteilen und zu planen.

Das ist Dagis kleine Familie mit Ehemann Eugen und Sohn Nelio.

Umsatz steigern als bewusstes Ziel?

Fragt man Dagi, ob sie ihren Content nach den Umsatzzahlen ausrichtet, so ist ihre klare Antwort: »Früher JA!« Wenn also ein Video gut angekommen ist, so hat sie häufig geplant, in den kommenden drei Wochen ein Ähnliches hochzuladen. Meistens hat diese Taktik auch funktioniert und ist aufgegangen, so haben die Videos eine ähnliche Klickzahl generiert wie vorangegangene mit ähnlichem Thema. Und noch eine Sache hat sich geändert. In den YouTube-Anfängen waren Kooperationen mit anderen YouTubern quasi an der Tagesordnung. So waren bibisbeautypalace und Co. häufig in ihren Videos zu Gast und umgekehrt konnte auch die Community der anderen Person Dagis Kanal kennenlernen. »Cross-Promotion war damals der beste Weg, um Communities auf andere YouTuber aufmerksam zu machen«. Allerdings hätten es manche übertrieben und die Videos nur zu diesem Zweck aufgenommen. Dagi hingegen blieb bei denjenigen, mit denen sie sowieso befreundet war.

Heute ist sie entspannter geworden und kann sich auf ihr eigenes Bauchgefühl verlassen. Denn die Zahlen würden einen sowieso nur verrückt machen, so die junge Mutter. Stattdessen tut sie das, was ihr gefällt und mit diesem Plan scheint sie gut zu fahren.

Fehler in ihrer Karriere

Auf ihrem mittlerweile zehnjährigen Karriereweg hat Dagi aber auch Fehler gemacht, die ihr heute sicher nicht mehr passieren würden. Einer ist ihr dabei besonders im Kopf geblieben. Zu Beginn ihres Erfolgs war Dagi, wie auch viele andere ihrer Kollegen, bei einem YouTube-Netzwerk unter Vertrag. Das war damals nicht unüblich. Diese haben sie bei ihrer Arbeit unterstützt. Doch der Fehler: Sie hatten auch die Vollmacht, Verträge für sie zu unterschreiben. Dagi sagte also einen Deal mit einer Brand zu, für die sie gerne auf ihrem Profil Werbung machen würde. Als sie jedoch das Konzept für das Video sah, war sie nicht mehr begeistert, denn es entsprach überhaupt nicht ihren Vorstellungen. Sie wollte von diesem Deal wieder zurücktreten, doch der Vertrag war bereits durch ihr Management unterschrieben.

Aber die Unternehmerin hat aus diesem Fehler gelernt. Heute konzipiert und plant sie immer selbst. Ihre Einstellung ist klar: »Die Brands kommen ja auf MICH zu, weil sie MEINEN Kanal gut finden, also weiß ich auch am besten, was bei meiner Community gut ankommt.«

Eine Unternehmerin, drei Standbeine – wie wird es weitergehen?

Heute hat Dagi neben ihrer Karriere auf YouTube und ihrer Make-up-Brand Beetique auch noch ein drittes Standbein gemeinsam mit Ehemann Eugen: ein Musiklabel. Ein Projekt, passend zu ihrer Kennenlerngeschichte. Da sie Beetique gerade relaunchen, ist das auch besonders lukrativ, sagt die junge Frau selbst. Fragt man sie jedoch, für welche Karriere sie sich entscheiden würde, wenn sie müsste, so muss sie nicht lange überlegen: »Ich würde sagen Social Media, weil ich damit erfolgreich geworden bin und mir das bis heute noch wirklich viel Spaß bereitet.«

Karriere mit Social Media – heute noch möglich?

Wenn es nach Dagis Einschätzung geht, können sich alle angehenden Influencer jetzt freuen. Denn sie ist sich sicher: Gerade mit TikTok kann man mit gutem Content und regelmäßigen Posts auch heute noch *außergewöhnlich erfolgreich* werden. Ihr Tipp: »Die Leute müssen dich sehen, du musst dir eine Community aufbauen und pflegen. Wenn man das mit einer Portion gutem Content schafft, dann kriegt man das auch easy im Jahr 2022 hin.« Denn andere Strategien, die nur darauf ausgelegt sind, möglichst viele Follower hinzuzugewinnen, werden nicht funktionieren. Auch den Konkurrenzgedanken sollte man nicht zu ernst nehmen. »Einfach du selbst bleiben. Ich habe keine Strategie, außer genau das weiter zu machen, was ich sowieso die ganze Zeit mache. Konkurrenz gibt es nicht – der Kuchen ist groß genug für alle. Jeder Content Creator ist individuell und das ist das Schöne daran. Keiner nimmt einem was weg und so lange ich so weitermache wie bisher, sehe ich da auch keine Gefahr für mich und mein Business.«

Eine außergewöhnlich erfolgreiche Zukunft

Mit ihrem kleinen Sohn hat Dagi sicherlich viel um die Ohren. Das hält die junge Mutter jedoch nicht davon ab, weitere Projekte zu planen. Mehr wird man dazu in ein paar Monaten erfahren, kündigt sie an. Anderen Unternehmern kann sie mit auf den Weg geben, dass sie genau das machen sollen, worauf sie Lust haben, denn meist sei der Weg das Ziel. Wer an seine Träume glaubt und sie anpackt, wird *außergewöhnlich erfolgreich* werden. »Das Wichtigste ist, dass man immer zu sich selbst steht und sich für nichts und niemanden verbiegt. DU schaffst das!«

DENIS & DANIEL GIBISCH

Little Lunch

Denis & Daniel Gibisch

Das erfolgreiche Suppen-Startup und die magische Döner-Grenze

Ein Startup mit Suppen gründen – das klingt auf den ersten Blick nicht besonders erfolgsversprechend. Dieser Meinung waren zumindest viele Investoren vor sieben Jahren, als die Brüder Denis und Daniel Gibisch an ihre Tür klopften. Doch diese Chance hätten sie sich wohl besser nicht entgehen lassen. Denn die Gründer von Little Lunch bauten ein beeindruckendes Food-Startup auf, mit über einer Million verkauften Suppen monatlich und rund 16 Mio. Euro Umsatz pro Jahr. Damit besitzen sie nicht nur die Marktführerschaft bei den Bio-Suppen, sondern begeistern ihre Kunden mit mehr als 20 leckeren Produkten in tausenden Supermärkten.

Der Traum vom eigenen Startup

Wer sich die beeindruckenden Verkaufszahlen von insgesamt über 30 Millionen verkauften Suppen anschaut, könnte vermuten, dass sich hinter Little Lunch eine jahrzehntelange Beschäftigung mit dem Thema Kochen verbirgt. Vielleicht auch Vorerfahrungen als Koch oder Restaurantleiter. Doch bei den Gründern gestaltete sich der Weg zu ihrem erfolgreichen Startup komplett anders. Denn beide waren 2014 zunächst noch Angestellte, Denis in der Logistik-Branche und Daniel als Webentwickler. Allerdings führten die damaligen Beschäftigungen bei beiden immer mehr zur Unzufriedenheit.

Nicht durch den Beruf an sich, sondern weil sich die Brüder als Mitarbeiter nicht wohl fühlten. Das lag vor allem daran, dass ihre Ideen bei den Chefs grundsätzlich auf Begeisterung stießen, ihr volles Potenzial allerdings ungenutzt blieb. Beide spürten den inneren Drang, stattdessen als Geschäftsführer mit einem eigenen Business durchstarten zu wollen. Dieser Gedanke ließ sie nicht mehr los, weshalb schnell der

Entschluss feststand, dass sich dringend etwas ändern muss. Der Traum vom eigenen Startup war geboren.

Die Revolution des Mittagessens

Einen genauen Plan oder eine Geschäftsidee gab es für dieses geplante Startup lange nicht – bis zu einem besonderen Tag. Bei diesem Treffen saßen die Brüder zusammen und Daniel erzählte von der Idee, die Mittagspause revolutionieren zu wollen. Denn ihm war aufgefallen, dass keine wirklich guten Angebote für ein schnelles und gesundes Mittagessen existierten. Zur Option standen neben selbst kochen immer fettige Pizza oder Döner, teure Nudeln oder belegte Brote. Hinzu kamen noch fertige Suppen, die aber aus ungesunden Zutaten und Geschmacksverstärkern bestanden. Was wäre also, wenn es eine Alternative gäbe, die schnell, günstig und lecker sein kann? Ohne künstliche Zusätze und in einer nachhaltigen Verpackung?

Gleichzeitig entwickelte sich 2014 noch ein starker Trend zu Bioprodukten mit einem besonders lukrativen Markt. Deshalb kamen Daniel als Geschäftsidee direkt gesunde Suppen in den Sinn. Denn diese lassen sich schnell zubereiten, haltbar machen und als Bio-Variante herstellen. Mit diesen ersten Gedanken und einer spontanen Präsentation seiner Geschäftsidee konnte Daniel seinen Bruder sofort überzeugen und beide stiegen direkt in die Planungen ein. Dabei stand auch der Firmenname Little Lunch schnell fest. Der Traum vom eigenen Startup rückte ein kleines Stückchen näher.

Erste Fehlversuche in der Suppen-Produktion

Bevor jedoch die Produktion der Suppen startete, fokussierten sich beide auf ihre vorhandenen Fähigkeiten und bauten zunächst einen Onlineshop auf. Auch ein Facebook- sowie Instagram-Profil entstanden, um darüber später erste Marketingmaßnahmen schalten zu können. Dann erwartete die Gründer allerdings die erste große Herausforderung: Wie ist es möglich, aus einfachen Suppen ein Trendprodukt zu erschaffen? Vor allem die Verpackung musste sich klar von der Konkurrenz abheben. Deshalb entschieden sich beide kurzerhand für ein handliches Glas, praktisch und nachhaltig zugleich.

Nun wartete der wichtigste Teil der Planungen. Denn natürlich brauchte das Suppen-Startup auch leckere Gerichte, die geschmacklich überzeugen und aus ökologischen Zutaten bestehen. Das stellten sich die Brüder zunächst einmal total einfach vor. Eine Küche mieten, Zutaten zusammensuchen und Studenten engagieren, die eine köstliche Suppe zubereiten und in Gläsern abfüllen. Doch dieser Plan scheiterte komplett. Die ersten Suppen im Glas ploppten nachts auf und sorgten für die schnelle Erkenntnis, dass sich Lebensmittel nicht einfach so selbst herstellen lassen. Deshalb können beide heute davon abraten, sich dieser Aufgabe zu stellen.

Vorteile eines externen Herstellers für Gründer

Zum Glück fand Denis schnell einen Hersteller in der Schweiz, der sich dazu bereit erklärte, die allerersten Suppen zu produzieren. Bei den Sorten setzten sie auf die beliebten Klassiker Tomaten-, Gulasch- und Kürbissuppe, um die Vermarktung zu erleichtern. Die benötigten Rezepte entwickelte ein Koch, den Rest übernahm der Hersteller. Danach erhielten die Gründer ihre Suppe zur Verkostung und designten das Etikett für die Gläser. Als alles passte, begann die Produktion. Diesen Ablauf empfehlen sie auch anderen Gründern, die ebenfalls in der Lebensmittelbranche ein Startup aufbauen, um Prozesse zu vereinfachen.

Ein guter Hersteller bringt einen enormen Mehrwert mit, von dem Selbstständige profitieren können. Dazu gehören zum Beispiel ein Labor und die Erfüllung der rechtlichen Vorgaben. Auch mögliche Probleme rund um die Produktherstellung sind durch einen Vertrag abgesichert, falls sich beispielsweise falsche Zutaten in einer Suppe befinden. Daher gehört es laut Denis und Daniel zu den wichtigsten Entscheidungen eines Gründers, solche Aufgaben abzugeben, die die Lebensmittelherstellung betreffen.

Bei der Rezeptur vertrauen die Brüder seit der Gründung auf ihren Geschmackssinn.

Preisgestaltung mit der Döner-Grenze

Damit stand der Hersteller fest, doch es fehlte das nötige Kapital, um diese ersten Suppen überhaupt produzieren zu können. Daher führten die Little-Lunch-Gründer viele Gespräche mit Banken und Investoren. Die meisten waren leider wenig begeistert von der Suppen-Idee und lehnten sofort ab. Nur die GLS-Bank erkannte das Potenzial und ermöglichte einen Kredit über 40.000 Euro. Mit diesem Startkapital konnte es endlich losgehen. Die ersten Suppen gingen in Produktion, der Verkauf konnte starten.

Aber wie hoch genau sollte der Verkaufspreis sein? Diese Frage gehört für die Brüder zu den wichtigsten Schritten einer Gründung. Denn zunächst einmal müssen sich Gründer überlegen, wie viel der Kunde für ein Produkt bezahlen würde. Dabei gibt es die sogenannte »Döner-Grenze«, die bei fünf Euro liegt. Woher der Begriff kommt, weiß niemand so genau, aber er wird in der Lebensmittelbranche häufig verwendet. Diese Grenze besagt, dass Lebensmittel im besten Fall immer unter fünf Euro kosten sollten, da sich der Kunde sonst stattdessen einen Döner kauft. Also entschieden sich die Gründer zunächst für einen Preis von 3,50 Euro pro Glas.

Mit diesem Preis konnten sie die Ausgaben planen, wobei das oberste Ziel und die Herausforderung darin bestanden, trotzdem eine höchstmögliche Qualität zu gewährleisten. Das erwies sich als schwere Aufgabe, da die Marge trotz der hochwertigen Zutaten natürlich stimmen sollte. Mit der Marge wird die Differenz zwischen den Selbstkosten und dem Verkaufspreis bezeichnet. Dabei sollten die Herstellungskosten bei rund 1/10 des Verkaufspreises liegen, um schnell wachsen zu können. Denn zu diesen Kosten kommen noch weitere Ausgaben hinzu. Viele Gründer planen bis zu 50 Prozent als Herstellungskosten ein und stehen dann schnell vor Zahlungsschwierigkeiten.

Die Ausgaben eines Food-Startups

Generell stoppen die Ausgaben bei einem Startup natürlich nicht nach der Produktion. Auch der Transport der Gläser ins Lager gehört bei Little Lunch dazu, dadurch entstehen wiederum Mietausgaben einer Lagerhalle. Hinzu kommen noch die Kosten für das Verpacken der Ware, den Karton und mögliche Versandkosten. Zudem sollten damals direkt nach der Gründung noch erste Marketingmaßnahmen erfolgen, für die Little Lunch pro neuem Kunden 10 Euro einplante. Beim Zusammenrechnen dieser Ausgaben landeten sie schnell im Minusbereich, weshalb die Brüder alle Kosten noch einmal überprüften und neue Finanzpläne entwickelten.

Deshalb raten sie allen angehenden Gründern, jede Ausgabe noch einmal zu kontrollieren. Viele Schritte lassen sich auch selbst erledigen, um Kosten zu sparen und es lohnt sich, verschiedene Angebote einzuholen. Dabei dürfen Gründer auch die Büromiete und das eigene Gehalt nicht vergessen. Außerdem raten die Brüder davon ab, am Anfang zu viel Geld für eine Versandverpackung auszugeben. Toll dekorierte Pakete mit zusätzlichen Geschenken sind zwar schön anzusehen, aber viel zu teuer. Insgesamt sollte die Marge nach allen Ausgaben immer bei mindestens 20 Prozent liegen.

Zusammen sind die Brüder ein unschlagbares Gründer-Team.

Der Traum vom Supermarktregal

Egal welches Food-Startup, alle möchten im Normalfall eines Tages in den Supermarkt-Regalen stehen. Doch dieser Weg verlangt großes Durchhaltevermögen. Außerdem kommen noch rechtliche Vorgaben dazu, wie zum Beispiel eine International-Food-Standard-Zertifizierung. Dieses IFS-Zertifikat nahm auch bei Little Lunch sechs Wochen in Anspruch und kostete knapp 20.000 Euro. Dann stand noch die Beantragung des Bio-Zertifikats an, die wieder 5.000 Euro an Kosten verursachte. Als Voraussetzung dafür gilt eine Zertifizierung gemäß den EU-Rechtsvorschriften. Diese wird nur von bestimmten Kontrollstellen vergeben, die auf der Website der Europäischen Kommission aufgelistet sind.

Erst nach diesen hohen Ausgaben und langem Warten auf die Genehmigungen unternahmen die Brüder einen ersten Versuch, ihre Suppen im Supermarkt zu platzieren. Dafür gab es keinen Masterplan oder bestehende Kontakte. Vielmehr besuchten sie zunächst einige lokale Märkte, um ihre Produkte vorzustellen. Die Marktleiter waren an Little Lunch interessiert, da es zum einen durch die Verpackung zum Nachhaltigkeitstrend passte. Aber auch als niedrigpreisiges Bio-Produkt im Bereich Suppen überzeugen konnte. Weshalb einige Märkte einer Testphase zustimmten. Generell gilt nämlich das folgende Prinzip: Wenn sich ein Produkt nach einer Testphase abverkaufen lässt, bleibt es im Regal und wird in größeren Mengen nachbestellt. Dann steigt auch die Wahrscheinlichkeit, dass weitere Marktleiter zustimmen und sogar die Zentralen der jeweiligen Region eine Bestellung aufgeben.

Wenn die Produkte jedoch nicht überzeugen, fliegen sie raus und dann ist oftmals kein neuer Versuch möglich, was ein großes Risiko beinhaltet. Insgesamt besteht die Schwierigkeit also nicht darin, ins Regal zu kommen, sondern dort zu bleiben. Allerdings war dieses Risiko für Little Lunch finanziell zumutbar, da das Startup schon Umsätze über den Onlineshop generierte. Dadurch konnten sie auch die Produktion größerer Mengen stemmen, um die Märkte zu versorgen. Parallel aktivierten die Gründer ihre Social-Media-Follower mit besonderen Coupons und sorgten für höhere Abverkäufe. Zudem überzeugten glücklicherweise auch der Geschmack und das Design der Suppen, wodurch sich aus Kunden dann Stammkunden entwickelten.

Tatsächlich schien dieses Konzept nach einigen Monaten aufzugehen, denn die akquirierten ca. 30 Märkte bestellten weitere Produkte und sorgten für regelmäßige Aufträge. Dadurch lohnte sich der finanzielle Aufwand, denn die Marktleiter verlangen eine ständige Verfügbarkeit, weshalb Gründer große Mengen vorproduzieren müssen. Als Faustregel nennen die Gründer dabei insgesamt 50.000 bis 100.000 Euro, um testweise mit dem eigenen Produkt im Supermarkt stehen zu können. Wichtig ist jedoch, dass es zu Beginn immer wichtigere Ziele für ein Startup geben sollte. Es ergibt Sinn, erst über Social Media und andere Kanäle für Aufmerksamkeit zu sorgen und sich erst dann bei einem Händler vorzustellen. Denn damit steigt die Wahrscheinlichkeit, dass die Produkte nicht nur im Regal stehen, sondern auch langfristig dort bleiben.

Effektive Marketingmaßnahmen für Startups

Für Denis und Daniel steht fest, dass es Little Lunch auch ohne Hilfe eines Tages in die heutigen tausenden Regale geschafft hätte. Doch ein Faktor beschleunigte die Erfolgsgeschichte des Startups enorm. Denn 2015 nahmen sie an der Show *»Die*

Höhle der Löwen« auf VOX teil. Dort präsentieren Gründer ihr Produkt und dürfen auf einen Investoren-Deal hoffen. Tatsächlich konnte Little Lunch die Investoren Judith Williams und Frank Thelen überzeugen, wodurch die Umsätze über Nacht rasant in die Höhe schossen. Dadurch schafften sie den direkten Sprung in 100 Märkte und erhielten ein Werbebudget über 1 Mio. Euro. Generell sind die Brüder vom Konzept der Sendung überzeugt, denn schon alleine der Marketingeffekt kann jedes Startup extrem positiv beeinflussen.

Little Lunch konnte die Investoren Frank Thelen und Judith Williams überzeugen.

Verschiedene Marketingmaßnahmen sind entscheidend, um langfristig erfolgreich zu sein. Bei Little Lunch funktionierte dabei zum Start klassische PR sehr gut. Dabei schickten sie zum Beispiel Suppen-Probeboxen an Redaktionen, die Artikel rund um Little Lunch veröffentlichten und so wiederum für neue Kunden sorgten. Hinzu kamen Maßnahmen im Influencer Marketing, um die Suppen testen zu lassen. Außerdem setzte das Startup von Anfang an auf Social Media Ads bei Instagram und Facebook. Denn die dortigen Werbeanzeigen lassen sich speziell auf eine Zielgruppe festlegen und sind damit besonders effektiv.

Allerdings sollten Gründer beim Start nicht zwanghaft alle Marketingmaßnahmen abdecken. So wie die Little-Lunch-Gründer mit ihrem 1 Mio. Euro-Werbebudget. Sie produzierten zum Beispiel einen Werbespot für 100.000 Euro und gestalteten Plakate für weitere 100.000 Euro, doch der Effekt blieb aus. Deshalb ist es laut der Gründer besser, die Zielgruppe zu analysieren und zwei bis drei Strategien effektiv zu betreiben. Dabei lohnt es sich auch, insgesamt eine gute Story zum Produkt aufzubauen und damit eine Personal Brand zu entwickeln. Little Lunch konnte mit der

Story von zwei Brüdern punkten, die gemeinsam ein Suppen-Startup gründen und optisch absolut nicht in diesen Bereich passen.

Die Zukunftspläne des Suppen-Imperiums

Zukünftig möchte das Startup noch weiter wachsen und sich dabei auf die Kernkompetenzen konzentrieren. In der Vergangenheit gab es nämlich auch Versuche, in andere Food-Bereiche vorzudringen und zum Beispiel Smoothies zu produzieren. Doch diese Strategie ging nicht auf. Weshalb Denis und Daniel davon abraten, in zu fachfremde Bereiche zu investieren, weil das finanziell für große Probleme sorgt und selten zur eigenen Marke passt. Little Lunch steht für alles rund um Suppen, das soll auch so bleiben. Wobei als Marketing-Aktion zwischendurch auch exotische Sorten hinzukommen, wie zum Beispiel die Schoko- oder Pizza-Suppe.

Denis und Daniel konnten sich ihren Traum vom eigenen Produkt im Supermarkt erfüllen.

Als abschließenden Tipp möchten Denis und Daniel allen Gründer dazu raten, viel Zeit in die Recherche der eigenen Geschäftsidee zu stecken. Um zu erfahren, ob Konkurrenten existieren und welches Alleinstellungsmerkmal funktioniert. Den zweiten Tipp bezeichnen die Brüder als »Dollarzeichen ausstellen«, wenn die Gespräche mit möglichen Partnern beginnen. Denn oftmals entstehen dabei leere Versprechungen über lukrative Geschäfte, die sich enttarnen lassen, wenn das Geld nicht ausschließlich im Fokus steht. Besser ist es, sich auf das eigene Produkt zu fokussieren und mit Spaß am Startup weiterzumachen.

JULIUS KAHLEIS, TIM SCHMITZ & FIRAT MERCAN

koelnistkool

Julius Kahleis, Tim Schmitz & Firat Mercan

3 Jungs begeistern mit kölschem Instagram-Content

Sympathisch, locker und aufgeschlossen wirken die drei Jungs von koelnistkool, DEM Instagram-Kanal über Köln, der alle verrückten, schönen und humorvollen Seiten der Domstadt zeigt. Ein Kanal, der durch User-Generated-Content quasi in Echtzeit abbildet, was in der Rheinmetropole gerade passiert. Julius, Tim und Firat sind die Köpfe hinter dem bekannten Instagram-Kanal und haben sich darüber mittlerweile ein lukratives Business aufgebaut. Alle drei sind echte kölsche Jungs, alle Mitte zwanzig und alle haben richtig Bock auf den Content, den sie schaffen. Der Erfolg spricht für sich: Ca. 230.000 Menschen folgen der Instagram-Seite. Ein Vollzeit-Business, das stetig wächst und außergewöhnlichen Erfolg verspricht.

Absolut entspannte Jungs, mit denen man gerne ein Kölsch in der Kneipe um die Ecke trinken möchte. Das ist das Erste, was einem durch den Kopf schießt, wenn man sich mit den Kölnern unterhält. Im Prinzip ist es nicht verwunderlich, dass sie selbst so unterhaltsam sind wie der Content auf ihrem Instagram-Profil.

koelnistkool heißt ihr Kanal und teilt humorvolle Memes, Videos und Stories, die von Kölnern tagtäglich eingeschickt werden. Das funktioniert wie folgt: Man beobachtet etwas Interessantes in den Straßen von Köln, filmt oder fotografiert es, postet es selbst über den eigenen Instagram-Kanal, markiert den Beitrag mit dem Tag »@koelnistkool« und mit ein bisschen Glück erscheint es dann auf dem koelnistkool-Profil. Dort können es dann tausende Follower sehen. That's it.

koelnistkool: die Geburtsstunde

Dass daraus ein Geschäftsmodell entstehen könnte, ahnten die heutigen Jungunternehmer 2019 noch nicht. Die Idee zu koelnistkool entstand aus Jux und Dollerei, aus Langeweile und ein bisschen auch aus

Heimweh. Denn zu Beginn studierte Julius in Wien und Tim in Berlin. Es begann damit, dass sich die beiden Jungs sogenannte Memes, also Bilder, Videos oder GIFs, die durch ergänzte Texte humoristische Botschaften enthalten, hin und her schickten. Meme-Seiten im Internet gibt es schon seit Längerem und auch auf sämtlichen Social-Media-Plattformen sind diese satirischen Beiträge kaum noch wegzudenken. Selbst erstellte Memes, die Bezug zu ihrer kölschen Heimat nahmen, dominierten den Chatverlauf zwischen Julius und Tim bereits seit Wochen. An einem Kneipenabend, Julius in Berlin und Tim in Wien, mit mehreren hundert Kilometern zwischen ihnen, schickten sie die Memes in eine WhatsApp-Gruppe mit 40 bis 50 Kölnern – nach dem Motto »Schaut mal Leute, was wir gefunden haben«. Innerhalb von zwei bis drei Tagen verbreiteten sich diese Memes rasant durch ganz Köln. Kölner Prominente und Influencer wie Tommi Schmitt oder NovaLanaLove teilten diese Beiträge und ließen sie noch populärer machen. Bis irgendwann Freunde von Julius und Tim sie selbst kontaktierten und fragten, ob sie nicht dahinter stecken. Wäre schließlich genau ihr Humor.

Von dieser Welle des Ruhms bekamen die beiden Studenten erst einmal nichts mit. Schließlich war Köln zu diesem Zeitpunkt nicht ihr Ort des Geschehens. Ihr Instagram-Kanal, der eigentlich nur zur eigenen Belustigung entstanden ist, verzeichnete innerhalb von ein bis zwei Wochen schon 10.000 Follower. Einfach so. Perplex und überrascht nahmen die beiden Jungs die Entwicklung wahr. Und sahen dann schnell aber auch das Potenzial.

Ein Business entsteht

Weil aber das Studium in Berlin und Wien viel Zeit in Anspruch nahm, ließen Julius und Tim ihren Instagram-Kanal etwas schleifen. Einfach, weil es zeitlich leider nicht zu stemmen war. Irgendwann kam aber Firat mit ins Boot. Begeistert von dieser Idee, trat er Julius und Tim motivierend in den Hintern, bewegte sie dazu, wieder nach Köln zu ziehen und war somit mitverantwortlich, dass koelnistkool endlich groß durchstarten konnte. Die Devise war: Wenn es nun gemacht wird, dann aber richtig. Die drei Jungs schafften es, sich gegenseitig zu unterstützen und Freiräume zu schaffen, den Kanal weiter aufzubauen und die Community hinter dem Instagram-Profil zu stärken.

2020 war dann der Zeitpunkt, an dem sie zum ersten Mal bemerkten, dass es einen konkreten Interaktionsbedarf seitens der Follower gibt. Sie bekamen zahlreichen Content zugeschickt, aber auch einige Werbeanfragen. Sie hatten es geschafft so sichtbar zu werden, dass ihr Profil als Plattform auch für andere immer lukrativer wurde. Doch mitten im eigenen Image- und Markenaufbau lehnten die drei Jungs fast alle Kooperationen ab. Sie wollten erst einmal zu einer etablierten Größe heranwachsen, hinter der auch eine große und starke Kölner Community steht.

Was soll man sagen? Julius, Tim und Firat haben es geschafft. Heute ist ihr Kanal so groß und so sichtbar, dass sie mit vielen spannenden Partnern zusammenarbeiten können – und zwar nach ihren Vorstellungen. Ihre ca. 230.000 Follower sind umgerechnet ca. 25 Prozent der Kölner Einwohner. Heruntergerechnet auf die relevante Zielgruppe, also Instagram-User plus Kölner Umkreis, sind es ca. 60 bis 70 Prozent von Köln. 90 Prozent sind es, wenn man auch die Leute dazu rechnet, die zumindest schon mal von diesem Account gehört haben. Und sich zu so einer lokalen Marke entwickelt zu haben, das macht die drei Kölner extrem stolz. Mit einem sechsstelligen Umsatz im letzten Jahr, einem stetig wachsenden Team und einem eigenen Büro in Köln-Ehrenfeld, ist koelnistkool nun ein lukratives und erfolgreiches Business geworden.

Das Geschäftsmodell: Die drei Säulen zum Erfolg

Die Einnahmen kommen bei koelnistkool über drei Sparten. Die erste Sparte sind die klassischen Kooperationen. Da der Account eine hohe Sichtbarkeit und Reichweite aufweist, ist er als Plattform für viele Firmen sehr lukrativ. Und weil koelnistkool sehr lokal und auf Köln beschränkt ist, können Unternehmen die Zielgruppe ganz klar einkreisen. Bedeutet also, dass die Jungs für Firmen werben, die zur Zielgruppe passen – und zum eigenen Image. Doch nicht allzu viele Unternehmen haben Memes als Werbeformat schon für sich entdeckt. Julius, Tim und Firat können das ganz gut am amerikanischen Markt beobachten, der bereits viel weiter ist. Dort trauen sich Firmen bereits, Werbung mit Memes zu machen – und das sehr erfolgreich, da man sich durch Memes sehr viel sympathischer an seine Zielgruppe annähern kann. Doch dieser Trend fängt hier in Deutschland gerade erst richtig an.

Die zweite Sparte, über die die Jungs Einnahmen generieren, sind ihre Produkte. Man könnte es Merchandising nennen, doch das machen Julius, Tim und Firat nicht gerne. Weil dieser Begriff in der Branche etwas negativ belastet ist. Auf ihre Produkte sind die Kölner sehr stolz. Es ist Kleidung, wie Pullover, T-Shirts und Caps, die sie selbst gerne tragen. Qualitativ hochwertig und im kölschen Style. Sowieso alles, was sie über Instagram oder auch über ihren eigenen Onlineshop verkaufen, hat einen Bezug zu Köln. Kölschgläser, Tassen, ein Quartett oder Aschenbecher: alles einsetzbar für einen Kneipenabend in der Kölner City. Und alles Produkte, auf die auch die Community Bock hat. Das ist bei allen Produkten ohnehin die wichtigste Intention:

Alles muss von den Followern »abgenickt« sein. Hier geht nichts an den Start, das nicht irgendwie den Identifikationsfaktor mit Köln aufgreift.

Wie mühsam es ist, Produkte zu verkaufen ohne externes Lager und externe Abwicklung, haben die Jungunternehmer bereits festgestellt. Aus ihren eigenen Wohnungen und Kellerräumen heraus, wurden die Produkte am Anfang verpackt und versendet. Mittlerweile haben sie viele Aufgaben geoutsourced, weil es einfach zu viel wurde. Bereiche wie Logistik, Retouren und Co. übernehmen nun externe Dienstleister. Produziert wird nur dort, wo die drei Jungs ihren strengen Qualitätscheck durchgeführt haben. Auch wenn sie jetzt nicht mehr viel vom Prozess miterleben, war es ihnen wichtig, die Abwicklung ihrer Artikel selbst durchgeführt zu haben. So verstehen sie die Prozesse besser und auch ihre externen Dienstleister.

Mittlerweile produzieren die Jungunternehmer eigene Merchandise-Produkte wie gebrandete Kölsch-Gläser.

Die dritte Sparte der Einnahmen kommt über Events rein. Denn die Euphorie für koelnistkool, die den Unternehmern virtuell entgegengebracht wird, wollen Julius, Tim und Firat auch ein Stück weit in die reale Welt übertragen. Und der Community im übertragenen Sinne etwas zurückgeben. Hier ist die Botschaft: Ja, wir können über Memes lachen, über Düsseldorf sowieso, aber lasst uns doch gemeinsam lachen. Auf Partys, Festivals oder anderen Veranstaltungsrahmen, die von koelnistkool organisiert werden. Gerade fällt diese Einnahme-Sparte noch etwas geringer aus – nicht zuletzt durch Corona – aber in Zukunft soll diese verstärkt angegangen werden.

Genauso wie die Einnahmequellen, haben sich bei koelnistkool auch stetige Ausgaben entwickelt – vor allem, seitdem die drei Jungs die Instagram-Seite als Hauptberuf betreiben. An erster Stelle stehen natürlich die Personalkosten, denn ihr Team ist gewachsen. Sechs Personen arbeiten nun im Hintergrund und machen die Marke richtig groß. Und das nicht mehr aus dem Homeoffice heraus, sondern in einem eigenen Büro. Auch dafür müssen die Jungs mit Ausgaben rechnen. Um hier einfach auch klare Strukturen zu haben, hat jeder seinen eigenen Verantwortungsbereich im Team. Während Julius sich um das Backoffice kümmert, die Finanzen im Blick behält und die Projektsteuerung übernimmt, verantwortet Tim alles rund um Marketing, Kooperationen, Events und die Brand-Strategie. Für den Content, den tausende Follower tagtäglich auf dem Instagram-Kanal sehen, ist vor allem Firat zuständig. Er entscheidet, welche eingesendeten Stories und Beiträge es auf den Kanal schaffen und welche Themen der Community gefallen. Dabei folgt die Auswahl des Contents den typischen koelnistkool-Prinzipien.

Daily Business: So funktioniert die Instagram-Seite

Erstes Prinzip: Es muss unterhaltsam und lustig sein. Denn dafür ist der Instagram-Kanal bekannt geworden. Und es ist das, was auch die Follower erwarten und sehen wollen. Die Beiträge dürfen eine ordentliche Portion Selbstironie haben, aber niemals diskriminierend sein. Oftmals versucht Firat, sich genau für den Content zu entscheiden, bei dem sich die Story über einen ganzen Tag hinweg aufbaut. Wie beispielsweise der immer gleiche Typ durch verschiedene Straßen Kölns zieht, wie der gleiche Autokorso aus unterschiedlichen Blickwinkeln gefilmt wird oder wenn das gleiche Event Schauplatz verschiedenster Content-Beiträge wird. Und das ist ganz wichtig, denn irgendwie ist koelnistkool auch zu einem lokalen Informationsportal geworden, das die Kölner Community präsentiert, was wo wie in ihrer Stadt so »abgeht«.

Daher spielt neben der Schnelligkeit auch die Aktualität eine sehr große und entscheidende Rolle. Prinzip Nummer 2. So auch beispielsweise das starke Unwetter im Sommer 2021, das in Teilen der Region schlimme Überschwemmungen auslöste. Doch hier war es den drei Jungs sehr wichtig, den schmalen Grat zwischen Information und Unterhaltung gekonnt zu gehen. Natürlich musste es abgebildet werden, weil es zum Alltag gehörte, aber gleichzeitig hat jeder Witz seine Grenze – dieser Verantwortung ist sich koelnistkool bewusst.

Und darauf hat Firat stets ein Auge und wählt den Content klug aus, um damit eine runde Geschichte zu erzählen. Immer in Abstimmung mit seinen Jungs, die in schwierigen Momenten gemeinsam abwägen. Dabei ist das Auswählen so eine Sache: Nur ca. fünf bis zehn Prozent von dem, was koelnistkool ins Postfach bekommt, wird auch gepostet oder geteilt. Obwohl das »Einsenden« mittels Markierung des Kanals sehr einfach funktioniert, ist die Chance, seine eigenen Bilder oder Videos zu sehen, tatsächlich gering. Weil einfach so viele gute Beiträge dabei sind. Und darüber freuen sich Julius, Tim und Firat sehr.

Doch die Instagram-Seite lebt nicht nur von Echtzeit-Beiträgen, sondern teilt auch wirklich viele lustige Memes auf ihrem Profil, die lokalen Bezug haben. Die Ideen für ihre Memes kommen den Dreien entweder spontan unterwegs oder durch Gespräche mit Freunden. Gerne setzen sie sich auch hin und sichten Meme-Templates, also Vorlagen, die sie dann perfekt in die kölsche Mentalität übersetzen. Weg von altbackenen Vorstellungen und stereotypischen Bildern, hin zu Themen, die für die jüngere Generation sehr viel relevanter und identitätsstiftender sind.

Instagram: Verkaufsplattform und Kooperationsnetzwerk

Obwohl Julius, Tim und Firat einen eigenen Onlineshop haben, ist Instagram zu fast 100 Prozent ihre Verkaufsplattform für die eigenen Produkte. Ganz logisch, die Kundschaft ist natürlich 1:1 die Community, weil alle Produkte vor allem in ihren Instagram-Beiträgen vermarktet werden. Das passt deshalb so gut, weil auch ihre Produkte fast in Echtzeit verkauft werden – alle Artikel sind limitiert und auf die Posts abgestimmt. Oder die Posts eben auf die Produkte, wie man's nimmt. So werben also nicht nur Firmen im Meme-Format, sondern sie selbst ebenso.

Weil die Jungs die koelnistkool-Produkte limitiert verkaufen, überlegen sie stets, was man als Nächstes verkaufen könnte und worauf die Community Bock hat. Einzige Prämisse: Es muss etwas mit Köln zu tun haben. Dass aber alle Produkte so gut laufen, wie die Kölschgläser oder die Hoodies, ist nicht selbstverständlich. Julius, Tim und Firat hatten auch schon Rückschläge zu verzeichnen. Obwohl sie selbst zu 100 Prozent hinter den Produkten standen, hat die Community manche Ideen schon abgelehnt. So floppte beispielsweise letzten Sommer eine Kooperation mit einer Kölner Eismanufaktur, mit der die Jungs Eissorten herausbrachten. Eis mit Kölsch-Geschmack, eine fantastische Idee, dachten sich die Gründer. Doch diese Begeisterung fehlte auf Seiten der Community gänzlich und ließ das Projekt scheitern. Ein Rückschlag, aber einer, aus dem die drei vieles lernen konnten.

Genauso gelernt haben sie, dass sie in ihrer Nische gut funktionieren, aber nicht überregional. koelnistkool ist lokal und räumlich begrenzt. Deshalb müssen auch die Partner aus der Region kommen. So haben Julius, Tim und Firat bereits mit Zappes

Broi, einer lokalen Biermarke in Köln, zusammengearbeitet, mit Gaffel, eine der bekanntesten und beliebtesten Kölsch-Brauereien oder mit Deiters, einer der größten Kostümhändler in Deutschland und erste Anlaufstelle zu Karneval.

Auch im Bereich Sport hat koelnistkool viele lokale Kooperationspartner, wie den 1. FC Köln oder die Kölner Haie. Und hier passiert es ab und an schon mal, dass spontan eine Nachricht der Vereine kommt, in der sie die Jungs bitten noch einmal kräftig die Werbetrommel für den Ticketverkauf zu rühren. Alles ganz schnell, locker und kollegial in ihrem Netzwerk. Weil Kölner Kölner unterstützen.

Trotzdem haben die Jungs auch schon mit überregionalen Konzernen wie Flink, Prime Video oder Sparhandy zusammengearbeitet. Diese Firmen wollten durch lokale Marketingmaßnahmen nur einen bestimmte Zielgruppe erreichen und waren somit als Kooperationspartner für die Jungunternehmer wieder interessant. So kann es eben auch funktionieren. Doch diese Kooperationen und das Geld, das damit einhergeht, haben die Jungs ihrem Content zu verdanken. Daher betrachten sie die Instagram-Seite selbst als ihr wertvollstes Produkt. Weil die Community es feiert und sie sowieso.

Drei Jungs mit unternehmerischem Weitblick

Natürlich möchten die drei Jungunternehmer auch vorausschauend planen, Ideen weiterentwickeln und neue Strategien testen. Obwohl die Zielgruppe sehr eindeutig ist, vertiefen sich die Jungs auch gerne in allen möglichen statistischen Auswertungen, die sie über Instagram bekommen. Hier bietet der Kanal die perfekte Grundlage in Form von Auswertungen zu Altersstrukturen, dem Geschlecht und die Interessen der Follower. In diesen Analysen sehen sie genau, wann reagiert wurde und welcher Content besonders gut ankam. Weil das Profil von der Interaktion der Follower lebt, versuchen die Jungs, ihre Community so stark es geht mit einzubeziehen. Zum Beispiel durch Umfragen. Einfacher und klarer kann man Feedback nicht erhalten.

Und daher werden Julius, Tim und Firat auch in Zukunft die Community in jede Entscheidung mit einbeziehen. Weil alles, was sie produzieren, erstellen und organisieren, ja genau für diese Menschen ist. Daraus ergibt sich für die Unternehmer eine simple Formel für außergewöhnlichen Erfolg: Community schaffen, Zielgruppe verstehen, passende Produkte platzieren. Am Ende sollen alle glücklich sein und das geht nur, wenn man sich voll und ganz einlässt, selbst an seine Idee oder Produkte glaubt und auch mal ab und an mutig ist.

JOEY & LUKE KELLY

© Thomas Stachelhaus

Joey & Luke Kelly

Zwei außergewöhnliche Sportler mit musikalischen Wurzeln

Es gibt in Deutschland und auch in weiten Teilen Europas nur wenig Erwachsene, die diese Familie nicht kennen: Die Kelly Family, auch bekannt als »die Kellys«, feierte als Folk- und Pop-Band in den 90er Jahren ihre größten musikalischen Erfolge. Mittlerweile ist es etwas ruhiger um die Musiker-Familie geworden, wenngleich sie auch weiterhin auf Tour gehen und eine zweite Generation heranwächst. Denn seit einigen Jahren verbindet man mit dem Namen »Kelly« nicht nur musikalische, sondern vor allem auch sportliche Erfolge. Dies liegt vor allem an Joey Kelly, der als Extremsportler inzwischen auf mindestens genauso viele sportliche wie musikalische Highlights blicken kann. Und auch sein ältester Sohn Luke Kelly folgt dem Weg seines Vaters als Amateursportler. Gemeinsam sind sie zu einem wahrlich außergewöhnlichen Vater-Sohn-Gespann herangewachsen.

Doch wie fing alles an? Wie wird man vom Straßenmusiker zum gefeierten Pop-Star und parallel zum Amateur- und Extremsportler? Mit einer Wette unter Geschwistern. Von der Triathlon-Teilnahme seiner Schwester motiviert, absolvierte Joey nach nur sechs Wochen Training 1996 seinen ersten Triathlon. »Ich bin damals fast nicht ins Ziel gekommen, habe mir geschworen: 'Das machst du nie wieder!'« erzählt Joey Kelly rückblickend. Wie wir heutzutage wissen, hat er weiter gemacht – zum Glück. »Nach ein paar Tagen, habe ich meinen Misserfolg analysiert, überlegt, was ich besser machen kann«, so Joey. Zudem sah er in der sportlichen Challenge auch einen Weg, sich neben der Kelly Family etwas Eigenes aufzubauen. Und das tat er von da an. Vom Ultraman auf Hawaii über den Sahara-Wüstenlauf, Badwater Run im Death Valley und Alaska 100-Meilen-Race bis hin zum Bike-Rennen »Race across America» hat Joey Kelly nicht nur einiges von der Welt gesehen, sondern sich bisher allen Ultra-Wettkämpfen erfolgreich gestellt.

Der Laufschuh rennt nicht weit weg vom Stamm

Parallel zu seinen sportlichen Aktivitäten ist Joey Musiker, Manager, Speaker und vor allem auch Familienvater von vier Kindern. Im Jahr 2000 wird sein erster Sohn Luke Christopher Kelly geboren, der das musikalische und sportliche Talent vom Vater geerbt hat. Zunächst trainierte Luke mit seinem Vater, bekam aber mit Thomas Eickmann, einem früheren Spitzen-Marathonläufer und Leiter der LAZ Puma Rhein-Sieg, schnell Unterstützung und Anleitung von einem echten Vollprofi. 2014 absolviert Luke in Köln seinen ersten Halbmarathon. Es folgen weitere Halbmarathons in Berlin, Las Vegas und Bonn. 2018 verbesserte er seine Finisher-Zeit schließlich um über eine Stunde auf 01h 26 min 23 sec. Ebenfalls 2018 erreichte er auf Platz 1 seiner Altersklasse U20 das Ziel bei seinem ersten Marathon in Hamburg.

Tritt Luke damit in die Fußstapfen seines berühmten Vaters? Fragt man dies Luke, so lautet seine Antwort »Nein«. Denn Luke ist es sehr wichtig, dass er seine eigenen Fußstapfen gestaltet – und diese sind am liebsten 42 Kilometer lang. Denn anders als sein Vater, forciert er eher eine Karriere als Profi-Marathonläufer. Dabei hat auch Luke bereits einiges an Extrem-Wettkämpfen vorzuweisen: Im Vierer-Team bestritt er auf dem Rad mit 16 Jahren als jüngster Teilnehmer das Race Across America mit einer Distanz über 5.000 Kilometern. Bei diesem Rennen, so Luke rückblickend, habe er besonders gemerkt »wie wichtig ein gutes Team für große Erfolge« sei. Auch 5.895 Höhenmeter waren beim Aufstieg des Kilimandscharo 2015 für den Teenager kein Problem. Dennoch möchte Luke in den nächsten Jahren seinen Fokus auf die Marathon-Läufe setzen. Dafür trainiert er mindestens 12x pro Woche, morgens und abends. »Mir ist bewusst, dass ich damit in gewisser Weise 'Raubbau an meinem eigenen Körper betreibe', aber das Laufen bereitet mir so viel Spaß und Freude, dass ich diesen Weg weiter gehen möchte.«, so Luke.

Er weiß genau, dass die besten Jahre als Marathon-Läufer um die 30 sind, danach baut der Körper leistungstechnisch langsam ab. Was danach folgt, weiß der Kelly-Sprößling auch schon. Dafür legt er derzeit den Grundstein und absolviert bei Greator eine Ausbildung zum Speaker und hält bereits mit seinem Vater, aber auch alleine, Vorträge für Schulen und Ausbildungsbetriebe. Dort berichtet er von seinen eigenen sportlichen Erfolgen und seine damit verbundene, ganz eigene Motivation. Über die nächsten Jahre hinweg hofft Luke, auf einen noch größeren sportlichen Erfahrungsschatz zurückgreifen und andere Menschen damit für ihren beruflichen Weg motivieren zu können.

Das A und O: Partnerschaften hegen und pflegen

Gemeinsam haben Vater und Sohn nicht nur sportliche Herausforderungen bestritten. 2021 reisten sie z.B. mit einem rostigen T1 Bulli von Berlin bis Peking – durch Russland und die Mongolei, komplett ohne Verpflegung und ohne Geld. Auf der 12.000 Kilometer langen Strecke waren sie auf Sachspenden von Fremden angewiesen. Begleitet wurden sie von einem Kamera-Team von Stern TV sowie einem eigenen privaten Team für Fotoaufnahmen usw.

In einem alten T1 Bulli reisten Joey und Luke Kelly 2021 von Berlin bis nach Peking.

Ebenfalls in Corona-Zeiten lief Joey Kelly das »grüne Band« – einen 1.400 Kilometer langen Kolonnenweg quer durch Deutschland, der einst die DDR und BRD trennte. Luke folgte ihm mit einem Bulli zur Verpflegung.

Doch wie entstehen solche großen Projekte und vor allem, wie werden sie finanziert? Wer regelmäßig Stern TV schaut weiß, dass Joey Kelly dort häufiger zu sehen ist. Mit der TV-Produktion von Stern TV arbeitet Joey mittlerweile seit über 20 Jahren zusammen, doch nicht jedes Projekt ist ein Selbstläufer: »Ich schlage denen 5 Projekte vor, davon nehmen sie dann eins«. Aber sobald die Zusage von einer TV-Produktion vorliegt, ist die halbe Miete bereits gewonnen. Idealerweise hat man dann ebenfalls direkt einen Buchverlag an der Hand (beim Grünen Band war es National Geographic). Dadurch sei gewährleistet, dass man die mitreisenden Fotografen und Autoren bezahlen kann. Die weiteren Kosten für den Bulli und die Verpflegung hielten sich dann in Grenzen, so Joey.

Neben TV-Produktionen und Verlagen haben Joey und Luke auch andere wichtige Partnerschaften mit größeren oder auch mittelständischen Unternehmen, die bei solchen Projekten als Sponsor unterstützen. Es sei allerdings nicht damit getan, sich das Logo aufs Auto oder die Jacke zu kleben, sondern auch solche Partner müssen mit echtem Content bei Laune gehalten werden. Dazu zählt z.B., dass Joey im Nachgang einen Vortrag über das grüne Band hält oder sie das dazugehörige Buch zum Einkaufspreis erhalten.

»Es ist extrem wichtig, dass man persönlich den Kontakt zu den Partnern hält. Man kann nicht erwarten, dass sie alle Medienberichte und die Projekte mitbekommen. Also muss man sie manchmal auch einfach selber sammeln, scannen und ihnen schicken.« so Joey.

Für Joey sind die sportlichen Sponsorings und Partnerschaften ganz klar »nur« ein Zubrot. Es finanziert ein paar Projekte, aber er lebt nicht davon. Eigentlich könnte Joey also sämtliche Kooperationen ganz entspannt angehen, weil er als berühmter Musiker in den letzten 30 Jahren und weiterhin durch diverse Auftritte genug Erfolge gesammelt hat und somit nicht den Druck hat, auch in diesem Bereich finanziell super erfolgreich zu sein.

Dennoch ist dem Extremsportler ein persönlicher und verbindlicher Kontakt zu allen Partnern und Sponsoren sehr wichtig. Dies gibt er auch als Tipp an alle Profi- oder Amateur-Sportler: »Kümmert euch selber um eure Partner! Baut eine persönliche direkte Kommunikation auf, trefft euch auch mal persönlich, geht gemeinsam essen usw. Die Beziehung zu den Partnern muss nicht privat eng, aber persönlich sein. Nur so schafft man Begeisterung. Nur so merken die Partner: Wow, der brennt für die Kooperation und kümmert sich.« Für Joey ist eine verlässliche Kommunikation äußerst wichtig. Nur so konnte er über Jahre hinweg das Vertrauen von festen Partnern gewinnen.

Mehrere Leidenschaften = mehrere Standbeine = mehr Sicherheiten

Joey's Weg zeigt wunderbar auf, wie wichtig es ist, sich mehrere Standbeine parallel aufzubauen und auch nach Misserfolgen dranzubleiben. Er ist nicht nur Musiker und Sportler, sondern auch seit einigen Jahren Manager und Geschäftsführer seiner Familie. Ebenso ist er als Speaker erfolgreich und hält viele Vorträge für Unternehmen. Seit der Corona-Pandemie auch virtuell oder hybrid. 2019 hat Joey 276 Vorträge in ganz Europa gehalten. Nicht von Anfang an lief hier alles reibungslos.

Die erste Präsentation und Vortrag seien »grausig« gewesen, die zweite ebenfalls. Erst ab dem etwa dreißigsten Vortrag wurde es dann etwas besser oder wie Joey lächelnd hinzufügt »Man wächst an seinen Aufgaben.«

Ob er als Amateur-Sportler wirklich Erfolge erzielen konnte – das wusste Joey Mitte der 90er nicht. Ob er jemals ein gefragter Speaker werden würde? Auch das wusste Joey nicht. Hat alles von Anfang an funktioniert? Absolut nicht. Genau hier sieht Joey auch die Parallelen zu einem klassischen Business, das man sich als Selbstständiger aufbaut. Auch dort funktioniert meist nicht alles direkt auf Anhieb. Man fängt an, an sich zu zweifeln. So ergeht es auch vielen Sportlern immer mal wieder in ihren Karrieren. Doch genau dann braucht man sowohl im sportlichen, als auch im beruflichen Kontext vor allem Ausdauer, Disziplin, Mut und Leidenschaft. All diese Elemente sind wichtig, um langfristig erfolgreich seiner Berufung nachgehen zu können. Treu dem Motto. »Das ganze Leben ist ein Marathon«.

Keine sportlichen Grenzen?

Schaut man auf die sportlichen Erfolge von Joey und mittlerweile auch Luke Kelly zurück, so könnte man annehmen, für die beiden gibt es keine (sportlichen) Grenzen. Und mit Sicherheit werden die beiden ihre Fans auch in Zukunft mit verrückten Projekten oder Reisen überraschen. Für Luke ist hingegen klar, dass er sich nicht solchen Extremen-Challenges wie u.a. einem Wüstenlauf in Namibia oder einem Lauf im Tal des Todes bei über 50 Grad im Schatten stellen möchte. Joey sieht selbst ein, dass diese Sachen »körperlich sehr heavy und teilweise nicht gesund sind«. Er selbst habe einfach Glück, dass er trotz aller Wettbewerbe sich weiterhin fit fühle und einen robusten Körper habe, der das wegsteckt.

Für April 2022 hatten sich die beiden Kelly-Sportler eigentlich einen Marathon am Nordpol vorgenommen. Leider wurde dieser aufgrund des Ukraine-Krieges abgesagt, sie hoffen aber darauf, vielleicht im nächsten Jahr sich der eisigen Challenge stellen zu können. Vorbereiten auf solche Extreme könne man sich kaum. Während Luke 12x pro Woche trainiert, gibt Joey zu, dass er schon froh sei, wenn er 1x am Tag eine Laufeinheit neben der Arbeit schafft. Bei solchen anspruchsvollen Marathons profitiert Joey dann vor allem von seinen zahlreichen Erfahrungswerten, insbesondere wenn er körperlich und mental am Ende ist. In solchen Momenten sagt er sich: »Ich habe Sachen geschafft, die viel schlimmer waren und bin trotzdem angekommen« – eine These, die nicht nur für sportliche Herausforderungen gilt, sondern auch als Memo für berufliche Krisen gesehen werden kann.

Unterwegs mit dem Buli werden sogar tierische Freundschaften geknüpft.

Sein neuestes Projekt bestreitet er mit seiner gesamten Familie: Im Sommer 2022 und Anfang 2023 bereist Joey in zwei Etappen zusammen mit seiner Frau und seinen vier Kindern in einem Wohnmobil ohne Geld für Essen und Benzin die Panamericana vom nordwestlichen Kanada bis nach Feuerland. 2023 wird es hierzu eine große neunteilige Primetime-Dokumentation im Fernsehen geben und ein neuer Bildband erscheinen.

Der Weg ist das Ziel

Die Wege von Luke und Joey zeigen auf, wie wichtig es ist, etwas zu tun, das man liebt. Oder anders ausgedrückt: Seine Leidenschaft im Beruf zu finden. »Der Weg ist das Ziel. Auch bei mir im Job sind nicht immer alle Parts spaßig.« so Joey. Für ihn gibt es nicht »die eine Berufung«. Auch das Thema »Work-Life-Balance« ist nicht so sein Ding. Dies stellt für ihn aber nicht im Geringsten ein Problem dar. Denn wenn man »täglich an dem arbeitet, was man gerne tut, dann ist es auch keine Arbeit.« Seine Empfehlung (mit einem Schmunzeln): »Mindestens 10 Jahre, 400 Tage im Jahr arbeiten!« Insbesondere wenn man jung (zwischen 20 und 30 Jahre) ist, da man in diesem Alter noch mehr Energie besitzt. Für alle, die noch nicht wissen, was tatsächlich ihre Berufung ist, hat Joey auch einen Tipp: »Fang einfach an, das zu tun, was du denkst, es könnte deine Berufung sein. Denn alle Erfahrungen bringen dich später an anderer Stelle weiter.«

Auch er selbst profitiert im Sport von seiner Musiker-Laufbahn. Geprägt von seinem »wahnsinnig strengen Vater«, lernte der junge Joey schnell, was hartes Arbeiten bedeutet, Ausdauer an den Tag zu legen und seine Ziele zu verfolgen. Die Kelly Family fingen als Straßenmusiker an, hatten 3-4x einen großen Durchbruch, mussten aber sicherlich genauso oft auch wieder von vorne anfangen. Zwischendurch waren sie sogar mal komplett pleite. Die Familie war gezwungen, wieder neu anzufangen und an sich glauben. Joey glaubt nicht, dass es Menschen gibt, die in ihrem Leben nur Erfolg haben: »Von Rückschlägen und Niederlagen lernt man viel.« zieht er sein Fazit. Er selbst sei jedoch, im Gegensatz zu seinem Vater, der alles auf eine Karte gesetzt hat, eher der Sicherheits-Typ. Als Musiker sollte man nicht vergessen, dass alles auch schnell wieder vorbei sein kann und sich immer ein paar Euro zur Seite legen. »Das Leben hat Höhen und Tiefen. Wenn man im Tal ist, muss man einfach richtig Gas geben, damit man wieder hoch kommt.«

MICHÈLE DE ROOS

Michéle de Roos

Wie sie die Liebe und den Weg in die Selbstständigkeit fand

Wer das deutsche TV-Programm kennt, der kennt vermutlich auch ihren Namen: Im Jahr 2021 kämpfte Michèle de Roos um das Herz von »Bachelor» Niko Griesert. Aufgrund ihrer eher ruhigen und zurückhaltenden Art war sie seit Folge 1 für Niko Griesert ein reines Rätsel. So kam es im Verlauf der Staffel zu einem großen Hin und Her zwischen Niko und Michèle. Und obwohl Niko die letzte Rose am Ende einer anderen Dame schenkte, fanden die beiden am Ende dann doch noch zueinander und schweben seitdem im 7. Himmel. Auch in Sachen Karriere hat sich die Teilnahme an der TV-Show für die Kölnerin ausgezahlt: Denn seit der Ausstrahlung von »Der Bachelor Staffel 11« gewinnt die junge Frau stetig an Reichweite auf Instagram. Mittlerweile ist Michèle selbstständig und als Content Creator tätig.

Michèle de Roos wuchs in Münster auf, bevor sie dann 2018 für ihren Job als Immobilienfachwirtin nach Köln umzog. Sie studiert Immobilienwirtschaft und treibt in ihrer Freizeit leidenschaftlich gerne Sport. Außerdem schlägt das Herz der Ex-Bachelor-Kandidatin für ihre zwei Katzen und ihren Hund. Auf Instagram folgen dem öffentlichen Profil der 29-Jährigen über 303.000 Menschen – Tendenz steigend. Dort gewährt sie ihren Abonnenten Einblicke in ihr Privatleben, ihren Lifestyle und teilt Urlaubsfotos. Bereits vor der Teilnahme an der TV-Show war Michèle auf Instagram aktiv, allerdings eher privat.

Michèle als Kandidatin bei »Der Bachelor 2021»

2021 kämpfte Michèle de Roos in der 11. Staffel der bekannten TV-Show »Der Bachelor« um das Herz des gutaussehenden Niko Griesert. Damals war Michèle mit ihrem Liebesleben unglücklich und sehnte sich nach der großen Liebe. Daher kündigte sie ihren Job und wagte den Schritt ins Fernsehen. Für die eher schüchterne und zurückhaltende junge Frau war es von Beginn an eine große Herausforderung vor einem Millionenpublikum öffentlich in Erscheinung zu treten und über ihre Gefühle zu sprechen. Jedoch hatte Michèle von Anfang an gegenüber ihren 21 Konkurrentinnen einen besonderen Vorteil: Sie und Niko kannten sich bereits – wenn auch nur flüchtig. Denn Bachelor Niko und die Brünette hatten bereits vor den Dreharbeiten via Instagram Kontakt. Allerdings verlief sich der kurze Flirt damals im Sande.

Relativ schnell war den Zuschauern der TV-Show klar, dass sich Niko offensichtlich in die Michèle verguckt hatte. Doch das allein reichte Niko nicht aus: Er wollte mehr über sie wissen, doch es fiel ihr schwer, ihre Gefühle für Niko offen zu zeigen. Dies führte dazu, dass der »Bachelor» Michèle im Halbfinale nach Hause schickte. Doch bereits wenige Minuten nach der Verabschiedung zweifelte Niko an seiner Entscheidung. Daher trafen sich die beiden heimlich vorm Hotel und sprachen sich aus. Niko und Michèle offenbarten sich ihre Gefühle. So kam es zu einer Premiere bei der TV-Show: Niko Griesert bat Michèle um eine zweite Chance und holte sie im Finale zurück. Michèle und Niko verbrachten ein letztes gemeinsames Date miteinander und standen sich so nah wie noch nie zuvor. Dennoch entschied Niko sich dazu, Michèles Konkurrentin die letzte Rose zu schenken.

Einige Monate später fanden Niko und Michèle fernab der TV-Show und neugieriger Blicke dann doch zueinander. Das verschaffte dem Paar einen weiteren Push auf Social Media. Michèle berichtet, dass sie viel Zuspruch bekommen, aber auch Kritik habe einstecken müssen. Viele ihrer Abonnenten konnten zunächst nicht verstehen, dass die Kölnerin Niko nach dem ganzen Drama eine weitere Chance gab. Doch die meisten inspirierte die Liebesgeschichte von Niko und Michèle. Die Influencerin sagt selbst, dass sie dadurch gelernt habe, dass es die wahre Liebe doch gebe und es sich manchmal lohne, an Dingen festzuhalten und Menschen nochmal eine Chance zu geben.

Ein ungewöhnlich mutiger Schritt

Michèle hatte nie geplant ins Fernsehen zu gehen und so bekannt zu werden. Allerdings war sie so unzufrieden mit ihrem Liebesleben, dass sie sich entschied ihr Glück beim Bachelor zu versuchen. Damals konnte sie sich nicht vorstellen, so erfolgreich damit zu werden und welche Konsequenzen der Auftritt im Fernsehen für sie und ihr Leben haben würde. Durch die Ausstrahlung von »Der Bachelor» wurden immer mehr Menschen auf sie aufmerksam und folgten ihr auf Social Media. Das war ein

Nebeneffekt, mit dem Michèle in dem Ausmaß nicht gerechnet hatte. Denn die Bachelor-Kandidatin nutzte Instagram bis dato hauptsächlich privat und war nicht darauf bedacht, damit irgendwann mal ihren Lebensunterhalt verdienen zu können.

Für die letzte Rose des Bachelors Niko reichte es bei Michèle damals nicht – allerdings kamen sie nach der Show zusammen.

Durchgestartet in nur 8 Monaten

Michèles ehemaliger Arbeitgeber, ein Immobilienunternehmen, war leider nicht bereit, sie für die Drehaufnahmen freizustellen. Daher entschied sich Michèle bereits bevor sie wusste, wie sich ihr Weg entwickeln würde, ihren Job zu kündigen. Das war damals ein großer Schritt. Immerhin bestand die Gefahr, dass sie im Anschluss an die Dreharbeiten erstmal arbeitslos sein würde. Aber sie hat sich getraut und der Sprung ins kalte Wasser hat sich gelohnt. Manchmal muss man Risiken eingehen, um erfolgreich zu werden und über sich hinaus zu wachsen. Michèle liebt, was sie tut, und bereut ihre Entscheidung kein bisschen.

Nach den Dreharbeiten war Michèle für sechs Monate arbeitslos und hat ihre Selbstständigkeit nach und nach aufgebaut. Rückblickend war das für sie eine sehr spannende Phase. Denn es verlangt viel Mut, sich beruflich umzuorientieren. Auch Michèle musste sich viel mit ihrer eigenen Unsicherheit und ihren Ängsten auseinandersetzen und konnte am Ende daran wachsen. Eines ihrer wichtigsten Learnings: Menschen machen sich oft unnötig viele komplizierte Gedanken und verschwenden viel Energie dafür. Dabei sollte man häufiger einfach machen, statt sich davor zu fürchten, was alles schief gehen könnte.

Dennoch war sie sehr froh darüber, dass sie sich vor den Dreharbeiten ein kleines Polster beiseitegelegt hatte und somit finanziell nicht komplett mittellos dastand. Das hat ihr viel Sicherheit geben und empfiehlt sie auch jedem, der den Schritt in die Selbstständigkeit wagt. Auch sollte man sich nicht zu schade dafür sein, nebenbei zur Not ein bisschen zu jobben, um sich etwas hinzuzuverdienen. Michèle gab beispielsweise Nachhilfeunterricht für Kinder und konnte sich damit gut über Wasser halten.

Außerdem war es ihr wichtig, sich zu 100% auf Social Media zu konzentrieren. Denn nur wer Leidenschaft in etwas hineinsteckt, kann am Ende die Früchte ernten – Diese Weisheit gilt besonders dann, wenn man sich ein Business aufbauen will.

Geld verdienen mit Social Media

Viel an ihrem Kanal und an dem, was Michèle postet, hat sich durch ihren Erfolg jedoch nicht geändert. Sie versucht, abwechslungsreichen Content zu bieten, um ihre Follower mit in ihr Leben zu nehmen. Sie erzählt außerdem viel über Persönliches. Für sie ist es wichtig, dass sie eine Bindung zu den Menschen aufbaut, die ihr folgen. Schließlich ist Kundenbindung in jedem Business ein wichtiger Erfolgsgarant.

Abwechslungsreicher Content aus dem Privatleben reicht jedoch nicht aus, um mit Social Media Geld zu verdienen. Das tatsächliche Geld verdient Michèle – wie viele große Influencer – durch Kooperationen und Werbepartnerschaften. Hauptsächlich dreht es sich hierbei um Produktplatzierungen in Beiträgen oder ihren Storys. Gemeinsam mit ihrem Management plant sie dann die Beiträge und erstellt einen Redaktionsplan. Hierbei entscheidet sie selbst, was sie machen will und was nicht. Zusätzlich versorgt sie ihre Follower mit persönlichen Tipps. Gerade als Influencer geht es ihrer Meinung auch darum, dass man eine Art Vorreiter ist und Dinge einfach mal ausprobiert und darüber berichtet.

Viele Firmen schicken Michèle bzw. ihrem Management Anfragen für Kooperationen. So kommen rund 50 Prozent ihrer Kooperationen zustande. Allerdings geht auch Michèle oft auf Firmen zu. Insbesondere dann, wenn sie sich für ein Label oder ein Produkt persönlich interessiert. Wenn sie hingegen das Produkt nicht kennt, probiert Michèle das Produkt immer selbst aus, bevor sie eine Kooperation eingeht und es ihren Followern weiterempfiehlt. Sie empfindet es als wichtig, diesen Zwischenschritt zu machen, da sie ihre Glaubwürdigkeit nicht aufs Spiel setzen will – selbst wenn das bedeutet, dass ein Auftrag dann nicht zustande kommt.

Content Creation ist schnelllebig

Es ist kein Geheimnis, dass Content Creation für Social Media ein schnelllebiges Business ist. Michèle plant selten lange im Voraus. Die meisten Verträge kommen kurzfristig zustande. Oft vergehen von Erstkontakt bis Umsetzung weniger als drei Wochen.

Auch wenn Michèle noch gar nicht so lange als Content Creator aktiv ist: Sie merkt bereits, dass sich der Algorithmus ändert und es schwieriger wird, Reichweite aufzubauen. Manchmal ist sie daher unsicher, wie lange das Influencer-Dasein so noch funktioniert. Sie ist sich sicher, dass sich das Business in den nächsten Jahren zunehmend verändern wird. Ängstlich ist sie dennoch nicht. Selbst wenn ihr Profil eines Tages an Reichweite verliert und ihr Business nicht mehr so gut läuft: Mit ihrer Ausbildung und ihrem Studium in der Hinterhand ist Michèle für alle Eventualitäten gewappnet. Denn die Immobilienbranche ist nach wie vor ihr heimliches Steckenpferd.

Für immer Influencer?

Dazu, Social Media ihr gesamtes Leben lang zu machen, ist sie jedoch nicht bereit. Daher ist es ihr wichtig, ihr Studium abzuschließen und sich nebenbei in der Immobilienbranche ein Standbein aufzubauen. Auf Dauer möchte Michèle nicht alles aus ihrem Leben öffentlich teilen. Denn die Kehrseite an ihrem Job ist auch, dass sie nie Feierabend hat und ihr Leben für andere Menschen zugänglich macht. Gerade wenn man aber wie Michèle plant, eines Tages Kinder zu bekommen, ist das nicht einfach zu vereinbaren. Man kann die eigenen Kinder nur schlecht von diesem Job »fernhalten».

Außerdem sehnt sich Michèle manchmal nach mehr Zeit offline. Sie verbringt durch ihren Job viel Zeit in der digitalen Welt und phasenweise zehrt das sehr an ihr. Auch ihre Beziehung mit Niko hat das ständige Online-Sein in der Vergangenheit bereits belastet. Sie gönnt sich daher aktiv Ruhephasen, in denen sie davon Abstand nimmt und sich wieder auf sich selbst besinnt. Aber keine Sorge: Solange sie noch erfolgreich Content produziert, will sie das Influencer-Leben allerdings nicht komplett an den Nagel hängen. Sie kann sich sogar vorstellen, ihre beiden Leidenschaften zu vereinen und in Zukunft als Immobilien-Expertin auf Social Media aktiv zu werden.

JOANNA HAJNAJ

Environmental Protection Technology
for Storage Tanks

Joanna Hajnaj

Mit nachhaltigen Schwimmdächern auf die Forbes-Liste

Wenn man sich auf »Forbes 30 under 30« Liste wiederfindet, muss man einiges richtig gemacht haben. Auf Joanna Hajnaj trifft das definitiv zu. Mit Mitte 20 gründete sie ihr Unternehmen, das verbesserte schwimmende Tankdächer für Raffinerien und Chemietanks herstellt. Der Fokus auf Nachhaltigkeit, kombiniert mit einem hohen Qualitätsanspruch und der Bereitschaft, neue Wege zu gehen, brachte sie nicht nur auf die Forbes-Liste, sondern machte sie auch *außergewöhnlich erfolgreich*.

Der frühe Fokus auf Nachhaltigkeit

Schon in jungen Jahren hat sich Joanna für das Thema Nachhaltigkeit interessiert. Die Inspiration hat sie bekommen, als sie verschiedene Raffinerien und ähnliche Unternehmen besichtigt hat. Schon damals erkannte sie das Potenzial zur Einsparung an verschiedenen Stellen – und notierte sich ihre ersten Ideen. 2018, mit gerade einmal Mitte 20, gründete Joanna die Environmental Protection Technology for Storage Tanks GmbH. Die Finanzierung erfolgte damals aus eigenen Rücklagen und privaten Krediten. Investoren waren für Joanna keine Option – denn ihr war es immer besonders wichtig, unabhängig zu sein. Außerdem konnte sie so genau steuern, wer in ihrem Unternehmen etwas zu sagen hatte und welche Entscheidungen getroffen wurden – sodass sie ihr Ziel Nachhaltigkeit und Klimaschutz mit voller Überzeugung verfolgen konnte.

Neue Denkweise für jahrzehntelange Standards

Das Hauptgeschäft von Environmental Protection Technology for Storage Tanks ist die Herstellung von schwimmenden Tankdächern für Tanks in Raffinerien, petrochemischen Tanklagern und anderen Anlagen dieser Art. Seit den 60er/70er Jahren nutzen diese für ihre Abdeckungen Schwimmdächer aus Stahl. Allerdings ist Stahl sehr anfällig gegenüber Witterung, sodass es nach einer gewissen Zeit korrodiert. So entstehen Löcher, das Schwimmdach wird instabil und der bisher dicht gelagerte Inhalt verbreitet sich in der Umwelt. Bei chemischen Produkten oder Öl sind das erhebliche Umweltschäden.

Um besagte Umweltschäden zu reduzieren, produziert Joanna mit Environmental Protection Technology for Storage Tanks Schwimmdächer aus glasfaserverstärktem Kunststoff (GFK). Dieses Material ist beständig gegenüber Witterung und in seiner Beschaffenheit ideal für den Einsatz in chemischen und petrochemischen Lagertanks. Joanna und ihr Team bieten diese nachhaltige Lösung für große, international tätige Firmen. So mögen ihre Schwimmdächer zwar etwas kostspieliger sein, dafür wird umso mehr auf Qualität, Präzision und Langlebigkeit der Produkte geachtet. Diese Ausrichtung hat Joanna bewusst gewählt.

In den letzten Jahren wurden bereits mehrere neue Regularien geschaffen, die die Raffinerien und Chemielager vor Herausforderungen stellen, sofern sie sich an den bisherigen Standard gehalten haben. Die nun deutlich strengeren Gesetze – etwa durch die Änderung der *Technischen Anleitung Luft* – spielen Environmental Protection Technology for Storage Tanks dabei in die Karten. Denn aufgrund des bereits vorher festgelegten Qualitätsanspruchs erfüllen Joanna und ihr Team diese Anforderungen bereits.

Die Challenge: durch unkonventionelle Herangehensweisen überzeugen

Die Greentech-Branche gewinnt immer mehr an Bedeutung. Unternehmen, die sich auf nachhaltige Technik und umweltschonende Ideen fokussieren, stehen aber laut Joanna auch unter großem Druck: Sie müssen ständig innovative, ökonomische und zukunftsweisende Lösungen entwickeln. Dabei werden sie jedoch oft missverstanden, da die neuen Ansätze wenig mit den konventionellen Herangehensweisen gemein haben.

Allerdings ist es für viele Entscheidungsträger schwierig, die etablierten Schemata aufzugeben und sich vollends auf ganz andere Technologien zu konzentrieren. Sie suchen lieber einen 1:1-Ersatz für ihr derzeitiges Material. Dieser Ersatz muss aber umweltfreundlich, günstig und effektiv sein und sich problemlos in die bestehenden Prozesse eingliedern lassen. Joanna weiß allerdings, dass man das alte System nicht einfach auf einen umweltfreundlicheren und grüneren Ansatz trimmen kann – sondern dass neue Wege und die Bereitschaft zu unkonventionellen Lösungen die Klimafreundlichkeit am besten maximieren. Das ist die Challenge, die Unternehmen wie Environmental Protection Technology for Storage Tanks bewältigen müssen: Geduld, Überzeugungskraft und Willen mitbringen, um die zu überzeugen, die einen »grünen Ersatz« für ihre bisherigen Prozesse erwarten.

Mit ihren Schwimmdächern aus glasfaserverstärktem Kunststoff hat es Joanna Hajnaj auf Forbes »30 under 30«-Liste geschafft.

Nachhaltigkeit als Überzeugung, nicht als Muss

Die Überzeugung von Nachhaltigkeit und Klimaschutz hat Joanna zur Unternehmerin gemacht. Und genau diese Überzeugung ist es, die für den wirtschaftlichen Erfolg wichtig ist. Ein Unternehmen sollte sich laut Joanna auf Nachhaltigkeit fokussieren, weil es davon überzeugt ist, so den richtigen Weg zu nehmen – und nicht, weil es etwas ist, worauf man heutzutage setzen muss.

Joannas eigener Ansatz war, dass Wissenschaft und Wirtschaft kombiniert eine stärkere Triebfeder in der Bekämpfung des Klimawandels sind als Demonstrationen, Proteste oder die Verhinderung von neuen Projekten. Ihr war es wichtig, ihren eigenen Teil beizutragen und ihr wurde früh klar, was der größte Beitrag ist, den sie leisten kann, um den Klimawandel zu stoppen: Wissen und wirtschaftliche Modelle hinaus in die Welt zu tragen, zu exportieren, das ist die wertvollste Ressource in einem Land wie Deutschland. Und genau dieser Umstand motivierte Joanna dazu, sich zu engagieren und mit Environmental Protection Technology for Storage Tanks einen neuen Weg einzuschlagen.

Nachhaltige Meilensteine auf allen Ebenenen

Gibt es Erfolge, auf die Joanna besonders stolz ist? Da ist einerseits die Entwicklung des Unternehmens. In den vergangenen Jahren hat Environmental Protection Technology for Storage Tanks immer wieder mit großen und namhaften Kunden zusammengearbeitet. Auch die ersten Kooperationen mit ausländische Firmen sind für die Gründerin ein Meilenstein in ihrer Karriere.

Zu Erfolgen zählt für Joanna aber auch ein nachhaltiges Management ihres Personals und der Standorte, an welchen sie arbeitet. Die Einstellung des ersten Mitarbeiters, des zehnten Mitarbeiters oder in jüngerer Vergangenheit die Einstellung von ukrainischen Mitarbeitern haben für sie einen ebenso hohen Stellenwert.

Auszeichnungen motivieren, konzentriert weiter zu arbeiten

Joanna Hajnaj hat in den letzten Jahren einige Auszeichnungen für ihre erfolgreiche Tätigkeit als Unternehmerin erhalten. Den wohl prestigeträchtigsten Titel erhielt sie 2020 als sie Teil der elitären *Forbes 30 under 30* Liste war. Joanna bezeichnet dies als ein überwältigendes Gefühl und außergewöhnliche Wertschätzung der Arbeit, die von ihr und ihrem Team Tag für Tag geleistet wird. Es ist für sie aber auch eine Anerkennung, dass ihre Ideen ankommen und sie mit ihrem Unternehmen auf dem richtigen Weg ist. Auch wenn sie als Einzelperson in diese Liste aufgenommen wurde, betont Joanna, dass der Erfolg nur zusammen funktioniert und ihr Team daran maßgeblichen Anteil hat.

Es spielte aber auch ein wenig Verwunderung mit. Mit dem Firmensitz von Environmental Protection Technology for Storage Tanks in der Uckermark hat sie sich gut anfreunden können. Allerdings ist die Region für viele Deutsche kaum als Heimat innovativer GFK-Anlagen bekannt. Daher freute sie die Auszeichnung von Forbes umso mehr. All das hat aber letztendlich nichts an ihrer Arbeitsweise geändert. Joanna und ihr Team arbeiten weiterhin mit derselben Disziplin und gestärkten Engagement weiter an ihren Zielen. Vorteilhaft war die Auszeichnung dennoch: So haben sich einige Türen geöffnet, um mehr Reichweite für ihre Anliegen zu schaffen.

Der größte Fehler: zu wenig Feuer

Ein Wort, das im Arbeitnehmerbereich sehr weit verbreitet ist, ist für Gründer ein besonderer Pain Point: Work-Life-Balance. Joanna empfiehlt jungen Gründern, dieses Wort aus ihrem Gedächtnis zu löschen. In den ersten Jahren ist es laut ihr wichtig, für die eigene Idee zu brennen und die gesetzten Ziele mit allem Nachdruck zu verfolgen. Dabei müssen auch das Privatleben und die Freizeit ein wenig eingeschränkt werden. Vorher sollte man deshalb genau planen, wie man seine Zeit einzuteilen gedenkt, und dabei dem eigenen Unternehmen einen sehr großen Stellenwert einräumen.

Hintergrund dieser Aussage ist, dass man als Unternehmer in der Anfangsphase ein Multitalent sein und alle Tätigkeiten selbst wahrnehmen muss. Aufgaben, die man liegen lässt, fallen einem später umso schmerzhafter auf die Füße. Daher ist es laut Joanna essenziell, alle Energie und Elan in die Gründung zu stecken und nicht den Fehler zu machen, in einem Nine-to-Five-Verhältnis zu denken. Das mag zwar in der Anfangszeit schwierig sein, langfristig zahlt sich ein solches Engagement jedoch aus.

Der Fokus auf sich selbst als Strategie

Joannas Unternehmen befindet sich in einem konstanten Wachstumsprozess. Sie versucht, ihren Mitarbeiterstab behutsam aber stetig zu vergrößern, um so einen höheren Workload bewältigen zu können. Neue Projekte schaffen neue Referenzen und dadurch wiederum neue Erfahrungen. Mit gemeinsamen positiven Erlebnissen schafft das Unternehmen Synergien und die Möglichkeit, neue Ideen umzusetzen und täglich an der Verbesserung zu arbeiten. Hinter allem steht die Strategie, sich stetig weiterzuentwickeln und die Qualitätsstandards auszubauen.

Mit der weiterhin hohen Qualität geht Vertrauen der Unternehmer einher. Fehler hätten gravierende Auswirkungen, weshalb Joanna und ihr Team mit dem Fokus auf Sorgfalt, Effizienz und Qualität punkten, statt auf Dumping und schnelle Arbeit zu setzen. Die Konkurrenz spielt hierbei eine eher untergeordnete Rolle – Joanna achtet vor allem auf sich, ihr Team und ihr Ziel. Sie möchte ungeachtet der Konkurrenz das Beste bieten können.

Freundlich sein – Vorbilder schaffen

Gibt es einen entscheidenden Tipp, den Joanna angehenden Gründern mitgeben möchte? Die Antwort ist deutlich: freundlich und gut zueinander sein. Gerade die Freundlichkeit fällt im Unternehmen oft sehr schnell ab. Äußere Faktoren wie Stress sorgen dafür, dass man sich ausschließlich auf das Ziel fokussiert und dabei keine Rücksicht mehr auf seine Umwelt nimmt. Das hilft zwar zu einem gewissen Teil, um die Ziele zu erreichen – als Unternehmer ist man allerdings in einer Position, die gleichzeitig auch als Vorbild für die gesamte Belegschaft dient. Das Arbeitsklima darf man nicht als wertlos empfinden, sondern muss es unbedingt schützen. Denn genau das ist für Joanna die unerlässliche Grundlage des Erfolgs – in ihrem Fall sogar des außergewöhnlichen Erfolgs.

JORGE GONZÁLEZ

© Rene Lohse

Jorge González

Mit Zufällen und Passion zum Erfolg

Hola Chicas! – mit dieser Begrüßung wurde Jorge González als Laufsteg-Trainer in der Castingshow *Germany's Next Topmodel* im deutschen Fernsehen bekannt. Inzwischen ist er seit zehn Jahren Juror bei *Let's Dance* und tritt in zahlreichen Shows sowie als Testimonial auf. Mit seinen eigenen Beauty- und Fashion-Kollektionen ist sein Name noch bekannter geworden. Als Unternehmer bedient Jorge verschiedene Bereiche. Damit ist er vor allem eines: *außergewöhnlich erfolgreich.*

Eine Person mit vielen Facetten

Bekannt ist er als Jorge González, sein vollständiger Name ist allerdings noch etwas länger: Jorge Alexis González Madrigal Varona Vila. So vielfältig wie sein Name, so vielfältig sind auch die Aspekte von Jorges Arbeit. Er ist Unternehmer, Entertainer, Businessman, Choreograf, Stylist, Model und vieles mehr in einer Person. In Deutschland vor allem bekannt geworden als Coach bei *Germany's Next Topmodel* und Juror bei *Let's Dance*, ist er inzwischen aus der nationalen TV-Landschaft nicht mehr wegzudenken. International ist er bei »E! Entertainment» eine feste Größe und machte Furore bei der US-Show »The World's Best» (CBS) moderiert von James Corden. Ebenso schwingt er seit 2022 auch die Kelle am Jurorentisch bei *Let's Dance* in der Slowakei. Doch auch darüber hinaus begegnet man seinem Namen das ein ums andere Mal. In der Mode, der Kosmetik – und auch, wenn man selbst Künstler ist. Denn Jorge hat schon seit über 20 Jahren eine Agentur für Künstler-Management, die verschiedene bekannte deutsche Namen vertritt und bei der er selbst auch Klient ist.

Von Kuba nach Europa

Jorge wurde 1967 in Kuba in der Provinz Sancti Spíritus geboren. Bereits als Teenager fasste er den Entschluss, seine Heimat verlassen und in Europa studieren zu wollen. Grund dafür war seine Homosexualität, die er damals noch geheimhielt und die in Kuba gesellschaftlich nicht akzeptiert wurde. Mit 17 Jahren zog es Jorge in die damalige Tschechoslowakei an die Comenius-Universität in Bratislava. Dort hatte er zunächst die Auswahl zwischen zwei großen Fachbereichen für sein Studium: einerseits den ingenieurtechnischen Bereich, andererseits den naturwissenschaftlich-biologischen Schwerpunkt. Letzterer wurde es am Ende und Jorge studierte im Studiengang »Atom-Nuklearökologie« (*Ochrana a tvorba životného prostredia – nukleárna ekológia*). Wie er selbst sagt, wusste er anfangs gar nicht, was es damit auf sich hatte, fand aber, dass es interessant klang.

Er hatte sich vorgenommen, ein guter Student zu sein, aber – wie jeder Student – wollte auch Jorge sich damals nebenbei etwas dazuverdienen. Obwohl es ihm eigentlich nicht erlaubt war, tanzte Jorge und modelte auch neben dem Studium. Letzteres entstand durch Zufall, machte ihm aber besonders Spaß und brachte ihm leicht verdientes Geld ein. Der Fokus lag allerdings weiterhin auf dem Studium, das Jorge 1991 mit dem Magister und Bestnote abschloss.

Die Erfindung des Chica-Walks als Inspiration fürs Business

Modeln macht Jorge einfach Spaß. Schon in Studienzeiten entstand der »Chicas Walk«, der später zu Jorges Markenzeichen wurde. Auch hier war wieder der Zufall im Spiel: Bei einem Konzert sollte die Tanzchoreographie einstudiert werden, allerdings hatten die Tänzerinnen Schwierigkeiten damit, die Bewegungen auf den High Heels umzusetzen. Jorge selbst schnappte sich ein Paar High Heels und zeigte ihnen, wie die Choreographie aussehen sollte.

Aus dieser Begebenheit entstand bei Jorge die Idee, die seinen weiteren Weg maßgeblich bestimmen sollte: Er brachte Frauen das Laufen und Tanzen auf High Heels bei. Somit baute er sein erstes Unternehmen gegen Ende der 1980er-Jahre auf mit dem Ziel, zusätzlich Geld zu verdienen, auch als Stylist. Das wiederum führte dazu, dass er sich in den folgenden Jahren als Catwalk-Trainer für Models etablierte – auch wenn ihm die Berufsbezeichnung damals nicht geläufig war. Er tat einfach das, was er gut konnte und woran er Spaß hatte. Er verließ den ehemaligen Ostblock in Richtung Westen und strandet Anfang der 90er Jahre in Hamburg. Seine guten Kontakte in die Modewelt halfen ihm von Beginn an. Er arbeitete projektweise für Gianni Versace, Vivienne Westwood und Laura Biagiotti und wurde der persönliche Stylist zahlreicher Persönlichkeiten der Hamburger Gesellschaft.

Der Topmodel-Coach stiehlt die Show

2009 führte Jorges Weg ihn für ein größeres Projekt zum Fernsehen. Ein Freund aus dem Designbereich suchte Agenten in Deutschland für eine Sendung mit Heidi Klum, hieß es damals. Jorge reichte seine Daten bei den Produzenten der Show ein. Alles ging sehr schnell und er bekam umgehend die Zusage als Laufsteg-Coach bei *Germany's Next Topmodel*. Innerhalb von zwei Tagen, erinnert sich Jorge, wurde alles geregelt. Mittwochmorgen bekam er die Zusage, Freitag brauchte man ihn bereits zum Coaching in Los Angeles. Er kannte die Sendung bis dahin nicht gut, entschied sich aber, das Risiko einzugehen und es zu versuchen.

Dass es geklappt hat, ist bekannt. Jorge wurde im Handumdrehen der heimliche Star der Castingshow. Mit seiner typischen Begrüßung »Hola Chicas«, seinen Fähigkeiten auf High Heels und seiner offenen Art mauserte er sich zum Publikumsliebling und machte sich in Deutschland bei einer breiten Masse an Menschen bekannt.

Seine gute Laune und sein Können auf High Heels haben Jorge González zum Publikumsliebling gemacht.

Die Leidenschaft führte zum Erfolg

Es folgten weitere Auftritte in der deutschen TV-Landschaft, seit 2013 sitzt Jorge als Juror am Benotungstisch von *Let's Dance*. 2023 sitzt er so bereits in der 11. Staffel mit Motsi Mabuse und Joachim Llambi am Jurorenpult. Die Jury gilt damit als die weltweit am längsten bestehende Jury Konstellation. Das Format ist einer der quotenstärksten Dauerbrenner, weshalb es schon im dritten Jahr auf Deutschland-Tournee die großen Hallen in Deutschland bespielte – jedes Jahr ausverkauft. 2022 ist Jorge González auch erstmals in der Slowakei Teil der Let's-Dance-Jury und mischt das Land mit seiner unverwechselbaren, einzigartigen Art auf. Da liegt der Verdacht nahe, dass er jetzt eigentlich TV-Star ist. Jorge sieht sich selbst allerdings weiterhin als Unternehmer, der verschiedene Hebel bedient. Fernsehen, Film, Kreator, Künstler, Model, Trainer – das sind alles Aspekte, die ihm gefallen. Dinge, die ihn mit Leidenschaft erfüllen. Und Dinge, die er nun schon seit mehr als zehn Jahren ausleben kann. Kooperationen mit Partnern kommen daher inzwischen sehr schnell. Die Interessenten suchen ein bestimmtes Profil für ihr Event, ihr Produkt oder ihre Show. Jorge ist stolz darauf, einer der wenigen deutschen Künstler zu sein, die sich recht schnell als Testimonial von großen Unternehmen etablieren konnten.

Etablieren konnte sich auch seine persönliche Marke. Jorge betreibt Business in allen Facetten, alles ist Teil seines Lifestyles. Er genießt es, von der Idee bis zur finalen Umsetzung an allen Prozessen der Entstehung beteiligt zu sein. Das gilt übrigens auch, wenn er gebeten wird, als Werbegesicht zu fungieren. Ihm ist es wichtig, in das komplette Konzept involviert zu sein. Wie er selbst sagt, macht ihm das viel Spaß, auch wenn es mehr Arbeit ist, aber es funktioniert erfolgreich.

Eine Collage aus Highlights

Gibt es in diesem bisher so *außergewöhnlich erfolgreich*en Werdegang auch Meilensteine? »Geile Momente« gibt es laut Jorge viele. So erinnert er sich gerne daran, als er zum ersten Mal bei *Germany's Next Topmodel* live aufgetreten ist und ihm tausende Menschen zugejubelt und seinen Namen skandiert haben. Dabei ist er bei diesem Auftritt sogar ausgerutscht und schmerzhaft auf dem Allerwertesten gelandet – das Publikum hat ihn trotzdem gefeiert. Es sind aber auch die kleinen Momente, die ihm den Tag versüßen. Wenn Menschen verschiedenster Altersklassen ihn auf der Straße mit »Hola Chica« begrüßen, wenn er bei *Let's Dance* in der Jury mit seinen Kollegen Spaß hat oder wenn Kooperationen besonders angenehm verlaufen.

Das alles hat ihn auch dazu bewegt, etwas zurückgeben zu wollen. So engagiert sich Jorge für PETA, das SOS-Kinderdorf und bereits seit einigen Jahren im Bereich der Kinderkrebshilfe. Für die Organisation »Knack den Krebs« hat er hierfür unter anderem über den RTL-Spendenmarathon (RTL – Wir helfen Kindern) 660.000 Euro Spenden zusammengetragen. Es freut ihn, dass er seinen Namen und seine Marke für etwas Gutes nutzen kann. Er stattet auch Krankenhäusern und betroffenen Familien Besuche ab und steht mit ihnen im engen Kontakt. Wie er selbst betont, entstehen dabei auch neue Freundschaften – und es sind ebenso schöne Momente wie die, die er bei seinen Auftritten im Fernsehen erlebt. Die Kernessenz des Ganzen für Jorge: Er hat etwas geschaffen, das nicht nur für ihn selbst wichtig ist, sondern auch anderen hilft. Und das macht ihn immer wieder aufs Neue glücklich.

Fehler als Teil des Weges

Bei einer so langen Karriere stellt sich natürlich die Frage nach den gemachten Fehlern. Würde Jorge im Rückblick etwas anders machen, wenn er die Situation neu erleben würde? Klare Antwort: Nein. Er bereut nichts, denn er ist sich sicher, dass Dinge aus einem Grund passieren. Er ist stets darauf fokussiert, aus dem Moment zu lernen und so im Nachhinein schlauer zu sein. Rückblickend reflektiert und analysiert er Ereignisse oder Momente und zieht seine persönliche Konsequenz daraus. So geht er ähnliche Situationen in Zukunft vielleicht anders an, aber er bereut seine Fehler nicht. Denn auch diese haben ihn zu der Person gemacht, die er heute ist.

Mit dem Markenzeichen High-Heel arbeiten

Jorges Markenzeichen ist seit Jahren der High-Heel . Dieser ist Teil des Chica-Walks, durch den er bekannt geworden ist. Auch wenn Jorge seit Jahren nicht mehr in der Castingshow von Heidi Klum vertreten ist, verknüpfen viele den High-Heel automatisch mit seiner Person. Bis heute hat er sich diese Bekanntheit bewahren können. Einfach dadurch, dass er auch selbst wirklich auf diesen Schuhen laufen und tanzen kann. Was ihn ausmacht, ist seine Echtheit.

Der Stöckelschuh ist auch ein wiederkehrendes Symbol seiner persönlichen Marke. Beispielsweise hat Jorge Parfums herausgebracht, die in Stöckelschuh-förmigen Behältern aufbewahrt werden. Seine persönliche Marke zeigt Jorge, wie fast jeder, auch bei seinen Social-Media-Auftritten. Damit kommt man heutzutage nicht mehr aus. Seine potenziellen Kunden beobachten, wie er sich in den sozialen Netzwerken bewegt und bilden sich darüber eine Meinung. Ihm selbst ist es wichtig, so authentisch wie möglich zu sein. Das bedeutet einerseits, sein Business als Teil seines Lebens zu präsentieren, aber auch immer wieder Momente aus seinem Privatleben einfließen zu lassen, beispielsweise durch Fotos von oder mit seinem Hund Willie.

Jorge mit seinem Markenzeichen: dem High Heel.

Den Weg weitergehen und sich selbst entwickeln

Trotz der bereits länger andauernden erfolgreichen Karriere sieht sich Jorge noch nicht am Ende seines Weges. Er ist überzeugt davon, dass es noch einiges zu lernen gibt und er fühlt sich immer noch wie in seinen Zwanzigern. Da sich die Welt verändert, wird es stetig neue Entwicklungen geben. Und er möchte die Lust und Neugier, an und mit diesen Entwicklungen zu arbeiten, nicht verlieren. Dabei geht Jorges Blick auch auf die heranwachsenden Generationen und die, die noch folgen. Was passt hier bei ihnen und ihm zusammen, wie kann er etwas Neues beisteuern? So möchte er sich als Marke weiterentwickeln, damit er immer in einer neuen Generation bekannt ist. Er möchte Lücken finden und füllen. Die Voraussetzungen dafür: gesund bleiben, die Lebensfreude beibehalten sowie mit Leidenschaft und Herz dabei sein.

Geheimrezept: Kraft entwickeln, um Ziele zu erreichen

Was aber war Jorges Geheimrezept, um so erfolgreich zu werden, wie er es heute ist? Das Wichtigste sei das Selbstvertrauen, erklärt er. Man solle nicht versuchen, jemand anderes zu sein, sondern sich selbst so lieben, wie man ist. Wie sich das aufbauen lässt? Jeden Morgen in den Spiegel gucken und sagen »Du bist gut so, wie du bist.« Sein Mantra seit Kindestagen. Mit dem Selbstbewusstsein kommt das Vertrauen, eigene Ideen zu entwickeln und diese realisieren zu können. Entscheidend dabei: Alles muss von Herzen kommen. Man muss seine Ideen selbst glauben, leben und spüren. Wenn es einem gelingt, diese Kraft zu mobilisieren, kann man erfolgreich sein – oder, wie im Fall von Jorge, auch *außergewöhnlich erfolgreich.*

JENNIFER BAUM-MINKUS

Gitti

© Patrycia Lukas

Jennifer Baum-Minkus

Ihre Beautymarke gitti revolutioniert den Beauty-Markt

Mit ihrer Marke gitti Conscious Beauty steht Jennifer Baum-Minkus für einen Wandel in der Gesellschaft. Sie repräsentiert eine Bewegung, bei der der Preis oder Look eines Produktes nicht mehr als Verkaufsargument reicht. Alte und neue Generationen wünschen sich heute stattdessen Unternehmen, die Position beziehen und mehr erreichen als nur den Verkauf vieler Produkte. Nachhaltigkeit, Diversität, Authentizität und Transparenz – für all diese Dinge setzt sich die Powerfrau mit gitti ein. Dabei denkt sie ein Produkt, welches seit Jahren trotz schlechter Inhaltsstoffe weit verbreitet ist, völlig neu. Mit cleanem Nagellack *außergewöhnlich erfolgreich* werden – das ist das Geheimnis von Jennifer Baum-Minkus.

Lebensmittel, Kleidung und beim Urlaub – in vielen Bereichen des Lebens achten wir heute bereits stark auf Produktionsbedingungen, Inhaltsstoffe und Nachhaltigkeit. Auch Jennifer Baum-Minkus ist ein Mensch, dem diese Dinge wichtig sind. Doch damals gibt es einen Bereich, den sie bislang völlig unterschätzt hatte.

Die alles verändernde Frage und die Ideenfindung

Wie ging die Geschichte von Jennifer überhaupt los? Bei einem Abendessen im Januar 2018 wird der jungen Frau eine spannende Frage gestellt: »Was würdest du tun, wenn du keine Angst hättest?« Einen Fallschirmsprung, den Job wechseln oder ins Ausland ziehen – viele Menschen hätten sicher eine Bandbreite an Abenteuern, die sie als Antwort darauf parat hätten. Doch Jennifers erster Gedanke, der ihr in diesem Moment in den Kopf geschossen kommt: Glitzernagellack. Dabei ist sie gar kein heimlicher Fan von Glitzernagellack, jedoch war es das Erste, woran sie denken musste. Peinlich berührt antwortet sie stattdessen einfach: »Coole Frage, aber da muss ich erst einmal überlegen.«

Doch der Blitzgedanke reift noch in derselben Nacht heran. Um 4 Uhr nachts schnappt sie sich also ihren Laptop, setzt sich in die Küche und recherchiert das erste Mal in ihrem Leben zu Nagellack. »Ehrlich gesagt, es fühlt sich an, als wäre ich seitdem vom Blitz getroffen«, so Jennifer. Sie findet heraus, welche Inhaltsstoffe in herkömmlichem Nagellack stecken und ist sich sicher, dass sie etwas ändern muss. Vorher ist sie bei Coca-Cola im Bereich Employer Branding und Talent Management angesiedelt, doch in diesem Augenblick sollte sich ihre berufliche Zukunft für immer verändern und sie zu einer der bekanntesten Geschäftsführerinnen im Bereich Conscious Beauty werden.

Nagellack – diesen Risiken setzen sich viele Menschen täglich aus

Traditioneller Nagellack füllt die Regale der deutschen Drogeriemärkte. Bunte Farben von Neon bis Nude-Tönen – die Auswahl ist riesig. Auf der Recherche nach weniger schädlichem Nagellack wird Jennifer nicht fündig, es gibt kein Produkt, was ihren Bedürfnissen gerecht wurde. »Ich habe es dann zu meiner Mission gemacht, selbst etwas zu entwickeln und auf den Markt zu bringen«, so die Gründerin. Der Startschuss für gitti war gefallen, bei der Namensfindung wurde Jennifer vom Vornamen ihrer Mutter Brigitte inspiriert.

Wer selbst schon einmal Nagellack aufgetragen hat, der weiß, ein beißender Geruch geht damit meist einher. Viele sind sich jedoch nicht bewusst, was tatsächlich in den kleinen Fläschchen steckt, deren Inhalt direkt auf dem Körper aufgetragen wird. Die enthaltenen Stoffe können krebserregend sein, den Hormonhaushalt durcheinander bringen oder tierischen Ursprungs sein. Diese sollten dort eigentlich nichts verloren haben, denn Fischschuppen oder Schildläuse möchten sicher die wenigsten auf ihren Fingernägeln tragen.

Erste Schritte – Die gitti Nagelfarbe entsteht

Gestartet ist alles mit einer Excel-Tabelle – das klingt zunächst nicht sehr kreativ, doch sie ist die Basis für die Nagelfarbe, der heute im Shop von gitti erhältlich ist. Jennifer erstellt so eine Liste mit allen Inhaltsstoffen, die entweder verwendet oder eben nicht verwendet werden dürfen. Mit diesen Ergebnissen fragt sie bei verschiedenen

Laboren an, doch die Antwort ist bei vielen niederschmetternd. Die Absagen wurden meist damit begründet, dass ihre Vorstellungen einfach nicht umsetzbar seien. Doch Jennifer gibt nicht auf und findet ein Labor in Frankreich, das sich mit ihr auf die Reise begibt. »Für das Vertrauen bin ich unendlich dankbar«, sagt sie selbst.

Heute gibt es die gitti Nagelfarbe in zwei Versionen als Alternative zu den herkömmlichen Produkten. Eine pflanzenbasierte Formel, die besonders lange hält, sowie eine wasserbasierte Formel, die durch Geruchsneutralität besticht und eher für einen schnelllebigen Alltag gedacht ist. Alle sind mit dem Stichwort »19-free« betitelt, das bedeutet, dass auf 19 bedenkliche Inhaltsstoffe verzichtet wird, die in herkömmlichen Nagellacken vorkommen können. Außerdem sind die Lacke auch vegan und eco-friendly. Die erste Kollektion wird im April 2019 gelauncht und ist innerhalb von 2 Stunden ausverkauft und auch die kommenden Farben werden immer beliebter.

Die Farbpalette der Produkte ist heute ebenfalls sehr umfangreich.

Das Verbreiten der Message

Auch auf den Medienkanälen sollte die Vision und Mission von gitti verbreitet werden. So hat Jennifer das Thema Conscious Beauty bereits von Anfang an die Zielgruppe kommuniziert. »Es war klar, wir müssen offen für einen Dialog sein und auch die Möglichkeiten hierzu schaffen.«, erklärt Jennifer. Begonnen wurde mit Instagram, schnell folgten LinkedIn, Pinterest und TikTok, verschiedene Newsletter und auch ein eigenes Online-Magazin »the good good«. Ziel ist es, aufzuklären und relevanten Content zu den Themen Naturkosmetik, Nachhaltigkeit und dem Conscious Lifestyle zu geben.

Der enge Kontakt zum Kunden bleibt

Die Produkte von gitti werden hauptsächlich online vertrieben. Jennifer ist das auch ganz besonders wichtig, sie möchte die Nähe zum Kunden nicht verlieren. Das Modell ist also Direct to Consumer. Ein paar wenige Offline-Reseller wie das KaDeWe in Berlin, The Store im Soho House Berlin oder im Ivy & Oak Store gibt es, jedoch ist dort nicht das gesamte Portfolio vertreten. Auch andere Online-Partner-Stores wie Niche Beauty, Flaconi oder Breuninger bieten einige der Nagelfarben an. Durch die digitalen Kanäle kann das mittlerweile über 40-köpfige Team besser mit den Kunden im Austausch sein, das spielt auch bei der Produktentwicklung eine große Rolle. Auf der Ursprungs-Plattform Instagram arbeitet gitti auch eng mit Influencern und anderen Ambassadors zusammen. Diese verbreiten die Marke weiter und machen damit auch die Produkte und die Message bekannter. Immer mehr potenzielle Kunden zu erreichen, das ist die Idee hinter der Plattform.

Finanzierung durch echte Experten

Jennifer kann auf die Unterstützung zahlreicher Partner zurückgreifen. Dazu gehören beispielsweise Beate Fastrich als ehemalige Geschäftsführerin bei Estée Lauder Companies Deutschland, Christoph Cordes, Co-Gründer von Flink und Mirko Caspar, Co-CEO bei Mister Spex. Weitere Beauty-Expertise kommt von Christoph Honnefelder, Geschäftsführer bei Flaconi und Caren Genthner-Kappesz, ehemalige Globale CEO Glossybox, und vielen mehr. Bei der Gründung hat Jennifer keinerlei Erfahrung im Beauty-Bereich, sie beweist somit, wie viel man erreichen kann, wenn man die richtigen Partner an seiner Seite hat und genug Willenskraft besitzt.

In der Mitte des Jahres 2021 startet Jennifer ihre jüngste Finanzierungsrunde für gitti. In der Series A Finanzierungsrunde überzeugt sie zahlreiche Venture-Capital-Investoren und sammelt 6,9 Millionen Euro ein. Das Geld soll vor allem für die Internationalisierung verwendet werden und das Produktportfolio sowie das Team vergrößern. Einige der Partner aus der Vergangenheit sind hier erneut involviert.

Die Teilnahme bei Die Höhle der Löwen

Auch in der TV-Sendung »*Die Höhle der Löwen*« sucht Jennifer im Jahr 2020 nach passenden Investoren und kann ohne Ausnahme alle Juroren von sich überzeugen. Sie erhält fünf Angebote. Jeder bietet ihr 300.000 Euro für 8 Prozent der Unternehmensanteile, eine wahnsinnige Erfahrung für das junge Unternehmen. Das Feedback ist überwältigend und Judith Williams und Dagmar Wöhrl dürfen sich mit Jennifer über ein geplantes Investment freuen. Auch wenn der Deal später platzen wird, bereut die Gründerin ihre Teilnahme überhaupt nicht – ganz im Gegenteil: »Das hat uns auch noch mal bestärkt, dass wir mit gitti auf dem richtigen Weg sind. Wir sind quasi über Nacht noch mal einen guten Sprung bekannter geworden. Trotzdem ist das jetzt, wenn wir zurückblicken, nur ein kleiner Teil unserer Reise.«

Die Produktpalette wird größer und der Erfolg steigt

Neben den Klassikern, den Nagellacken, können Kunden jetzt auch weitere Produkte von gitti erwerben. Jennifer und ihr Team arbeiten intensiv an weiteren Neueinführungen von Conscious Beauty. Das Portfolio soll also um Make-Up aber auch Skincare-Produkte erweitert werden. Handmaske, Face-Cleaner oder Feuchtigkeitspflege bis hin zu Lippenstiften, Mascara und Lidschatten gibt es bereits. Doch Jennifer möchte ihren Kunden eine Produktpalette bieten, die eine gesamte Conscious-Beauty-Routine abbildet. Auch die Internationalisierung wird immer weiter vorangetrieben. So ist gitti mittlerweile in 16 Ländern erhältlich, weitere sind bereits geplant.

Mehr als nur Verkaufen

»Von Anfang an war es mir wichtig, dass gitti eine Marke für alle Menschen ist.«, so Gründerin Jennifer. Die Umsetzung dessen verfolgt sie mit allen Mitteln, die ihr zur Verfügung stehen. Besonders stolz macht sie die Auswahl der Content Creators, mit denen sie zusammenarbeitet. Auch bei allen Produkten und der Vermarktung achtet das Team darauf, alle Kunden anzusprechen und sie dort abzuholen, wo sie gerade sind. »Diversität ist für uns selbstverständlich und fließt in alles ein, was wir machen – intern und extern.«

Auch beschreibt Jennifer es heute als absolutes Muss, sich intensiv Gedanken über die eigene Lebensweise zu machen. Nachhaltiger und bewusster zu leben gehört für sie einfach dazu – ein Ziel, das sicher viele haben. »Unser schöner Planet hat nicht die Ressourcen, die wir gerade alle nutzen. Es ist wichtig, dass alle Unternehmen sich daran beteiligen, diesen Weg können wir nur gemeinsam gehen. Nachhaltigkeit ist kein Trend auf den wir jetzt alle aufspringen sollten, sondern eine Unternehmensstrategie, die sich nicht nur im Marketing widerspiegeln darf.«

Zahlreiche überwundene Steine auf dem Gründungsweg

Jennifer hatte auf ihrer Reise mit gitti mit einigen Herausforderungen zu kämpfen, denn ihre Unternehmensziele sind hoch gesteckt. Ein Startup zu gründen in einem Feld, welches für sie völlig neu war – keine leichte Aufgabe. Während der Pandemie dann stand vor allem das Team im Fokus. Dieses ist in den vergangenen Jahren stark gewachsen und es musste ein Teamgefühl hergestellt werden, ohne den alltäglichen Plausch auf dem Flur abhalten zu können.

Doch bislang hat Jennifer ihre Herausforderungen mit Bravour gemeistert. Alle Personen, die hinter gitti stehen, haben eine große Vision und sind noch lange nicht da, wo sie gerne hinwollen, sagt die Gründerin selbst. »Ich habe das Glück an etwas zu arbeiten, von dem ich wirklich überzeugt bin und das gibt mir viel Kraft und Durchhaltevermögen – auch in schwierigen Situationen. Und das macht gitti zu etwas ganz Besonderem.« Eines ist sicher: von Jennifer kann sich jeder Gründer eine Scheibe abschneiden. Die junge Frau konnte bereits viele Tipps in den Jahren als Unternehmerin sammeln. Einer davon ist sicher dieser: »Holt euch tolle Partner an die Seite und in euer Team, die eure Schwächen ausgleichen!« Auch die eigene Einstellung ist wichtig. Sie selbst gehört zum Team »Machen statt lange überlegen« und kann sich gut auf ihr Bauchgefühl verlassen. Und ihr außergewöhnlicher Erfolg beweist: Die Strategie geht auf.

RICK AZAS

tricksmitrick

Rick Azas

Vom Showartisten zum Content Creator

Es fing alles damit an, dass Rick Azas über Social Media Sportklamotten bewerben und Tutorials für Sportübungen drehen wollte. Dass sich daraus eine *außergewöhnlich erfolgreich*e Geschichte entwickeln würde, hat er in diesem Maße auch nicht erwartet. Mit mehr als 7 Millionen Followern auf TikTok hat er sich inzwischen aber als Content Creator Rick Azas bzw. *tricksmitrick* einen Namen gemacht. Dabei geht es inzwischen um weitaus mehr als Sport auf seinen Kanälen.

Rick Azas war schon vor seiner Zeit als Content Creator in unterschiedlichen Bereichen unterwegs. So hat er als professioneller Showartist gearbeitet, als Sportmodel und auch einige Stuntjobs absolviert. Er selbst sah sich aber immer als Unternehmer und wollte seine eigene Firma auf die Beine stellen. Bereits im Alter von 16 Jahren begann er, parallel zur Schule in verschiedenen Shows aufzutreten und konnte bereits mit 18 Jahren nach der Schulzeit Vollzeit von seiner Kunst leben. Dieser Weg mündete schließlich in seiner eigenen Modelinie für Sportklamotten – und diese wollte er dann erfolgreich bewerben.

Aufbau einer Community

Und das war auch eigentlich seine Hauptintention, seine ersten Videos auf TikTok hochzuladen. Denn das ursprüngliche Ziel war, seine Modemarke zu bewerben und sich hierfür eine Community aufzubauen. Das Mittel der Wahl: kurze Videos, in denen er Comedy und Sport vereinte. Damit landete er dann einen Volltreffer und baute sich innerhalb kurzer Zeit eine starke Followerzahl auf.

Mit Beginn der Corona-Pandemie allerdings wurde es zunehmend schwieriger für Rick, seinen Kanal auf TikTok mit dem bisherigen Content zu bespielen. Denn infolge des Lockdowns war es für ihn nicht mehr möglich, in die Turnhallen zu gehen, in denen er vorher immer gedreht hatte. So begann er, von zu Hause seinen Content zu liefern und auch das Leben in seiner Berliner WG immer wieder zu präsentieren. So kristallisierte sich bald die Erkenntnis heraus, dass seine Personal Brand immer beliebter wurde. Anfangs legte Rick noch den Fokus auf TikTok, wo er heute über 7 Millionen Follower hat, und fügte erst später weitere Social-Media-Kanäle hinzu, um sein Portfolio zu diversifizieren.

Mit verschiedenen Strömen zum außergewöhnlichen Erfolg

Heute besitzt Rick unterschiedliche Standbeine in den sozialen Medien, mit denen er Geld verdient. Dazu zählen etwa die Programme der Plattformen wie der Creator Fonds auf TikTok oder dem Fonds *YouTube Shorts*, bei dem Content Creator mit kreativen und originellen Kurzvideos begeistern und dafür einen Anteil aus dem Fonds erhalten. Außerdem sind die Werbeanzeigen auf YouTube eine große Einnahmequelle. Ebenfalls möglich wäre eine Paywall für Ricks Tutorial-Videos – das hat er bisher aber noch nie gemacht.

Mit artistischen Einlagen hat sich Rick Azas auf den sozialen Medien einen Namen gemacht.

Die lukrativste Einnahmequelle hingegen sind Kooperationen mit und für verschiedene Brands. Sprich, Rick tritt auf anderen Kanälen als Testimonial für ein Produkt auf oder er bewirbt dies auf seinem eigenen Kanal. Auch eine Marke, die völlig losgelöst von der Person Rick Azas existieren kann, ist geplant. Allerdings gibt es hier noch keine konkreten Pläne, da das perfekte Produkt noch nicht gefunden wurde und die Planung entsprechend durchdacht sein sollte.

Viel Content bedeutet auch viel Arbeit

Neben den zahlreichen Einnahmequellen gibt es allerdings auch unterschiedliche Ausgabefaktoren zu beachten. War es anfangs noch so, dass Rick sämtliche Aufgaben – von der Organisation und dem Management bis hin zur Erstellung und Nachbereitung seiner Videos – selbst durchgeführt hat, braucht er aufgrund des hohen Outputs ein Team an seiner Seite: Ein Management, das ihm bei der Koordination seiner Termine hilft, ein Cutter, der seine Longform-Videos für YouTube zusammenschneidet, ein Designer für Thumbnails oder andere Bilder und Grafiken oder auch ein Set Assistant, der dafür sorgt, dass an einem Drehtag alles bereitsteht, was für den Dreh benötigt wird.

Hinzu kommen außerdem Ausgaben für beispielsweise Upgrades von Equipments. Wo man für TikTok noch mit einer guten Handykamera auskommt, stellen ausführlichere Videos auf YouTube eine ganz andere Herausforderung an die Bildqualität, weshalb auch mal schnell eine neue Kamera besorgt werden muss. Auch Reisen zu Events oder anderen Terminen müssen bezahlt werden. Laut Rick ist die Arbeit an seinen Social-Media-Kanälen vergleichbar damit, ein kleines Unternehmen zu führen: Es fallen Kosten für Mitarbeiter, Equipment und Reisen an.

Ohne Risiko geht es nicht

Eine Frage, die oft im Zusammenhang mit der Tätigkeit als Content Creator auftaucht ist das Thema Jobsicherheit und finanzielle Absicherung. Wie sicher ist man als Star auf Social Media? Nicht ohne Grund haben viele Influencer und Content Creator ihre Karriere erst als Hobby oder Nebenberuf gestartet und sich im Laufe der Zeit zu festen Größen im Business entwickelt. Anders Rick Azas: Er bezeichnet sich selbst als risikofreudigen Menschen. Deshalb hat er bereits nach den ersten Deals geplant, seine Präsenz auf Social Media größer aufzuziehen und seinen Content zu erweitern. Infolgedessen zog er nach Berlin, obwohl die Finanzierung damals nicht vollständig gesichert war.

Ohnehin war Rick bereits vorher nicht ohne Risiko unterwegs. Als Showartist hatte er keinen festen Arbeitgeber, sondern lebte von den Aufträgen, seinen Besuchen auf Events. Letztlich wurde dieser Geschäftszweig durch den Corona-Lockdown auf Eis gelegt, da keine Veranstaltungen stattfinden durften. Allerdings hatte sich Rick auch ein kleines finanzielles Polster aufgebaut, das ihm damals besonders half. So war er auch nie gezwungen, eine Kooperation mit Investoren einzugehen, um seine Kanäle weiter finanzieren zu können. Grundsätzlich weiß Rick einfach: Es geht nicht ohne Risiko.

Hinter vielen Videos steckt umfangreiche Planung

Wie aber kommt Rick an die Ideen für seinen Content? Ist alles genau geplant oder entscheidet er sich spontan, Videos zu bestimmten Themen zu drehen? Für TikTok gilt im Normalfall Letzteres. Die kurzen Clips, die er auf der Plattform hochlädt, entstehen im Affekt oder sind sehr kurzfristig (mit einem Tag Vorlaufzeit) geplant. So lassen sich auch besonders gut Trends auf dem Kanal aufnehmen. Dabei ist Rick aber besonders wichtig, nicht nur einfach einen Trend nachzuahmen, sondern ihn auf sich und seinen Kanal zu beziehen und entsprechend zu adaptieren.

Grundsätzlich arbeitet Rick allerdings mit langfristiger Planung, ausführlichen Brainstormings und durchdachten Konzepten für seine Videos. Entscheidend sind dabei eine hohe Relevanz für seine Follower und eine zu ihm passende Thematik. Auch bei seinen Tutorials früher machte er sich vorab Gedanken, welche Themen vielleicht viele Leute ansprechen können und wie er besagte Themen richtig erklären kann. Seit Rick sich auf seine Personal Brand fokussiert, enthalten seine Videos deutlich mehr Storytelling – dennoch verfolgt er oft einen Plan, um verschiedene Themenbereiche miteinander zu verknüpfen.

Die große Herausforderung: stetiger Wandel

Wie aber managt man es, mehrere Social-Media-Kanäle richtig zu bespielen? Es sei keine Lösung, jedes Video einfach überall hochzuladen, erklärt Rick. Manche Themen seien einfach exklusiv auf eine Plattform ausgelegt und sollten auch nur dort ausgespielt werden. Bei anderen wiederum sucht er nach Schnittstellen zwischen YouTube, TikTok und Instagram. Der Hintergedanke: Wer das YouTube-Video mag, wirft vielleicht auch einen Blick auf den Post auf Instagram. Oder wer den Clip auf TikTok sieht, möchte vielleicht die ganze Story auf YouTube erfahren. So variiert die Art der Aufbereitung je nach Thematik des Videos. In Stein gemeißelt ist dabei nichts. Alleine die Veränderungen der letzten Jahre haben Rick gezeigt, dass die sozialen Medien ständig im Flow sind und sich weiterentwickeln. Das Gleiche strebt er auch an.

Je breiter aufgestellt, desto besser

Was sind Ricks Strategien, um auch langfristig *außergewöhnlich erfolgreich* zu bleiben? Wie beim Investieren ist es ihm besonders wichtig, zu diversifizieren. Er möchte sich so aufstellen, dass er finanziell abgesichert ist, auch wenn eines seiner Standbeine keinen oder deutlich weniger Gewinn mehr einbringt. Das kann z. B. durch die Schließung der Plattform passieren, die Sperrung durch die Plattform oder dadurch, dass den Usern der Content nicht mehr gefällt. Rick möchte sich bestmöglich aufstellen und langfristig etablieren. Denn klar ist: Man kann die Zukunft der Standbeine in den sozialen Medien schwer prophezeien.

Wie Rick das gelingen soll? Er will immer an sich arbeiten und sich vor allem immer mit dem identifizieren können, was er tut. Dazu zählt auch, sich Pausen zu nehmen und das Arbeitsumfeld richtig zu gestalten, um den sogenannten Creator Burnout zu vermeiden. Viele Content Creator kamen bereits mit dem Druck, regelmäßig neuen Content liefern zu müssen, nicht mehr zurecht und benötigten eine Auszeit. Der Wiedereinstieg war dann besonders schwer. Rick möchte seinen Output langfristig aufrechterhalten. Darüber hinaus arbeitet er an seiner PR und versucht, über die sozialen Medien hinaus Bekanntheit zu erlangen und auch in den klassischen Medien Fuß zu fassen. So war er beispielsweise schon bei der ProSieben-Show *Zervakis & Opdenhövel* zu Gast. Das Kernziel: Einzigartig bleiben, damit niemand seinen Job machen kann – außer ihm selbst – und seinen Followern Content mit Mehrwert bieten.

Fehler als Learnings, Meilensteine als Belohnung

Rückblickend ist sich Rick sicher, keine allzu gravierenden Fehler begangen zu haben. Natürlich hat auch er Fehltritte in seiner Vita zu verbuchen. Allerdings haben diese ihm nur geholfen, entsprechende Learnings daraus zu ziehen und gewisse Situationen professioneller zu handhaben. Eine Sache bereut er allerdings: Er unterstützt gerne andere Menschen dabei, ebenfalls erfolgreich zu werden. In der Vergangenheit gab es jedoch einige, die den Aufwand im Rückblick nicht wert waren.

Worauf aber ist er in seiner bisherigen Laufbahn besonders stolz? Da wäre zum einen das Erreichen der Millionenmarke an Abonnenten auf TikTok, da es hier sehr schnell bergauf ging. Auch die Auszeichnung mit dem YouTube-Play-Button (verschiedene Stufen ab 100.000 Abonnenten) war laut Eigenaussage ein krasser Meilenstein. Das Highlight seiner bisherigen Karriere war jedoch die Einladung zu einer Premiere von Will Smith, bei der er sich auch mit dem Schauspieler unterhalten durfte.

Die Devise: Immer dran bleiben

Innerhalb weniger Jahre hat sich Rick Azas zu einer festen Größe auf Social Media entwickelt. Was aber rät er all denen, die ebenfalls so *außergewöhnlich erfolgreich* werden möchten? Ein First Mover sein und Neues wagen. Dinge ausprobieren und dabei auch negative Erlebnisse in Kauf nehmen – aber dann aufstehen und weitermachen. Seine Devise für den außergewöhnlichen Erfolg: immer dran bleiben und durchziehen, auch wenn es schlecht aussieht.

LENA OBERDORF

Lena Oberdorf

Eine junge Rekordhalterin im Kampf gegen Vorurteile und Anstoßzeiten

U-17-Europameisterin, DFB-Pokalsiegerin, Bundesligameisterin und jüngste deutsche WM-Spielerin: Dies sind nur ein Bruchteil der Auszeichnungen und Leistungen, die Lena Oberdorf mit ihren gerade einmal 20 Jahren erbracht hat. Wahrhaftig ist sie eine *außergewöhnlich erfolgreiche* Profi-Fußballerin und dennoch vermutlich den meisten Lesern eher unbekannt. Ganz anders sieht dies bei Lukas Klostermann aus, ebenfalls ein junger talentierter Fußballer aus Lenas Heimatstadt Gevelsberg. »Der spielt doch in der Abwehr bei RB Leipzig, oder? Und in unserer Nationalmannschaft?« Sätze, die Lena eher selten zu hören bekommt. Und das obwohl Lukas' und ihr Weg kaum ähnlicher hätte sein können. Doch das Problem liegt keinesweg bei Lena selbst, sondern ist tief verankert in der Fußball-Branche, in der weiterhin der Frauen-Fußball belächelt und Millionengehälter an die männlichen Kollegen gezahlt werden. Doch die weiblichen Stimmen in der Liga werden immer lauter.

Für viele Kinder ist es der große Traum, das sportliche Hobby irgendwann zum Beruf machen zu können. Ganz ähnlich sah es Anfang der 2000er auch bei den Oberdorfs im heimischen Garten in der nordrhein-westfälischen Kleinstadt Gevelsberg, am Rande des Ruhrgebiets, aus. Mit Lena, Julia und Tim kickten gleich drei Kinder auf dem Rasen um die Wette, von denen es zwei später einmal in die Profiligen schaffen sollten, während Schwester Julia in der 2. Frauen Bundesliga American Football dem nicht ganz so runden Leder nachjagt. Für Lena und ihren Bruder führte der Weg zunächst zum TUS Ennepetal, doch schnell suchte Lena nach einer neuen Herausforderung. Diese fand sie als D-Jugendliche (11-13 Jahre) mit einem Wechsel zur TSG Sprockhövel. Klingt nach einem Wechsel, von dem einen »Dorfverein, zum anderen?« Weit gefehlt. Denn Lena musste sich in Sprockhövel als einziges Mädchen in der Jungenmannschaft beweisen. Gerade in einer eher männlich dominierten Sportart, wie dem Fußball, ein heißes Pflaster.

Früh übt sich«: Lena als kleines Mädchen beim Fußballspielen im heimischen Garten.

Bei der TSG Sprockhövel musste sich Lena in der D-Jugend gegen die Jungs durchsetzen.

Vom Dorfplatz in die Nationalmannschaft

Die lokalen Trainer erkannten Lenas Talent sehr schnell und es folgten Scoutings zunächst in der Kreisauswahl Hagen, gefolgt von weiteren Etappen im Talent Förderzentrum Bochum bis hin zur Westfalen-Auswahl der Frauen und einem Sichtungstunier für die Nationalmannschaft. Mit gerade einmal 12 Jahren wurde Lena dort für die U15 Nationalmannschaft gesichtet und debütierte am 28. Oktober 2014 im Alter von 12 Jahren im Nationaltrikot. Zwei Tage später erzielte sie bei einem weiteren Freundschaftsspiel gegen Schottland beim 8:0-Sieg ihr erstes Tor.

Ab diesem Zeitpunkt fingen auch die ersten Bundesliga-Clubs an, sich für Lena zu interessieren. Unter anderem erhielt sie ein Angebot von Turbine Potsdam für einen Platz im Internat inkl. zweistelligen Trainingseinheiten, Krafttraining und Co. pro Woche. Für viele junge Kicker ein verlockendes Angebot, schließlich besuchten schon mehr als 100 Olympiamedaillengewinner die Sportschule in Potsdam. Doch für Lena war ein solcher Wechsel »unvorstellbar«. Sie wollte lieber weiter mit »ihren Jungs kicken und ganz normal das Gymnasium in Gevelsberg besuchen«. Eine Entscheidung, die sie auch im Nachgang nicht bereut.

Denn Lenas Weg führte auch weiterhin zu den internationalen Wettbewerben mit der Frauen-Nationalmannschaft. Im Juli 2016 nahm sie mit der U-16-Nationalmannschaft am Nordic Cup teil und erreichte mit der Mannschaft den zweiten Platz. Als jüngste Spielerin gehörte sie 2016 ebenfalls zum 21-köpfigen Kader der U-17-Nationalmannschaft für die Weltmeisterschaft in Jordanien. Es folgten weitere internationale Auftritte u.a. 2017 in der Jahrgangseuropameisterschaft. Nach dem Turnier wurde sie von der UEFA zur »Goldenen Spielerin« gewählt.

Das Jahr 2017 ging für Lena goldig weiter. Im November unterschrieb sie schließlich einen ab Sommer 2018 gültigen Dreijahresvertrag beim Bundesligisten SGS Essen. Mit knapp 16 Jahren hatte sie somit ihren ersten Profi-Vertrag in der Tasche. Für sie war dies eine ideale Möglichkeit, im Profi-Fußball durchzustarten und dennoch weiter im privaten Umfeld bei der Familie bleiben zu können. Denn damals wie auch heute steht für Lena weiterhin der Spaß am Fußballspielen im Vordergrund und dass sie sich mit ihrer Entscheidung wohlfühlt. Bevor sie zur SGS Essen ging, absolvierte sie jedoch im Sommer 2018 mit der Weltmeisterschaft in Frankreich, erneut als jüngste deutsche Spielerin, in der U-20-Nationalmannschaft ihr nächstes großes Turnier.

Von da an ging es Schlag auf Schlag weiter in der Nationalmannschaft. Den finalen großen Step erreichte Lena mit der Nominierung für die A-Nationalmannschaft und ihrem Debüt am 6. April 2019 in einem Testspiel. Auch für die Weltmeisterschaft 2019 wurde sie von Trainerin Voss-Tecklenburg ins deutsche Team berufen. Mit 17 Jahren, fünf Monaten und 20 Tagen wurde sie im Sommer 2019 zur jüngsten deutschen WM-Spielerin. Wenig später gelang Lena ihr erstes Tor für die Nationalmannschaft. Auch hier kann sie sich als sechstjüngste Torschützin der Nationalmannschaft bezeichnen.

Ein Rekord jagte den nächsten, die fußballerischen Ligen wurden immer ambitionierter, der Durchbruch kam früh und in jungen Jahren. Seit Sommer 2020 ist Lena zudem beim VfL Wolfsburg aktiv, gewann den DFB-Pokal, spielte in der Champions League und gewann in der Saison 2021/22 ihre erste Deutsche Meisterschaft. Mit ihren 20 Jahren hätte sie kaum eine steilere Karriere hinlegen können. Doch während ihre männlichen Kollegen mit solchen Erfolgen in jungen Jahren sicherlich schon längst die ersten Millionen auf dem Konto und diverse Sponsoren- und Kooperationsverträge in der Tasche hätten, sieht die Welt im Frauenfußball leider auch im Jahr 2022 noch ganz anders aus.

Die Ungleichheiten innerhalb der Profi-Liga

Mittlerweile kann Lena von ihrem Gehalt beim VfL Wolfsburg sehr gut leben – eine Selbstverständlichkeit, wenn man in der 1. Frauen-Bundesliga spielt, oder? Leider nicht. Denn selbst in der höchsten Profi-Liga sind die Unterschiede zwischen den Vereinen immens groß, sowohl von den finanziellen als auch von den sportlichen Rahmenbedingungen. Laut Lena lässt sich eigentlich nur bei den zwei großen Vereinen VfL Wolfsburg und Bayern München der Lebensunterhalt komplett vom Fußball-Gehalt bestreiten. Dabei leisten die Spielerinnen in den anderen Vereinen genauso viel. Zwar lässt sich auch im Frauen-Fußball etwa ab der Regionalliga erstes Geld verdienen, doch selbst in den Bundesligavereinen sind die Gehälter oftmals noch so gering, dass viele von Lenas ehemaligen Kolleginnen aus Essen noch nebenher arbeiten gehen. Das macht es nicht unbedingt leichter, Top-Leistung zu erbringen, wenn man nach einem stressigen 9-to-5-Job direkt zum Trainingsgelände fahren muss. Neben den Gehältern sind auch die Trainingsbedingungen in den Vereinen im Frauenfußball teils sehr unterschiedlich. Ein eigenes Team aus Physiotherapeuten? Nicht in jedem Bundesligaverein bei den Frauen selbstverständlich.

Lena hatte das Glück, dass sie zu ihrer Zeit in Essen noch bei ihren Eltern lebte und zur Schule ging. Für sie war ihr Gehalt der SGS Essen ein netter Nebenverdienst als Schülerin. Mittlerweile lebt Lena in Wolfsburg in ihrer eigenen Wohnung und ist dankbar, dass sie mit ihrem Vertrag beim VfL Wolfsburg in der komfortablen Lage ist, nicht noch nebenher arbeiten gehen zu müssen.

Das gesellschaftliche Bild ist nicht mehr zeitgemäß

Das Problem sieht Lena jedoch weniger bei den Vereinen selbst, sondern eher in der Gesellschaft. Noch immer wird der Frauenfußball belächelt: »Wenn ein Neymar drei Leute aussteigen lässt, dann sagen alle 'Wow, krass!'. Zieht eine Frau an drei Spielerinnen vorbei, dann heißt es 'Ja, gut, das sind ja nur Frauen, da ist es nicht schwer daran vorbei zu kommen.' « Folglich muss das Gesamtbild laut Lena verändert werden. Denn auch bei den Frauen hat sich in den vergangenen 40 bis 50 Jahren einiges getan. Während man früher noch tatsächlich sagen konnte »Das sieht aber nicht nach Fußball aus.« oder »Da ist keine Taktik zu sehen.«, bringen auch die Frauen schon längst einen schönen Fußball auf den Platz. Leider ist er bis heute gesellschaftlich noch nicht so anerkannt. Die Folge: Ein geringes Interesse, halbleere Stadien, schlechte Anstoßzeiten und teils schlecht bezahlte Spielerinnen.

Lena empfindet aber keinen Gräuel beim Blick auf die Gehälter ihrer männlichen Kollegen. Natürlich seien einige Profi-Fußballer mittlerweile absolut überbezahlt und die Gehälter stehen in keiner Relation mehr zum Job, den sie erbringen, wenn Transfersummen von mehreren hunderten Millionen Euro gezahlt werden. Dennoch erkennt sie, dass derzeit natürlich ein größeres Interesse der Bevölkerung am Männerfußball vorhanden ist. Dementsprechend wäre es nicht gerechtfertigt, wenn die Frauen das gleiche verdienen würden, wie ihre männlichen Kollegen. Obwohl sie natürlich auf dem Papier das gleiche erbringen: Auch Lena trainiert mit ihren

Mitspielerinnen 6x unter der Woche und absolviert Bundesliga-, Champions League- und Nationalmannschaftsspiele. In jeder anderen Branche gäbe es hier zurecht einen großen Aufschrei. Man stelle sich vor, eine weibliche Chefärztin würde bei der gleichen Anzahl an Arbeitsstunden und Operationen nur einen Bruchteil ihres männlichen Kollegen verdienen.

Aber Lena weiß, dass die Nachfrage den Preis bestimmt und leider ist die Nachfrage nach dem Frauenfußball weiterhin deutlich geringer. Wechselt z.B. ein Ronaldo den Verein, dann werden Millionen von Trikots verkauft und es fließen Millionen zurück in den Verein, der wiederum entsprechende Transfersummen und Gehälter überhaupt zahlen kann. Doch wie lässt sich das Interesse der Gesellschaft am Frauenfußball erhöhen, damit zumindest alle Profi-Sportlerinnen von ihrem Job als Fußballerin auch tatsächlich ihren Lebensunterhalt finanzieren können?

Die Branche stellt sich selbst ein Bein

Wie auch in anderen Business-Modellen, muss im Frauenfußball-Business mehr Aufmerksamkeit generiert werden, damit die Umsätze in der Branche steigen. Wie gelingt dies? Lena hat hier einige Maßnahmen im Kopf. So sollten beispielsweise die Spiele der Frauen-Nationalmannschaft nicht etwa an einem Dienstag um 12 Uhr stattfinden, sondern an einem Samstagabend zur Primetime. Das Gleiche zeigt sich in der Liga. Da sind die Spiele zwar abrufbar, aber derzeit nur für Telekom Magenta-Kunden. Die gesamte Branche sollte sich die Frage stellen, was wichtiger ist: Die Verträge mit Streaming-Anbietern wie Magenta TV oder die Aufmerksamkeit, die generiert wird, wenn das Spiel in öffentlich-rechtlichen Sendern gezeigt wird. Hier gibt es laut Lena »noch viel Luft nach oben« und sie hofft, dass sich ein wenig Veränderung auftut. »Es kann nicht sein, dass zwei von zwölf Vereinen professionell arbeiten können, während die anderen schauen müssen, wo sie bleiben. So können keine gleichen Wettbewerbsvoraussetzungen entstehen«, so Lena.

Kooperationen und Sponsorings als weitere Umsatzquellen

Umso wichtiger ist es für Lena und ihre weiblichen Kolleginnen, schon früh an die Zeit nach ihrer Karriere zu denken oder sich parallel weitere Umsatzquellen aufzubauen. Sehr gut bieten sich hier Kooperationen mit großen Sportmarken oder Nutrion Brands an. Lena selbst hat bswp. eine Partnerschaft mit Kinetica.

10-Millionen-Verträge wie sie z.B. ein Youssoufa Moukoko bereits mit 14 Jahren mit Nike unterschrieb, existieren in der deutschen Frauenfußball-Welt jedoch nicht.

Obwohl Lena schon früh sehr erfolgreich Fußball gespielt hat, hatte sie für Kooperationen zunächst keinen offiziellen Berater oder Manager. Seit einiger Zeit wird diese Aufgabe von Stefan Dabruck Management (SDM) übernommen. Um den sportlichen Bereich kümmert sich nach wie vor ihr Vater, der als Rechtsanwalt die Gespräche führt und das Vertragliche regelt. Mittlerweile sei es durch Plattformen wie Instagram auch deutlich leichter geworden, neue Kooperationen und Sponsorings abzuschließen und Social Media sei eine gute Ergänzung, um noch einen weiteren Nebenverdienst aufzubauen, so Lena.

Doch auch wenn Lena ganz klar die finanziellen und persönlichen Vorteile solcher Partnerschaften erkennt, sollte man sich mit den Marken ebenfalls immer identifizieren können: »Ich könnte z.B. nie Werbung für Mascara oder ähnliches machen. Da würden sicher viele meiner Follower denken 'Was ist denn jetzt los?'. Damit würde definitiv meine Identität ein Stück weit verloren gehen. Natürlich sollten Fußballerinnen auf allen Plattformen versuchen, sich bestmöglich selbst zu verkaufen, aber sich dabei nie selbst verlieren.« Ein Aspekt, der für Lena im Rahmen von Sponsorings und Kooperationen besonders wichtig ist.

Bei allen attraktiven Kooperationsangeboten, gilt für Lena jedoch vor allem ein oberstes Credo: Bevor man anfängt Rabatt-Codes auf Instagram rauszuhauen, sollte zunächst immer die Leistung auf dem Platz stimmen. Denn in erster Linie muss es immer darum gehen, dass die Spielerinnen ihre Leistung auf dem Platz erbringen, ihr Team unterstützen und erfolgreich sind – alles andere sei nur ein Bonus on top.

Gegen die Konkurrenz bestehen und aus Fehlern lernen

Wie viele Gemeinsamkeiten gibt es zwischen dem Profi-Fußball und einem »klassischen« Geschäftsmodell oder Business? Insbesondere um auch dem hohen Konkurrenzdruck standzuhalten? In der Tat mehr, als man vielleicht noch am Anfang dieses Kapitels denken würde. Denn sowohl im Fußball als auch im klassischen Business ist es tagein, tagaus wichtig, sich oder sein Produkt stets weiter zu verbessern und an seinen Schwächen zu arbeiten. Man sollte nie aufhören, aus den Dingen zu lernen, die man erlebt hat. »Gerade im Fußball ist es echt krass, wie viel du durch ein Spiel lernen kannst. Du machst einen Fehler und machst ihn danach auch hoffentlich nie wieder.«, so Lena.

Der allergrößte Fehler ist laut Lena jedoch, sich zufrieden zu geben, mit den Dingen, die man hat. Natürlich sollte man dankbar sein über die Möglichkeiten, die einem geboten werden, aber immer auch die andere Seite sehen und sagen: »Danke, aber da geht noch mehr.« Es sei extrem wichtig, niemals die eigene Stimme zu verlieren, sondern ganz offen zu sagen: »Die Anstoßzeiten sind fatal, wir müssen da was ändern.« oder »Es kann nicht sein, dass innerhalb einer Profi-Liga so große finanzielle Unterschiede vorherrschen!« oder auch auf die Tatsache hinweisen, dass in der Corona-Zeit den Männern eine Rekordsumme ausgeschüttet wird und die Frauen leer ausgehen. Weitermachen und weiter kämpfen – ein Leitsatz, den Lena nicht nur auf dem Platz verfolgt: »Man darf sich nicht unterbuttern lassen, sondern seine Meinung weiter frei nach Außen tragen«, so die Fußballerin.

Persönlich möchte sie als junge Spielerin noch weiter von den erfahrenen Spielerinnen lernen und mehr in die Rolle der Sprecherin hineinwachsen, um mehr Verantwortung für die Liga übernehmen zu können. Dafür wurde mittlerweile ein eigener Verband gegründet, in dem weibliche Fußballspieler zusammenkommen und sich austauschen können. Auch hier sind Parallelen zum klassischen Business zu erkennen, da es auch dort äußerst wichtig ist, sich Mentoren oder andere Sparing Partner zu suchen.

Double-Sieger! In der Saison 2021/22 feierte Lena mit dem VfL Wolfsburg sowohl die deutsche Meisterschaft (s. Bild), als auch den Pokalsieg.

Wenn man weiß, dass die Fußball-Karriere endlich ist

Mit ihren 20 Jahren zählt Lena noch zu den eher jüngeren Spielerinnen. Während andere Altersgenossen studieren oder ihren ersten Job starten, ist Lenas Alltag durchgetaktet mit Trainingseinheiten und Spielen. Dank ihres Vertrages beim VfL Wolfsburg, den sie zudem erst kürzlich bis 2025 verlängert hat, muss sie sich derzeit keine größeren Sorgen um ihre Zukunft machen. Doch während im Männerfußball die

Spieler nach ein paar guten Jahren als Profi-Fußballer in der ersten Liga in der Regel – oder zumindest, wenn sie es geschickt angehen – für das restliche Leben finanziell ausgesorgt haben, ist dies im Frauenfußball nicht selbstverständlich. Daher achtet Lena auch in jungen Jahren bereits darauf, dass sie bspw. Prämien, die sie für WM- oder EM-Titel ausbezahlt bekommt, sinnvoll anlegt. Eine erste Eigentumswohnung in ihrer Heimatstadt hat sie z.B. bereits gekauft.

Ob sie nach ihrem Karriereende weiterhin in der Fußball-Branche tätig bleiben oder mal etwas ganz anderes ausprobieren möchte, kann sie derzeit noch nicht sagen. Da Lena jedoch weiß, wie wichtig es ist, auch neben dem Fußball eine Alternative in der Hinterhand zu haben, möchte sie zeitnah anfangen Sportmanagement zu studieren. Diesen Studiengang bietet der VfL Wolfsburg sogar auf seinem eigenen Campus an. Eine wichtige Sache, denn anders als bei den männlichen Kollegen, die einfach ohne sportliche Einbußen Vater werden können, muss die Kind- und Karriere-Planung auch bei den Fußball-Damen gut durchdacht sein und gestaltet sich etwas schwieriger. Für Lena ist ihre Teamkollegin Almuth Schult ein positives Beispiel, die es trotz Zwillingen schnell wieder geschafft hat, an ihre Leistung anzuknüpfen und wieder als erste Torhüterin auf dem Platz steht.

Eine Prise Spaß, Herzblut und Disziplin

Wie gelingt es, den großen Schritt vom Amateur-Sport hinein in die Welt des Profi-Sports zu schaffen? Von Tag 1 an haben Lenas Eltern ihr einen Rat mit auf den Weg gegeben: Du kannst nur eine gute Leistung bringen, wenn du Spaß an der Sache hast, ansonsten lass es sein. Zum Glück ist Lena nie der Spaß am Fußball verloren gegangen, denn gerade im Sport ist es wichtig, dass man wirklich eine Disziplin findet, für die man so sehr brennt und sich interessiert, dass man wirklich bereit ist, alles zu geben.

Für sie gilt dies auch während des Spiels: »Wenn du da merkst 'Hey, ich bin mit dem Kopf woanders, ich hab keinen Spaß oder keine Lust mehr', dann gib dem Trainer Bescheid. Denn dann erbringst du deine Leistung nicht mehr. Du kannst nur wirklich (außergewöhnlich) erfolgreich sein, wenn du mit Herzblut dabei bist, diszipliniert dafür arbeitest ohne den Spaß daran zu verlieren!«

PATRICK BIEDENKAPP

PilotPatrick

Patrick Biedenkapp

Ein Jetsetter auf der Überholspur

Berlin, Barcelona, Lissabon... Patrick Biedenkapp lebt den Traum und jettet um die Welt. Der Flugkapitän, besser bekannt als »PilotPatrick«, gibt auf seinem gleichnamigen Blog, Instagram & Co. Einblicke in sein Piloten-Dasein. Auf Social Media nimmt er täglich in seinen Beiträgen hunderttausende Follower mit ins Cockpit und auf aufregende Reisen rund um den Globus. Gleichzeitig berichtet er über seinen gesunden, sportlichen Lebensstil. In seinem Buch »PilotPatrick: Mein glamourös-unglamouröses Leben als Jetset-Pilot« erzählt er seine Geschichte und spricht offen über Themen, die er normalerweise in den sozialen Medien ansprechen würde. Auch mit seiner Sexualität geht der homosexuelle Pilot offen um. Mittlerweile gehört Patrick zu den bekanntesten Piloten der Welt. Dabei hatte er eine Social-Media-Karriere zunächst überhaupt nicht ins Auge gefasst.

Der Traum vom Fliegen ist so alt wie die Menschheit selbst. Schon immer galt die Fortbewegung in der Luft als Mythos, unerreichbar, faszinierend. Auch Patrick lebt fürs Fliegen. Deshalb entschied er sich 2008, eine privat finanzierte Ausbildung zum Piloten anzutreten, um sich auf diesem Wege den Traum vom Fliegen zu erfüllen. Obwohl ein Universitätsabschluss immer empfohlen wird, entschloss sich Patrick, keine akademische Laufbahn zu starten, sondern sich direkt in einer Flugschule einzuschreiben. Er absolvierte eine Ausbildung bei Intercockpit unabhängig von einer Fluggesellschaft, sodass er sich im Anschluss bei jedem Unternehmen bewerben konnte. Seine Ausbildung schloss er dann 2009 erfolgreich ab. Im Gegensatz zu vielen seiner Fliegerkollegen war Patrick anschließend nicht ausschließlich offen, für eine große Fluggesellschaft zu fliegen. Im Gegenteil: Er fühlte sich eher bereit, einen Privatjet zu fliegen und den Betrieb in einer kleineren Fluggesellschaft kennenzulernen. Denn auf keinen Fall wollte Patrick zu der Art von Pilot werden, der keine Zwischenlandungen hat und jede Nacht zu seiner Heimatbasis zurückkehrt. Getrieben von seinem Tatendrang, zog es ihn in die Ferne, weg von Zuhause, an fremde Orte, mitten hinein in unbekannte Kulturen. Schließlich wurde er fündig und begann seine Karriere als Business- und Privatjet-Pilot.

Eine Reise anderer Art: So startete Patrick auf Social Media

Trotz seines Erfolges versteht sich Patrick nicht als klassischer Influencer. Dabei ist der Pilot schon einige Jahre auf Social Media aktiv: Bereits 2016 begann Patrick, als PilotPatrick regelmäßig Eindrücke und Momente von seinen Reisen und aus seinem Leben auf Instagram zu teilen. Immerhin kostet eine Flugstunde im Privatflugzeug schnell mal stolze 4.000 Euro und mehr. Hauptsächlich ging es ihm zunächst darum, seiner Familie sowie Freunden und Bekannten einen besseren Einblick in seinen Beruf zu ermöglichen.

Der Erfolg stellte sich dann quasi über Nacht ein, denn mit jedem neuen Post gewann Patrick neue Follower. Und so fand er – ohne es zu wissen – erfolgreich eine Nische in den sozialen Medien. Sein Content unterscheidet sich noch immer von herkömmlichen Travel-Kanälen, da Patrick Reiseeindrücke aus einer ganz neuen Perspektive teilt. Und weil die meisten denken, dass der Beruf des Piloten ein einfacher und luxuriöser Job ist, hat sich Patrick dazu entschlossen, auch über die unschönen Aspekte seines Berufs zu sprechen. Denn diese gibt es auch. So gelingt es dem 34-Jährigen, aus der breiten Masse an Beiträgen herauszustechen und gleichzeitig ein authentisches Bild zu zeigen.

Content mit Mehrwert

Früher waren Patricks Beiträge mehr eine Art Tagebuch. Er zeigte, wohin er reiste, erzählte von den Ländern, die er entdeckte. Mit der Zeit hat sich Patrick weiterentwickelt. Für ihn ist es wichtig, Inhalte mit Mehrwert zu posten. Er legt großen Wert darauf, dass auf seinen Kanälen nicht nur leichte Kost zu finden ist. Patrick möchte aufklären und informieren, seinen Beiträgen einen Bildungscharakter geben. So berichtet er beispielsweise über die Pilotenausbildung, seinen Weg zum Flugkapitän, räumt mit Klischees und Mythen über die Fliegerei auf oder setzt sich mit den Vor- und Nachteilen seines Berufs auseinander. Insbesondere auf seinem Blog www.pilotpatrick.com finden sich viele spannende Beiträge rund um das Thema fliegen. Damit hebt er sich auch von der Konkurrenz ab, die den Fokus vielmehr auf hübsche Bilder legt als auf Mehrwert. Er versteht dies als einen Faktor für seinen Erfolg. Entertainment gepaart mit Mehrwert lautet also die Devise.

Der Fokus von Patricks Beiträgen soll auch in Zukunft bei der Fliegerei bleiben.

Immer im Flow bleiben

Viele Ideen für seine Beiträge kommen Patrick spontan, etwa wenn er eine schöne Location entdeckt oder Momente festhalten will. Dennoch sind die meisten seiner Beiträge im Voraus geplant. Und das ergibt auch Sinn, zum Beispiel wenn Patrick sich im Flugzeug befindet. Dann legt er vorher fest, was er aufnehmen will, erstellt seine Checkliste, die er dann vor Ort gezielt abarbeitet. Auf diese Weise kann er sicher sein, dass er keine Aufnahme vergisst und seine Content-Planung gut und abwechslungsreich vorantreibt.

Patrick verfolgt auch langfristige Ziele und macht sich strategische Gedanken, wie diese am besten zu erreichen sind. Allerdings hält er Flexibilität für einen viel wichtigeren Erfolgsgaranten. Nicht alles lässt sich planen oder vorhersehen. Und auf keinen Fall sollte man sich seiner Meinung nach auf eine zuvor festgelegte Strategie versteifen. Dadurch verliert man an Agilität und steht im schnelllebigen Social-Media-Kosmos schnell als Verlierer da. Social Media muss man mitdenken. Denn will man im Social-Stream sichtbar bleiben, muss man sich Tag für Tag einer Dynamik stellen, die meist fasziniert, aber selten planbar ist. Umso wichtiger ist es, das Zeitgeschehen im Auge zu behalten und auch in Sachen Trends immer up to date zu bleiben.

Lieber Trendsetter als Mitläufer

Auf Social Media stehen Authentizität und Glaubwürdigkeit im Fokus. Nutzer vertrauen den Personen, mit denen sie sich identifizieren können – ob sie diese Personen persönlich kennen oder nicht, ist dabei zunächst egal. Patrick vertritt daher die Meinung, dass es nicht sinnvoll ist, jeden Trend mitzumachen. Es ist unheimlich wichtig für ihn, nicht einfach anderen Influencern nachzueifern, sondern Mut für Neues zu haben und die Trends selber zu setzen. Patrick ist überzeugt, dass sich dieser Mut am Ende auch auszahlt, selbst dann, wenn der Trend nicht viral geht. Zum Beispiel hat Patrick schon früh Outfit-Change-Transitions als Stilmittel in seinen Videos verwendet. Mittlerweile sind solche auf die Hintergrundmusik abgestimmten Outfitwechsel auf Instagram und TikTok allgegenwärtig.

Gemeinsam hat man mehr Erfolg

Die Idee, einen Blog zu starten und auf Social Media präsent zu sein, kam allerdings nicht von Patrick selbst. Sein langjähriger Freund und Geschäftspartner Jérôme erkannte das Potenzial des Piloten-Tagebuchs und unterstützt Patrick bereits seit Jahren dabei seinen Account weiter auszubauen. Er erkannte früh, dass Patrick mit seinem guten Aussehen und seinem außergewöhnlichen Beruf Potenzial zum Erfolg hat. Und so war es auch Jérôme, der Patrick vorschlug, über sein Leben zu bloggen.

Bis heute wirkt Jérôme fleißig hinter den Kulissen mit. Denn professionell gleich mehrere Social-Media-Accounts in verschiedenen Formaten zu bespielen, kommt einer Herkulesaufgabe gleich und ist alleine schlicht nicht zu bewerkstelligen. Und nicht nur Jérôme unterstützt Patrick bei seiner Arbeit tatkräftig, auch von Videografen hat der Pilot in der Vergangenheit bereits Unterstützung erhalten. Denn erfolgreich und professioneller kann man nur werden, wenn man Hilfe annimmt und auch bereit ist, Aufgaben abzugeben.

Einmal Pilot, immer Pilot

Wenn man Patrick fragen würde, was er beruflich macht, würde die Antwort stets lauten: »Ich bin Pilot«. Für ihn ist seine Nebentätigkeit als Content Creator jedoch eine willkommene Abwechslung zum strukturierten Pilotenalltag, in dem nach strengen Vorgaben gearbeitet werden muss, um Sicherheit zu gewährleisten. Zugleich hält er Social Media für keine sichere Einnahmequelle, sondern eher für einen Nebenverdienst. Denn nicht an jeder Kooperation verdient man als Influencer direkt. Viele Firmen kommen mit Badehosen, Werbegeschenken etc. als Entlohnung um die Ecke. Dennoch hält er es nicht für völlig fernliegend, dass man als Influencer einen üppigen monatlichen Verdienst erwirtschaften kann, von dem es sich gut leben lässt.

Das Patrick nicht ausschließlich als Pilot arbeitet, ist übrigens gar nicht mal so unüblich in der Flugbranche. Viele Piloten haben sich neben der Fliegerei ein zweites Standbein aufgebaut. Denn was viele Menschen vor lauter Tagträumerei vom Büro über den Wolken vergessen: Pilot sein ist kein sicherer Job. Immerhin müssen Piloten jährlich ihr medizinisches Zeugnis erneuern und sich dafür regelmäßigen Tests unterziehen. Bereits kleinste Anzeichen einer Krankheit können im schlimmsten Fall dazu führen, dass man als flugunfähig gilt und dann nicht weiter seiner Berufung nachgehen darf.

Pilot sein ist kein klassischer 9-to-5-Job

Auch haben Berufspiloten wie Patrick oft weniger Arbeitstage pro Monat als Berufstätige, die einem klassischen 9-to-5-Bürojob nachgehen. Denn innerhalb von 28 Tagen haben Piloten 100 Blockstunden. Erreichen sie diese im genannten Zeitraum, können sie bis Ende des Zeitfensters nicht mehr eingesetzt werden. Ein weiterer Vorteil des Piloten-Daseins ist, dass man die Arbeit nicht mit nach Hause nimmt. So hat Patrick den Kopf nach Feierabend frei für Dinge, die ihm persönlich wichtig sind und kann sich beispielsweise auf seinen Sport konzentrieren oder die Zeit mit seinem Hund Coco genießen. Patrick kommt als Vollzeit-Flugkapitän im Durchschnitt gerade einmal auf knapp über 14 Flugtage pro Monat. Die restlichen Tage verbringt er trotzdem oft nicht zu Hause, sondern im Ausland. Doch anstatt auf der faulen Haut am Strand zu liegen, nutzt er diese Zeit sinnvoll für seinen Blog und Social Media.

Das Cockpit wird von weißen, heterosexuellen Männern dominiert

Wenn man PilotPatrick fragen würde, was ihn am meisten an seinem Job stört, dann lautet die Antwort: Die Einstellung vieler seiner – überwiegend älteren – Kollegen. Viele Piloten leben einen Männlichkeitskult, über den Patrick nur den Kopf schütteln kann. Und nicht nur das: Schlappe 95 Prozent aller Piloten sind Männer. Männliche Namen dominieren die Schlagzeilen oder führen die Namenslisten an, wenn es um das Thema Fliegen und dessen Entwicklung geht. Nur wenige Frauen werden Pilotin und auch ethnische Minderheiten sind im Cockpit eher selten anzutreffen. Zudem betreiben viele Homosexuelle ein Versteckspiel. Aus gutem Grund: Viele seiner Kollegen und Kolleginnen berichten über Sexismus, Rassismus und Homophobie in der Branche. Auch Patrick selbst hat in der Vergangenheit negative Erfahrungen gesammelt – bereits in seiner ersten Flugstunde. Das 21. Jahrhundert scheint im Cockpit leider noch nicht angebrochen zu sein.

Patrick setzt sich daher für einen offenen Umgang mit dieser Problematik ein. Er sieht es als seine Verantwortung an, für ein weltoffenes Cockpit zu kämpfen. Alter, Herkunft, Geschlecht und Sexualität dürfen dabei seiner Meinung nach absolut keine Rolle mehr spielen. Egal, wer Pilot werden will: Am Geschlecht oder der sexuellen Orientierung darf es jedenfalls nicht scheitern, findet Patrick.

Erfolg bekommt man nicht geschenkt

Auch wenn er sicher Glück hatte: Er sieht gut aus, hat ein sympathisches Auftreten und obendrein einen exotischen Beruf gewählt. Patrick sind seine Follower und sein Erfolg dennoch nicht einfach zugeflogen. Im Gegensatz zu vielen seiner Freunde und Bekannten, hat er sich dazu entschieden nicht jedes Wochenende von Freitag bis Sonntag durchzufeiern, sondern stattdessen an sich gearbeitet – beruflich wie privat. Denn ohne Fleiß, kein Preis! Wie diszipliniert Patrick ist, zeigt sich nicht nur an seiner beruflichen Laufbahn. Der Pilot hat einen gesunden Lebensstil, treibt regelmäßig Sport und achtet auf seine Ernährung – obwohl er viel Zeit im Ausland und auf Reisen verbringt. Und diese Lebensweise machen ihn und sein Business so *außergewöhnlich erfolgreich.*

TIM HORN & PHILIPP REIF

Oatsome

Tim Horn & Philipp Reif

Vom Onlineshop ohne Produkte zur meistverkauften Smoothie Bowl

Gesunde Ernährung, die schnell, möglichst einfach und obendrein noch lecker ist. Aber wie setzt man das um? Diese Frage stellten sich auch die Oatsome-Gründer Tim Horn und Philipp Reif. Ihre Idee: Smoothie Bowls, die sich ohne viel Aufwand innerhalb von 60 Sekunden zubereiten und somit perfekt in den Alltag integrieren lassen. Ein Frühstücks-Konzept, das ankommt. Über 500.000 Kunden haben sich in den vergangenen 5 Jahren die Produkte von Oatsome schmecken lassen. Das junge Unternehmen erwirtschaftet einen zweistelligen Millionen-Umsatz und beschäftigt gut 60 Mitarbeiter. Die Smoothie Bowls von Oatsome sind die meistverkaufte Smoothie Bowl in Deutschland. Doch wie gelang diese Reise auf die Frühstückstische der Deutschen?

Der gemeinsame Traum vom eigenen Unternehmen

Die Oatsome-Gründer Tim Horn und Philipp Reif lernten sich während ihres dualen Studiums im Bereich Wirtschaftsinformatik kennen. Von Beginn an teilten sie ihre Leidenschaft für Sport und gesunde Ernährung. Doch nicht nur das schweißte die Gründer damals zusammen. Schon lange träumten Tim und Philipp davon, etwas Eigenes auf die Beine zu stellen. Denn in den Gründern schlummerte schon lange der Wunsch, etwas von Null an hochzuziehen, und nicht nur eine eigene Ideen zu verwirklichen, sondern auch etwas Sinnvolles zu bewegen. Alles, was zu diesem Zeitpunkt zum Durchstarten fehlte, war die passende Geschäftsidee.

Deshalb setzten sich die beiden Freunde nach ihrem Studium zusammen und überlegten gemeinsam, in welche Richtung sie mit ihrem Business gehen wollten. Relativ schnell war für die beiden klar, dass es sich bei der Gründung um keinen Sprint, sondern um einen Marathon handelt und sie daher auf eine ihrer Leidenschaften setzen müssen, um langfristig erfolgreich sein zu können. Daher sollte sich ihr Vorhaben um die Themen Sport und Ernährung drehen. Im Jahr 2016 boomte der Markt im Bereich Fitnessnahrung jedoch bereits und ständig wurden neue Produkte veröffentlicht. Wie also gegen die Konkurrenz bestehen und sich von der Produkt-Masse abheben? Gar nicht mal so einfach. Deshalb überlegten die Gründer weiter und stellten sich dabei die Frage: »Was erleichtert uns persönlich den Alltag? Was stört uns an aktuellen Produkten und was hilft auch unseren potenziellen Kunden weiter?« Nach stundenlanger Recherche, stießen die Gründer zufällig via Instagram auf Smoothie Bowls.

Eine leckere Geschäftsidee

Die bunt garnierten Schüsseln voll Hafer- oder Früchtebrei sind ein beliebtes Instagram-Motiv. Anders als bei einem Smoothie, werden diese Vitaminbomben nicht getrunken, sondern gelöffelt und mit diversen Toppings verfeinert. Dabei sehen Smoothie Bowls nicht nur auf Fotos schön aus: In ihnen steckt auch eine ganze Menge Gutes. Sie sind reich an Vitaminen, Mineralien, Ballaststoffen und vielem mehr. Damit liefern sie dem Körper alles, was man für einen guten Start in den Tag braucht. Zudem kann man die gesunden Bowls in unterschiedlichsten Varianten zubereiten, so dass es auch nicht langweilig wird.

Diese Beeren-Bowl und andere leckere Smoothie-Bowls gehören zum Sortiment von Oatsome.

Die Neugierde war bei Tim und Philipp schnell geweckt und kurz nach der Entdeckung bereiteten die Freunde ihre erste Smoothie Bowl zu. Das Ergebnis: Absolut überzeugend! Doch nicht allein die Smoothie Bowl spornte die Gründer an: 2016 wurde der Hashtag #smoothiebowls bereits millionenfach auf Instagram verwendet, ohne dass es weltweit auch nur ein Produkt dazu auf dem Markt gab. In dieser Lücke witterten die Freunde ihre Chance.

Allerdings besitzen traditionelle Smoothie Bowls im Alltag einen entscheidenden Haken: Die Zubereitung nimmt einige Zeit in Anspruch. Wer hat morgens früh schon so viel Zeit, gefühlt eine halbe Tonne Obst zu schneiden, das Ganze zu pürieren und mit einer Vielzahl von Zutaten zu verfeinern, die man oft gar nicht zu Hause hat – und dann auch noch in Ruhe zu essen? Realistisch betrachtet wohl nur die Wenigsten. Bedingt durch Stress und Eile am Morgen mangelt es vielen Menschen generell an Zeit, um sich gesund zu ernähren. Gerade das Frühstück leidet darunter und bleibt deshalb häufig aus. Genau diesen Gedanken hatten auch Tim und Philipp. Also fragten sie sich, wie man die Zubereitung von Smoothie Bowls vereinfachen und verkürzen könnte, ohne dass die gesunde Mahlzeit darunter leidet. Auch dafür hatten die beiden Freunde schnell eine Idee: Eine gesunde Fertigmischung musste her, die man schnell und unkompliziert anrühren konnte. Und natürlich sollte die Fertig-Bowl auch noch gut schmecken. Damit war die Kernidee für ihr Unternehmen geboren.

Ein Onlineshop, aber kein Produkt

Die Idee war also gefunden. Aber wie geht es nach der Ideenfindung eigentlich weiter? Orientiert an der Theorie des Lean-Startups, wussten Tim & Philip, dass ein Markttest der richtige Weg wäre, um zu sehen, ob das Produkt auch eine Zielgruppe findet und auf dem Markt erfolgreich sein könnte. Punkt eins auf der To-Do-Liste: Ein Onlineshop musste her. Gesagt, getan. Die Gründer richteten einen Onlineshop ein und füllten diesen mit Bildern von Smoothie Bowls. Die Bilder kamen damals von Google, da die beiden bis zu diesem Zeitpunkt noch kein eigenes Produkt kreiert hatten.

Denn bevor die beiden den Schritt in die Produktion wagten, wollten sie wissen, ob ihre Idee auch andere Menschen überzeugte. Ihr Ziel: Mindestens 25 Personen innerhalb von zwei Wochen von einem Kauf zu überzeugen. Also leiteten sie via Google- und Facebook-Ads potenzielle Käufer auf die Website. Das damals noch fiktive Produkt kostete 9,95 Euro und sollte für etwa sechs Portionen reichen. Am Ende entschieden sich 24 Personen in dem besagten Zeitraum für einen Kauf. Zwar hatten sie ihr Ziel damit nicht ganz erreicht, dennoch waren die Freunde auf Basis dieses Ergebnisses motiviert, ihre Idee weiterzuverfolgen.

Da sie den 24 Kunden zu diesem Zeitpunkt noch keine Produkte senden konnten, schrieben sie diese an und teilten ihnen mit, dass das Produkt ausverkauft sei und die Nachlieferung noch eine Weile dauern würde. Sie boten ihren Kunden damals an, das Geld zurück zu überweisen, falls diese nicht so lange warten wollten. Doch am Ende entschieden sich 23 von 24 Kunden gegen eine Rückerstattung. Also blieb Philipp und Tim nichts anderes übrig, als einen Schritt weiter zugehen.

Probieren geht über studieren

Die Entwicklung des ersten Prototypen nahm insgesamt zwei Monate in Anspruch. Zunächst mussten Philipp und Tim sich dafür das notwendige Wissen aneignen und viel im Internet recherchieren. Unterstützt wurden die Gründer zudem von Ernährungsberatern und Ökotrophologen aus ihrem Bekanntenkreis. Es waren viele Versuche nötig, bis sie bei der Version 1.0 waren, die als erstes Oatsome-Produkt auf den Markt kam. Eines war ihnen dabei besonders wichtig: Ein Produkt zu entwickeln, welches absolut transparent und natürlich ist, denn Mogelpackungen im Supermarkt gibt es zu Hauf.

Für die erste Produktion mietete sich das Team eine Industrieküche in der Nähe von Frankfurt und kaufte die benötigten Zutaten und Verpackungsmaterial ein – größtenteils noch aus dem Einzelhandel. Zudem erwarben sie beim Gesundheitsamt ein Zertifikat für ca. 28 Euro, das ihnen die Lebensmittelproduktion erlaubte. Insgesamt haben die Gründer laut eigener Schätzung etwa 500 Euro an dieser Stelle investiert.

Mit steigender Nachfrage war schnell klar, dass dieses Verfahren in Eigenproduktion keine Zukunft hat. Dafür war der Arbeits- und Kostenaufwand schlicht zu hoch. Deshalb gingen die Gründer auf die Suche nach einem Produktionspartner. Schon nach kurzer Zeit stießen die beiden auf eine Behindertenwerkstatt in der Nähe, die bereits Erfahrung im Umgang mit Lebensmitteln hatte. Die Werkstatt übernahm daraufhin das Mischen, Abfüllen und auch den Versand. Mit wachsender Nachfrage musste Oatsome jedoch erneut den Partner wechseln. Ein professionelles Abfüllunternehmen kümmert sich mittlerweile um die Produktfertigung.

Viel Kapital, um ihre Idee zu realisieren, hatten die beiden Unternehmer übrigens nicht. Nach dem Studium hatten Philipp und Tim jeweils ca. 2.000 – 3.000 Euro gespart. Da ihr Budget nicht ausreichte, mussten die Gründer in der Anfangszeit nebenbei viel arbeiten, um die Gründung zu finanzieren. Oft fehlte ihnen daher privat das Geld für Urlaube oder sonstige Freizeitaktivitäten. Erst nach 2,5 Jahren stieß der erste Investor dazu. Insgesamt sind lediglich zwei Investoren an Oatsome beteiligt. Denn Philipp und Tim war es sehr wichtig, möglichst viel Entscheidungsmacht zu behalten, um unabhängig zu bleiben.

Erfolg hat, wer sich stetig weiterentwickelt

Von Anfang an investierte Oatsome viel Zeit in die Produktentwicklung – oder besser gesagt in die Produktweiterentwicklung. Hierbei spielten stets die Kunden eine entscheidende Rolle. Oatsome bittet seine Kunden bis heute immer wieder per Umfragen, E-Mail und Social Media um ihre Meinung. Häufig wird dabei um eine detaillierte Produktbewertung gebeten. Auch werden regelmäßig Abstimmungen, z.B. über Produktnamen oder Sorten, durchgeführt. Die erhobenen Daten aus den Befragungen werden in einem zweiten Schritt ausgewertet und analysiert. Daraus werden wiederum Handlungsempfehlungen abgeleitet, die den weiteren Unternehmenserfolg sichern sollen. Ein wichtiger Wert ist hierbei der sogenannte Net Promoter Score, kurz NPS. Es handelt sich dabei um eine Kennzahl, die misst, inwiefern Konsumenten ein Produkt oder eine Dienstleistung weiterempfehlen würden. Performen Produkte unter einem gewissen Wert, wird das Produkt entsprechend der Kundenwünsche optimiert.

Die folgenden Beispiele dienen der Veranschaulichung:

1. Fruchtstücke vs. Fruchtpulver

Mittels dieser Methode entschied Oatsome beispielsweise, die Smoothie Bowls in Pulverform anzubieten: Anfänglich wurden gefriergetrocknete Fruchtstücke verwendet, denn die Bowls sollten möglichst aus natürlichen Rohstoffen bestehen und dies sollte auch sichtbar sein. Diese gefriergetrockneten Früchte mussten jedoch von den Kunden vor dem Verzehr z.B. mit einem Mixer zerkleinert werden. Da dies die Zubereitungszeit verlängerte, störte diese Vorgehensweise einige Kunden. Es war am Ende sogar eine Kundin, die vorschlug, die Bowls direkt in Pulverform anzubieten. Diese Idee probierte das Gründer-Team aus, bekam daraufhin viele positive Rückmeldungen und wurde noch erfolgreicher. Mittlerweile verkauft Oatsome ausschließlich Smoothie Bowls in Pulverform zum Anrühren.

2. Weshalb Männer keine Smoothie-Bowls kaufen

Durch Auswertung der Daten fand Oatsome ebenfalls heraus, dass es sich bei über 75 Prozent der Käufer um Frauen handelt. Das machte die Gründer stutzig. Immerhin waren sie männlich und absolut von ihrem Produkt überzeugt. Also hakten sie bei den Kunden nach. Das Ergebnis: Frauen treffen regelmäßig die Kaufentscheidung, konsumiert wird die Smoothie Bowl allerdings später auch von Männern. Dieses Ergebnis deckt sich mit aktuellen Studien, wonach Frauen fast 80 Prozent aller Kaufentscheidungen treffen.

Dies verdeutlicht: Ein Unternehmen, das seine Zielgruppe genau kennt und mit ihnen im direkten Austausch steht, kann daraus wichtige Rückschlüsse ableiten. Je besser die Produkte auf die Zielgruppe zugeschnitten sind, desto höher ist die Kundenzufriedenheit. Eine hohe Kundenzufriedenheit trägt wiederum zum Wachstum des Unternehmens bei und erhöht den Umsatz.

Bis heute legt Oatsome daher großen Wert auf die Meinung seiner Kunden und richtet sein Handeln danach aus. Die Kundenbefragungen sind ein zentrales Mittel zur Unternehmenssteuerung und gleichzeitig dienen sie zur Pflege von Kundenbeziehungen. Auf diese Weise fühlen sich Kunden in die Produktentwicklung und das Unternehmen einbezogen. Mittlerweile hat Oatsome zusätzlich ein eigenes Kundenpanel eingeführt. Dieses stellt eine ausgesuchte Gruppe realer Kunden dar, welche bereits Produkte oder Dienstleistungen des Unternehmens nutzen. So erhält das Unternehmen einen noch direkteren Draht zu den Meinungen, Gedanken und Ansprüchen seiner Kunden.

Mit Emotionen und Daten zur data-driven Lovebrand

Tim und Philipp sind zudem überzeugt, dass alle Marken mit einer emotionalen Bindung zu ihren Kunden langfristig überzeugen und erfolgreicher sind. Dieser Bindung liegt ein Vertrauen zugrunde, das aufgrund diverser Faktoren entsteht und sich über die Zeit stärken kann. Hierzu zählen bei Oatsome sowohl die Transparenz der Zutaten, die enge Einbindung der Kunden und das überzeugende Wertefundament, auf dem alle Produkte basieren. Aufgrund dieser Faktoren sehen die Gründer die Marke Oatsome als eine data-driven Lovebrand. Bei ihrer Marketingstrategie stehen daher die Kundenbedürfnisse im Vordergrund. Kunden sollen das Produkt nicht bloß nutzen, sondern »lieben«, also Marken-Fans werden und so eine langfristige Bindung aufbauen. Um eine solche starke und persönlich geprägte Kundenbindung aufzubauen, investierte Oatsome viele seiner Ressourcen in ihre Social-Media Präsenz, gerade durch den Aufbau ihres Instagram Kanals. Dabei setzt Oatsome auf Dialog statt Einwegkommunikation, um die Bedürfnisse seiner Kunden zu verstehen, fragt nach Feedback und bindet die Kunden direkt in den Content mit ein.

Durch die nahe Bindung mithilfe von emotionaler Kommunikation und einem gleichzeitig qualitativen sowie quantitativen Verständnis über das Verhalten ihrer Kunden, schaffen die Oatsome-Gründer eine Omnichannel-Kommunikation, welche Kunden zur richtigen Zeit, am richtigen Touchpoint ihrer Customer-Journey erreicht und sie langfristig bindet.

Um Reichweite zu generieren, setzte Oatsome früh auf Kooperationen mit Influencern. Dabei fokussierten sich die Gründer hauptsächlich auf Instagram. Das Unternehmen arbeitete bisher mit hunderten Influencern aus Deutschland und Österreich zusammen. Die meisten von ihnen besitzen eine Reichweite von etwa 50.000 bis 100.000 Followern. Doch auch mit noch bekannteren Influencern, wie z. B. Farina Opoku mit ca. 1,5 Millionen Follower, gab es bereits Kooperationen.

Für Influencer-Marketing gibt es viele gute Gründe. Influencer erhöhen zum einen die Interaktion mit der beworbenen Marke und sprechen andererseits die gewünschte Zielgruppe direkt an. Dabei wirken sie authentisch und erhöhen somit nachhaltig die Nachfrage. So lassen sich mit kleinem Budget eine große Reichweite und messbare Erfolge erzielen. Je mehr Kooperationen, desto sichtbarer und bekannter wird die Marke – und das in kürzester Zeit.

Über den richtigen Zeitpunkt für die Unternehmensgründung

Die heutige Zeit ist sehr schnelllebig. Wer nicht mithält, wird abgehängt. Es ist daher wichtig, Entscheidungen zeitnah und überlegt zu treffen. Das gilt auch aus Unternehmenssicht. Datenbasierte Entscheidungen und enge Zusammenarbeit mit Kunden sind unerlässlich. So schafft man es, gezielt Produkte auf den Markt zubringen, die die Kunden auch begeistern. Das ist nur einer der Ratschläge, die die Oatsome-Gründer angehenden Unternehmern mit auf den Weg geben wollen.

Ein weiterer Ratschlag von Tim und Philipp ist das bekannte Motto: »Einfach machen«. Es gibt nicht »den« perfekten Zeitpunkt für die Unternehmensgründung und wer darauf wartet, wird am Ende vermutlich enttäuscht. Wer hingegen aus dem öden Arbeitsalltag ausbrechen und sich selbst herausfordern will, sollte die Existenzgründung wagen. Selbstzweifel bringen einen hierbei nicht weiter. Wer den ersten

Schritt geht, kann auch einen zweiten machen. Und wer offen und empfänglich für Neues bleibt und nicht stur an einer Idee festhält, sondern Veränderung zulässt, wird am Ende jede Hürde meistern. Als Unternehmensgründer darf man keine Angst vor Veränderung haben, sondern muss das Ganze als einen Prozess sehen. Nur wer auch loslassen kann, wird erfolgreich. Denn kaum ein Unternehmen hat von Anfang an so funktioniert, wie es heute ist. Also besser jetzt, als nie starten!

Stolze Gründer: Tim und Philipp freuen sich, es in die Regale der Supermärkte geschafft zu haben.

GIWAR HAJABI

Xatar

Giwar Hajabi

Mit Kampfgeist und Zielstrebigkeit zum Erfolg

Als Giwar Hajabi wurde er 1981 im Iran geboren. Bekannt ist er aber seit Jahren als Rapper und Unternehmer unter seinem Künstlernamen Xatar. In seiner Karriere hat er bereits einige Höhen und Tiefen erlebt. Dabei hat er aber nie nachgelassen und immer alles daran gesetzt, sich weiter zu etablieren. Was ihn auszeichnet, ist die vollständige Identifizierung mit all seinen Marken, denn diese sind zu 100 % Xatar. Und genau das macht ihn so *außergewöhnlich erfolgreich*.

Entertainment in mehreren Facetten

1981 in der iranischen Provinz Kordestān geboren, hat sich Giwar Hajabi inzwischen einen Namen in Deutschland als Rapper und Unternehmer Xatar gemacht. Fragt man ihn heute nach seiner Tätigkeit, lässt sich diese grundsätzlich in einer Branche zusammenfassen: Entertainment. Natürlich ist die Arbeit aber deutlich vielfältiger und nicht nur mit einem Wort beschreibbar. Xatar ist Musiker und Unternehmer. Er arbeitet mit seinem Team hauptsächlich im Entertainment-Business, vor allem an der Kreation und Vermarktung eigener Brands wie auch der anderer Künstler.

Selbstständig von Beginn an

Im Alter von vier Jahren kam Xatar mit seiner Familie als Asylbewerber nach Deutschland und wohnte in Bonn. Mit neun Jahren erhielt er Klavierunterricht. Das stärkte seine bereits vorhandene Affinität zur Musik, denn sein Vater arbeitete als Musikprofessor und Komponist. Schon früh lernte der junge Giwar damals, selbstständig zu sein und an seinen künstlerischen Skills zu arbeiten. Sein Ziel für die Zukunft: einen eigenen Laden haben. Von seinen ersten Versuchen konnte jedoch keiner langfristig bestehen. Auch sein Interesse an Hip-Hop entwickelte sich früh und er schrieb schon Ende der 1990er-Jahre erste Texte.

Über London zurück nach Deutschland

2005 führte Giwars Weg nach London für ein Studium im Bereich Musikmanagement & International Business. Sein Vater war zwar Vollblutmusiker, hatte allerdings kein Gespür für ein gutes Business, sodass seine Musik keine Einnahmen brachte. Daher war Giwar schon damals sehr heiß darauf, in der Musikindustrie zu arbeiten und hatte das Ziel, aus seiner Kunst ein Business zu machen. Und London als eine bedeutende Stadt für die Popmusik bot ihm die ideale Basis für die ersten Schritte im Musik-Business. Schnell lernte Giwar jedoch, dass es ohne praktische Erfahrung schwer werden würde, sich in einem der Musiklabels zu etablieren. Auch sein damaliger Dozent, Greg Jarvis – ehemals Tour-Manager von Nirvana – riet den Teilnehmern seiner Seminare, so früh wie möglich Fuß in einem Musiklabel zu fassen und Praxiserfahrung zu sammeln. Er gab außerdem Einblicke in seine eigenen Erfahrungen in der Musikbranche. Giwar lernte so, dass praktische Erfahrung in der Musikindustrie deutlich wertvoller war als ein Studium. Letztendlich entschied er sich nach zwei Jahren, das Studium abzubrechen, denn es brachte ihn nicht weiter, und zurück nach Deutschland zu gehen.

Eine Chance, die erst einmal nicht greift

2007 zurück in der Bundesrepublik nahm Xatar gemeinsam mit befreundeten Rappern sein erstes Album »Alles oder Nix« auf und schickte es an diverse Studios. Die meisten jedoch lehnten seine Musik ab. War es zu damaliger Zeit eher üblich, mit überdimensionierter Ironie zu arbeiten, fanden viele Entscheidungsträger in den Labels Xatars Album zu real und dass es zu sehr das Gefühl des Straßenraps vertrat. Man befürchtete negatives Feedback und wollte dieses Experiment nicht mit dem eigenen Label in Verbindung bringen.

Eine Lösung bot sich schließlich durch einen Independent-Vertrieb, der bereit war, Xatars Album zu vertreiben – allerdings unter der Bedingung, dass er dem Vertrieb eine Kaution von 15.000 Euro zahlte, um potenzielle Verluste zu decken. Dieses Geld musste Xatar anfangs investieren, ohne daran etwas zu verdienen. Zuerst sah es auch so aus, dass das Projekt zum Scheitern verurteilt war, da der Vertrieb von geringen Verkaufszahlen sprach. Dennoch hat Xatar weitergemacht, obwohl alles schlecht aussah. Warum? Das weiß rückblickend auch er selbst nicht.

Mit der richtigen Vertriebsplattform zum Erfolg

Eine Wende kam mit der Etablierung von Musik-Streaming-Diensten wie iTunes oder Spotify. Xatar selbst saß zu dieser Zeit nach einem Überfall auf einen Goldtransporter im Gefängnis, fungierte jedoch weiterhin als Manager und Musiker und bekam so diese Entwicklung mit. Als er Ende 2014 aus der Haft entlassen wurde, nahm er seine Rap-Karriere wieder offiziell auf und erreichte im Mai 2015 mit seinem Album »Baba aller Babas« über 70.000 Verkäufe und Platz 1 in den deutschen Charts, wofür er von Impala – dem Verband der Independent-Labels – den Double-Silver-Award verliehen bekam. Im gleichen Jahr veröffentlichte er seine Autobiografie »Alles oder Nix: Bei uns sagt man, die Welt gehört dir«, für die er auf die Spiegel-Bestsellerliste der Kategorie Sachbuch aufgenommen wurde. 2016 setzte er sich mit der Thematik auseinander, wie schnell er neue Songs auf Spotify zur Verfügung stellen sollte. Nach einem Monat? Nach nur einer Woche? Direkt mit Veröffentlichung des Titels? Letztere Variante wurde es trotz zahlreicher Bedenken. Damit gehörten Xatar und sein Label *Alles oder Nix Records* zu den ersten in der Rap-Szene, die auf das Geschäftsmodell Streaming setzten.

Die vorher geäußerten Bedenken zerstreuten sich aber recht schnell, als die Abrechnung kam. Denn über das Streaming auf den gängigen Plattformen verdiente Xatar deutlich mehr Geld als durch den konventionellen Verkauf von Tracks. Rückblickend ist sich Xatar sicher: Für die Musiker selbst war die Etablierung des Streamings ein Segen. So brachten etwa auch alte Titel durch zahlreiches Streaming neue Einnahmen mit sich.

Ausbau des Geschäfts – und noch mehr Erfolg

Doch es sollte noch mehr als Musik geben. Rapper aus den USA hatten Xatar gezeigt, dass es keine Grenzen für Expansion gibt, wenn man es richtig angeht. An diesen nahm er sich deshalb ein Beispiel. Und wie fast jeder Künstler wurde auch Xatar mit der Zeit zum Unternehmer. Heute hat er zahlreiche Musiklabels aufgebaut, die unterschiedliche Künstler der Musikbranche betreuen. Und nicht nur das: Er hilft ihnen mit seinen Labels auch dabei, ihre eigene Expansion zu bewerkstelligen. Die Brand, die sie gemeinsam aufbauen, soll voll und ganz dem Künstler gehören und auf dem basieren, was ihn unveränderlich ausmacht. Diese Elemente gilt es frühzeitig zu erkennen, um erst den Künstler und dann die Marke um ihn herum aufzubauen. Mit *Goldmann Entertainment*, dem großen Label, das über allen Sub-Labeln steht, hat Xatar bereits einige Musiker bekannter gemacht.

Wie das alles funktionieren kann? Xatar weiß aus eigener Erfahrung, worauf es bei der Expansion der Personal Brand ankommt. Auch wenn es in der Theorie keine Beschränkungen gibt, so gibt es die Grenzen, die man sich selbst verschafft. Es bringt in Xatars Augen nichts, ein Produkt krampfhaft aufbauen zu wollen, nur weil es lukrativ erscheint. So hat er selbst sich einige Zeit lang daran versucht, seinen eigenen Shisha-Tabak zu vermarkten – ohne Erfolg, denn keiner verbindet seinen Namen damit. Eine Vermarktung außerhalb der Musik klappt auch nur, wenn der Künstler eine Verbindung zum Produkt hat. Gelungen ist Xatar dies mit seinem Einstieg in die Gastronomie: 2020 eröffnete er im Sommer seinen Haval Grill in Bonn, der vor allem auf Köftespieße spezialisiert ist. Die Eröffnung von weiteren Filialen ist geplant und soll in Form eines Franchise-Systems durchgeführt werden. Innerhalb kurzer Zeit hat sich das Food-Business zu einem sehr lukrativen Einkommen für Xatar entwickelt. Im Verhältnis Input zu Output ist der Umsatz durch den Haval Grill deutlich besser.

Sommer 2020: Xatar eröffnet seinen Haval Grill in Bonn und begeistert seine Fans.

Kein Plan ist auch ein Plan

Was bei all dem umso erstaunlicher ist: Es gab nie einen richtigen Businessplan. Wie Xatar selbst sagt, machen er und sein Team einfach Musik. Natürlich ist nicht immer alles spaßig, sondern es steckt viel Arbeit dahinter. Aber wie er es auch anderen Musikern klarzumachen versucht: Man darf nicht nur für das Geld wollen. Mit anderen Worten: Wer Gas gibt, kann es schaffen und soll immer zu 100 % an seinem Ziel arbeiten.

So verhält es sich auch bei den Künstlern, die Xatar und seine Labels betreuen. Es gibt zu Beginn immer ein kreatives Onboarding. Dabei werden die Musiker komplett ausgefragt und alle Informationen auf einem digitalen Board zusammengetragen. Dann überlegt sich das Team von Xatar, was den Charakter auszeichnet und über die Jahre hinweg wohl auch konstant bleiben wird. So findet sich das Merkmal, um das herum die Marke des Künstlers aufgebaut wird.

Ein Katalog aus Marvel-Figuren

Worauf ist Xatar rückblickend besonders stolz? Das ist für ihn ganz klar das Netzwerk, das er sich durch seine Labels aufgebaut hat. Inzwischen verfügt er über einen riesigen Katalog an Musikern. Wenn er diesen durchgeht, so sagt er, ist es vergleichbar mit Marvel-Figuren. Jede Person hat eine spezielle Superkraft, die sie besonders macht. Und alleine das ist schon beeindruckend.

Neben Licht gibt es in einer Karriere natürlich auch Schatten. Dennoch sagt Xatar, dass all seine Fehler wichtige Lektionen für ihn waren. Einerseits, um diese im Rückblick zu analysieren und zu verstehen, was passiert ist und warum. Andererseits auch, um in seiner Branche ernst genommen zu werden. Denn wer noch keinen Misserfolg hatte, hat es deutlich schwerer, sich zu beweisen. Einer der typischen Fehler ist laut Xatar das Vertrauen in fachfremde Anwälte. Er rät, sich für jede Rechtsberatung einen Anwalt zu suchen, der auf dem jeweiligen Fachgebiet umfassende Erfahrung hat. Das mag auf den ersten Blick als teures Investment wirken – dennoch hat Xatar die Erfahrung gemacht, dass sich dieses lohnt.

Ausbau und Erweiterung als Ziel

Der Ausbau seines Labels Goldmann Entertainment ist das Hauptziel, das sich Xatar für die Zukunft setzt. Mit der Goldmann Academy möchte er jungen Musikbusiness-Interessierten die Möglichkeit bieten, Studiengänge zu belegen, in denen realitätsnahe Inhalte vermittelt werden. So möchte er den Absolventen die Chance bieten, mit einem Studium in der Branche bei einem der zahlreichen Labels Fuß zu fassen, auch ohne einschlägige Praxiserfahrung – etwas, das ihm den Einstieg als Rapper damals deutlich erleichtert hätte.

Des Weiteren plant er eine Plattform für digitale Labels. Das soll beispielsweise so aussehen, dass ein Künstler, der heutzutage oft sein eigenes Business ist, dort seine Musik veröffentlichen kann. Im gleichen Zug bietet das System an, einen Pitch zu Vermarktung in anderen Bereichen wie Food oder Mode zu erstellen. Auch Schnittstellen zu Influencern zur Bewerbung dieser Produkte oder der neuen Single sollen damit geschaffen werden. Darüber hinaus gewinnt laut Xatar das Thema CBD immer mehr an Bedeutung. So hat er den Cannabis-Dollar entwickelt. Für diesen sucht er einen Weg, sich als gängige Zahlungsmöglichkeit zu etablieren.

Xatars Formel für außergewöhnlichen Erfolg

Wie können andere genauso erfolgreich werden, wie Xatar es getan hat? Er sagt einerseits ganz klar, dass er viele klassische Erfolgsformeln hat scheitern sehen. Was er aus seiner eigenen Erfahrung aber mitgeben kann sind vier elementare Erkenntnisse:

- Sei ein guter Mensch und sei es auch von innen. Denn das Gute in dir zeigt sich auch nach Außen. Das wiederum hilft dir, Vertrauen mit anderen aufzubauen und dir einen Ruf zu erarbeiten.
- Wenn du mit einem Projekt etwas Großes erreichen willst, gib immer 100 %. Ist etwas weniger relevant für dich, kannst du auch weniger Zeit und Mühe investieren, aber dann erwarte keinen riesigen Erfolg.
- Mach es nicht nur für das Geld, sondern glaub an die Sache selbst. Dann ist es auch nicht schlimm, wenn es mal nicht klappt mit einer Idee – denn das ist das Learning oder der große Erfolg. Bleib dabei vor allem eines: geduldig.
- Plane nicht, den Weg von anderen Menschen 1:1 zu übernehmen, sondern finde deinen eigenen Weg. Natürlich empfiehlt es sich, nützliche Elemente von anderen erfolgreichen Karrieren zu adaptieren – aber bleib dabei deinem eigenen Weg treu und zieh dein eigenes Ding durch.

Xatars Vater hat ihm schon früh geraten, das zu tun, was er liebt. Und genau das hat der als Giwar Hajabi geborene Musiker getan – bis heute mit außergewöhnlichem Erfolg.

LUISA ECKHARD

Luísa Lión

Luisa Eckhard

Von der TV-Show zur Unternehmerin mit großer Bandbreite

Woran misst man den Erfolg eines Content Creator auf Social Media? – An der Anzahl der Follower? Der Menge der Werbedeals? Oder dem Vermögen? Luisa Eckhard zeigt, dass Erfolg nicht nur in Zahlen zu messen ist. Sie ist das Gesicht der deutschen Blogger-Anfänge. Als eine der ersten Mode- und Lifestyle-Bloggerinnen Deutschlands hat Luisa Eckhard über die Jahre einige Fans und Follower hinzugewonnen und auch abseits ihres Blogs läuft es gut für sie. Sie ist Unternehmerin im Musik- und Schreibwaren-Business und heute in verschiedensten Branchen ein echtes Multitalent. Denn sie kann mehr als nur auf Fotos zu posieren und das ist es, was sie so *außergewöhnlich erfolgreich* macht!

Der Begriff »Influencer« ist heute bereits in den allgemeinen Sprachgebrauch übergegangen und die meisten Generationen wissen, zumindest ungefähr, was es mit dem Beruf auf sich hat. Im Jahr 2009 sah das noch anders aus. Zu diesem Zeitpunkt ist Luisa gerade Anfang 20 und in der Findungsphase. Doch die junge Frau hat eine Leidenschaft und das ist Mode. Ihre Vision: Redakteurin bei einem Magazin wie Elle oder InStyle werden. Damals studiert sie in München und liest bei einem Praktikum in einer Mode-PR-Agentur das erste Mal von einer Bloggerin. Ihrem damaligen Freund erzählt sie davon und dieser ermutigt sie dazu, einen eigenen Blog zu erstellen. Ihr Ziel dabei: eine Übungsplattform für ihre berufliche Zukunft zu schaffen.

Übung macht den Meister

Irgendwann merkt sie, dass sich erste Leser auf ihrem Blog »Style Roulette« verirren. Zur zeitlichen Einordnung: Damals gab es noch nicht einmal die App Instagram. Stattdessen wird auf Facebook und eben Blogs kommuniziert. Im deutschen Raum ist Luisa also eine echte

Vorreiterin. Sie postet von ihren Outfits oder auch über verschiedene Lifestyle-Themen aus ihrem Alltag. Luisa hat den Blog aber auch genutzt, um andere Menschen kennenzulernen. Denn bald erreichen sie auch die ersten Kommentare und sie sucht nach anderen Bloggern, um sich auszutauschen und in der neuen Wahlheimat München Freunde zu finden.

Neben ihrem Studium arbeitet sie in verschiedenen Nebenjobs, um sich etwas hinzuzuverdienen. Für verschiedene Plattformen schreibt sie SEO-optimierte Texte und Fashion-Beiträge. Sie versteht langsam, dass man mit Artikeln Geld verdienen kann. Sie meldet sich bei einer Webseite an, über die man Links auf Blogs anbieten kann und so eine Bezahlung generieren kann. Es sind die Anfänge des Affiliate Marketings. Ihre erste Einnahme: 40 Euro für einen Artikel. Damals für sie sehr viel Geld, so Luisa. Ein kleinen Nebenverdienst konnte sie so generieren, doch der große Durchbruch ließ noch auf sich warten.

Die Ausstrahlung von Shopping Queen

Im Oktober 2012 dann nimmt Luisa an der Show Shopping Queen des TV-Senders VOX teil. Nach der Ausstrahlung im Januar 2013 ändert sich für sie einiges. Davor zählt sie ungefähr 120.000 Unique User, also einzelne Besucher pro Monat, auf ihrem Blog. Auf Instagram hat sie 4.000 Follower und mit einzelnen kleinen Kooperationen kann sie hin und wieder Einnahmen verbuchen. Am Tag ihrer Shopping-Challenge erreicht sie in 24 Stunden 140.000 Leser. Am Ende des Monats sind es eine halbe Million Menschen, die ihren Blog aufrufen. Damals war Instagram keine Plattform, die jeder hatte. Somit war es nicht so, dass alle ihr auch direkt dort gefolgt sind, so die 32-Jährige. Doch sie profitiert vom Algorithmus. Vielen Mädchen und Frauen wird sie direkt vorgeschlagen, nachdem diese sich einen Account erstellen. Auch Jahre später erhält sie durch die Ausstrahlung der Wiederholungen noch Follower hinzu. Würde sie heute eine Befragung machen, so schätzt sie, dass immer noch viele ihrer Follower aus der Empfehlung durch die Shopping-Queen-Sendung stammen. Sie beschreibt es selbst als »Riesen-Push« ihrer Followerzahlen.

Dabei hätte auch alles anders verlaufen können. Denn tatsächlich sollte die junge Frau bereits ein Jahr vorher in der Sendung zu sehen sein, muss dann aber aufgrund einer Reise absagen. Der Sender kommt später noch einmal auf sie zu und fragt sie erneut nach einer Teilnahme. Daraufhin sagt sie zu.

Man könnte jetzt vielleicht denken, dass Luisa den Auftritt nutzen wollte und die Werbewirkung bewusst eingesetzt hat. Doch das war nie das Ziel. Die Produzenten hatten ihr bereits vorab mitgeteilt, dass VOX sehr kritisch wäre, was Werbung angeht und man zwar versuchen könnte, das Thema mit aufzunehmen, es aber vermutlich herausgeschnitten werden würde. Doch bei der Ausstrahlung kommt alles anders.

Ein Satz, der alles verändert

Für die Sendung dreht die Produktion ein Intro von Luisa: Mit einer Freundin erstellt sie dort Bilder für den Blog und sitzt am Laptop. Im Video zeigen sie dann sogar Luisas Blog-Header und den Namen. Es kommt noch besser, denn Guido Maria Kretschmer, Juror der Sendung und Mode-Designer, sagt als Kommentar, dass er Style Roulette cool findet und man dort unbedingt mal draufklicken müsse. »Dieser Satz hat natürlich alles explodieren lassen«, so Luisa. Sie selbst habe damit nicht gerechnet.

Luisas Teilnahme an der Sendung Shopping Queen ist einer der Gründe für ihren großen Erfolg.

An einer Werbepartnerschaft hat sie das damals besonders zu spüren bekommen. Zur Zeit der Ausstrahlung ist in Berlin Fashionweek und Luisa hat auf ihrem Blog eine Kooperation mit Mercedes Benz. Pro Klick auf ein Video sollte sie 30 Cent erhalten. Normalerweise wären das maximal ein paar hundert Euro gewesen, doch nicht in diesem Fall. Denn Luisa sprengt mit den Klickzahlen das gesamte Budget der Kampagne. Insgesamt verdient sie daran 3.000 Euro. Das gibt ihr Anlass darüber nachzudenken, das Bloggen auch beruflich neben dem Studium zu verfolgen und ihre Nebenjobs zu kündigen.

Wie es dann weiterging

Als sie merkt, dass sie mit ihrem Blog mehr verdient als mit ihren Nebenjobs, kündigt sie diese tatsächlich und investiert ihre Zeit lieber in ihre Karriere als Selbstständige. Trotzdem war der Blog laut eigenen Aussagen »noch ein Baby«. Im Jahr 2014 macht sie ihren Bachelor und zieht für eine Zeit nach Los Angeles. Das Bloggen und Social Media ist jetzt zum Vollzeitjob geworden: Von der Studentin im kleinen WG-Zimmer, die Couchsurfing gemacht hat, zur Influencerin und Unternehmerin, die im Luxushotel übernachtet. Und auch heute ist sie weiterhin aktiv auf Instagram und Co, teilt ihr Leben, ihre Reisen und ist zur virtuellen Freundin vieler ihrer Follower geworden.

Our Clean Journey

Neben ihrem Job als Influencerin hat sie auch heute noch verschiedene andere Tätigkeiten. »Ich glaube, auch wenn ich nicht im Fernsehen gewesen wäre, so wäre ich immer in einer Selbstständigkeit gelandet. Nach meinen Praktika oder Studentenjobs war mir relativ schnell klar, dass ich gerne meine eigene Chefin sein möchte.«, so die 32-Jährige.

Eines ihrer ersten Projekte entstand gemeinsam mit ihrer Mitbewohnerin Julia. Sie haben sich gut verstanden und irgendwann erfahren, dass sie beide früher unter einer Essstörung litten. Auch inspiriert durch die Clean-Eating-Bewegung in den USA, bei der auf verarbeitete Produkte mit Zusatzstoffen, Zucker und Co verzichtet wird, wollen sie sich gegenseitig zu einem gesunden Lifestyle motivieren. Da Julia zurück nach Wien zieht, eröffnen die beiden einen neuen Instagram Account unter dem Namen »Our Clean Journey«, um sich gegenseitig zu motivieren. Hier bieten sie einen 5-Tages-Detox als pdf-Plan an und verkaufen ihn für vier Euro an Interessierte.

Wenn sich Luisa heute daran erinnert, muss sie schmunzeln. Händisch haben sie jede Bestellung einzeln eingetragen und bearbeitet. Sie wusste damals noch nichts von den verschiedenen Modellen, die diese Arbeit abnehmen. Auch ein konkretes Businessmodell war hier noch kein Thema. Neben dem Account entwickeln die beiden später noch ein Kochbuch und eine richtige Community. Doch irgendwann wird Luisa das Thema Essen aufgrund ihrer Vorgeschichte zu viel und sie sucht die Distanz zu diesem Trigger. Im Rückblick ist sie stolz auf das was sie erreicht hat. Vielen Followern konnte sie durch das Teilen ihrer Erlebnisse helfen.

Blogger Workshops

Luisa sagt von sich selbst, dass sie sich meistens nicht nur für eine Sache gleichzeitig begeistert. Zu viele Ideen schwirren in ihrem Kopf, die nur auf die Umsetzung warten. Sie strebt nach Abwechslung und neuen Herausforderungen. Daher startet sie oft neue Projekte, manchmal sogar mehrere parallel. Das macht Luisa aus – sich nicht auf dem Erfolg ausruhen, immer weiter an sich arbeiten und keine Angst vor Neuem und Ungewissen zu haben. Nach Our Clean Journey gründet sie bald eine neue Firma namens Blogger Workshop gemeinsam mit ihrem Partner Daniel. Das Ziel ist es, anderen Menschen beizubringen, wie man mit dem Bloggen startet und ihnen hilfreiche Tipps und Anleitungen mit auf den Weg zu geben. Da das zu dieser Zeit ein relativ neues Geschäftsmodell in Deutschland war, hatten die beiden damit großen Erfolg. Aktuell legen sie weniger Fokus auf Blogger-Workshops, doch Luisa kann sich gut vorstellen, hier in Zukunft auch wieder verstärkt einzusteigen.

Preach Media

Ein weiteres ihrer Projekte ist die Agentur Preach Media. Ebenfalls mit ihrem Partner Daniel konzentriert sie sich hier auf die Themen Social Media, Marketing, Events und Musik. Begonnen hat alles mit dem Management von Influencern, heute sehen sich die beiden stärker im Musikbereich und haben den Management-Part mit Luisas Managerin Theresa ausgelagert. Das Thema Musik liegt dem Paar sehr am Herzen und so ist es eine ihrer Leidenschaften kleinere und mittlerweile auch größere Events, sogenannte Sessions, zu organisieren. Begonnen hat das Ganze im Wohnzimmer der beiden und 22 Gästen, hauptsächlich Influencern. Mittlerweile gibt es sogar Sponsoren und die Organisation läuft wesentlich professioneller ab.

Immer an Luisas Seite: Ehemann Daniel.

Über Connections nach Los Angeles wächst Preach Media, es kommt ein Music Label hinzu und ein Standort in der kalifornischen Metropole. Noch stärker kommt hier Luisas Fähigkeiten von Marketing und Social Media zum Tragen und für die verschiedenen Artists werden Events aber auch Strategien entwickelt.

NOAR

Doch in der Liste von Luisas Projekten sind wir noch nicht am Ende angekommen. Mit dem Berliner Startup Stilnest kooperiert sie im Jahr 2015 und entwirft mit ihnen gemeinsam eine erste Schmuckkollektion. Herzstück ist das Thema Flugzeuge und somit ihre Leidenschaft fürs Reisen. Die Resonanz ist positiv und so sollen weitere Produkte im Portfolio des Startups Luisas Handschrift tragen. Im Jahr 2018 pitcht sie ein Buch-Script, welches dann für einen Kalender verwendet wird. Sie begeistert ihre Follower mit den Produkten, obwohl sie an der Entwicklung für ihren eigenen Geschmack noch zu wenig beteiligt ist. In der Corona-Pandemie gründet sie daher eine GmbH aus der Kooperation heraus und vertreibt ihre Schreibwaren unter der Marke NOAR. Kalender, Notizblöcke bis hin zu Schreibtischunterlagen – sie greift alles auf, was im Bereich Schreibwaren möglich ist. Von ihren Zuschauern erhält sie nur positives Feedback, denn ihrer treuen Community gefällt, was Luisa gestaltet.

Der Business-Komplex um Luisa Eckhard

Luisa ist risikobereit, aber nicht umsonst ist sie vielseitig aufgestellt. Neben der Tatsache, dass sie breit gefächerte Interessen hat, ist es auch finanziell sinnvoll, mehrere Standbeine aufzubauen. Insgesamt sieht die junge Frau in NOAR besonders großes Potenzial, doch sie ist sich auch der steigenden Kosten bewusst. »Der Papierpreis ist extrem gestiegen. Aber mir fällt es schwer, den Preis für den Kalender zu erhöhen.«, so die Gründerin. Die Einnahmen seien nahezu gleich geblieben, doch die Ausgaben hätten sich sehr erhöht. Die Grenzen erreicht das Business vor allem bei saisonalen Produkten. Der Kalender wird für eine gewisse Anzahl an Monaten verkauft und ist dann jedoch nicht mehr verkaufsfähig.

Bei Preach Media sind weniger Produktionskosten, sondern vor allem die Bezahlung der Mitarbeiter, die größte Ausgabe. Doch Luisa sieht das auch als größte Stärke, ein eingespieltes Team mit unterschiedlichen Fähigkeiten ist der Schlüssel zum Erfolg.

Auch ihre finanzielle Position als Influencerin hat sich seit der Corona-Pandemie gewandelt. Während sie früher ihren Umsatz immer weiter verdoppeln konnte, so war die Mission im Lockdown häufig eher, die Einnahmen gleich zu halten. Luisa investiert heute in mehrere Immobilien, auch hier hat sie natürlich Ausgaben in Form von Krediten, die sie abbezahlen muss. »Man hat natürlich immer wieder Momente, in denen man denkt: Was ist, wenn das jetzt wegbricht?«, so die Unternehmerin. Doch das Jahr 2022 hat gut angefangen. Sie sieht, dass die Zahlen wieder nach oben gehen und sich erholen. Insgesamt vertraut sie also auch in die Zukunft des Geschäftsmodells Instagram.

Zeitlich nimmt ihre Tätigkeit als Influencerin die meisten Stunden ihres Tages in Anspruch. Bis zu 400 Direct Messages erhält sie täglich. Diese versucht sie meist alle zu beantworten und auch die Erstellung von Content zählt zu dieser Tätigkeit. An zweiter Stelle stehen Kooperationen, E-Mails, Papierkram und Steuern. Ähnlich zu den Einnahmen ist auch die Arbeitszeit für NOAR sehr saisonal bedingt und meist investiert sie hier in den Monaten November bis März viel Zeit. Im Daily Business ist Luisa weniger bei Preach Media involviert, da hier der Hauptfokus auf ihrer Influencertätigkeit liegt. Allerdings gliedert sie sich hier in bestimmten Projekten als Expertin ein und unterstützt das Team.

Das ist ihre Strategie

Als Influencer verdient Luisa ihr Geld vor allem durch Werbekooperationen mit verschiedensten Unternehmen. Hier setzt sie sich ganz klar am Ende eines jeden Jahres mit ihren Umsatzzahlen auseinander. So vergleicht sie häufig denselben Monat mit dem des Vorjahres. Eines ist vielen nämlich nicht bewusst: Auch das Influencer-Dasein ist ein von Saisons beeinflusster Job. Im Falle von Luisa macht sie ein Drittel ihres Jahresumsatzes in der Weihnachtszeit. Im Januar und Februar ist es was Werbekooperationen angeht hingegen ruhiger, auch in der Mitte des Jahres herrscht meist ein kleines Sommerloch. Ihr Tipp: nicht Verzweifeln und sich diese wiederkehrenden Muster immer wieder vorhalten. So entsteht am Ende ein Monatsplan. Natürlich kann man sich nicht nur darauf verlassen, aber er gibt meist eine gute Orientierung: »Durch Corona hatte ich im Endeffekt im Januar so viele Anfragen für Kooperationen, da musste ich einige Sachen absagen.« Hier hat sie einen Tipp, den sie für alle ihre Geschäftsfelder beibehält: Immer einen Plan B, C, D und im Zweifel sogar E und F haben. Insgesamt fährt sie für ihre Social-Media-Tätigkeit in diesem Jahr eine neue Strategie. So möchte sie stärker auf langfristige und größere Kooperationen setzen als noch in den Jahren zuvor.

Die Community hinter luisalion

Fragt man Luisa, auf was sie am meisten stolz ist, so ist das nicht etwa ihre Schmuckkollektion oder eine bestimmte Kooperation, sondern vielmehr die Community, die sie bereits durch zahlreiche Lebensphasen begleitet. Sie selbst gibt viel preis auf ihrer Plattform, zeigt auch mal Höhen und Tiefen, denn nicht immer läuft es beruflich und privat perfekt für Luisa. Ihr Erfolg ist also nicht in der Anzahl der Follower, der Menge der Werbedeals oder dem Vermögen zu messen. Stattdessen ist er in kleinen Momenten zu spüren, in denen sie die Unterstützung ihrer Follower spürt.

Luisas Erfolgsgeheimnis

Wenn man sich jetzt fragt, wie es zu Luisas großem Erfolg kam, dann gibt es keine einfache Antwort. Die oft etwas stumpfe Aussage, dass man tun sollte, was man liebt, scheint hier tatsächlich wahr zu sein. Ihr Tipp, um *außergewöhnlich erfolgreich* zu werden: »Man darf sich nicht scheuen, große Träume und große Ziele zu haben. Wir Deutschen sind oft sehr skeptisch und fangen zunächst klein an. Aber ich sage euch: Wer an sich glaubt und jeden Tag gerne für die Arbeit aufsteht, der sollte das unbedingt weiter verfolgen. Das Geld wird dann schon folgen!«

NINA JULIE LEPIQUE

femtasy

Nina Julie Lepique

Powerfrau kämpft für die Befreiung weiblicher Lust

Female Empowerment. Das ist so viel mehr als nur einen gleichberechtigten Platz in der noch immer auf Männer fokussierten Gesellschaft zu fordern. Es ist Selbstermächtigung, es ist das Entwickeln eines stärkeren Bewusstseins für Frauen, es bezieht sich aber auch vor allem auf das Wohlbefinden von Frauen. Und das stand für Nina Julie Lepique, genannt Julie, schon viel zu lange im Schatten der Männerwelt. Die 28-jährige Wahlberlinerin gründete 2018 die erste Streaming-Plattform für erotische Audioaufnahmen – ausgerichtet vor allem auf Frauen. Ihre Vision: die weibliche Lust zu befreien, zu zelebrieren und das Thema Sexualität im Rahmen von Female Empowerment zu enttabuisieren. Obwohl es noch ein weiter Weg bis dahin ist, zeigt der Erfolg der noch jungen Plattform das enorme Potenzial: Mehrere hunderttausend Nutzerinnen verzeichnet femtasy und wächst stetig. Ein Musterbeispiel also für außergewöhnlichen Erfolg.

Für Julie war der Weg in die Selbstständigkeit auf keinen Fall vorherbestimmt. Als Angestellte bei Xing im Corporate Development lebte sie ihre Berufung voll und ganz aus. Ihr Team war herausfordernd, sie lernte eine Menge dazu und durfte spannende Projekte, auch im Ausland, begleiten. Doch dass da noch mehr in ihr schlummerte, wusste sie zu diesem Zeitpunkt noch nicht. Ihr damaliger Chef und späterer Mentor im Unternehmen erkannte ihr Potenzial und wagte mutige Vorhersagen, dass sie sicherlich irgendwann ein Startup gründen würde. Einfach weil er es im Gefühl hatte. Vorstellen konnte sich das Julie noch nicht, obwohl sie in ihrem privaten und familiären Umfeld selbstständige Personen um sich hatte. Doch es war nur so lange unvorstellbar, bis ein interessanter Gedanke in ihr aufkeimte.

Generell war Female Empowerment schon immer eine Herzensangelegenheit von Julie. Unter anderem eben auch im Zusammenhang mit dem Thema Lust & Selbstbestimmung. In Gesprächen mit ihren Freundinnen stellte sich recht schnell heraus, dass Sexualität für alle ein wichtiges Thema ist, man sich als Frau aber auf den gängigen Video-Plattformen nicht angesprochen fühlt. Allen erging es ähnlich: Es dauert eine gefühlte Ewigkeit, bis man überhaupt den Content findet, der einen anspricht und wenn man etwas gefunden hat, hängt man sich an Kleinigkeiten auf. Warum steht im Hintergrund ausgerechnet ein rotes Sofa mit einem pinken Kissen? Warum wurde dieses Setting gewählt? Wurden die Frauen in den Videos unter fairen Arbeitsbedingungen auch fair vergütet? Und warum bedient sich die Produktion meistens an alten Klischees? Frustration und Unverständnis machten sich breit und beschäftigen die Mädelsrunde. Bis eine Freundin ihren Geheimtipp mit Julie und den anderen teilte: Video anmachen, Handy umdrehen und nur noch zuhören. Augen zu, Kopfkino an und der Fantasie freien Lauf lassen. Diese Idee ließ Julie nicht mehr los und sollte der Beginn ihres Unternehmens werden.

Der Beginn von femtasy

Relativ schnell, mit 23 Jahren, gab Julie ihren sicheren Job bei Xing auf, um die Idee weiter auszubauen. Da sie noch sehr jung war, konnte Julie nicht auf viel Erspartes zurückgreifen. Doch ihre Vision war ganz klar: Es müsste eine Audio-Streaming-Plattform geben, die Sexual Wellness für Frauen ermöglicht – weg von Pornos und Podcasts, hin zu authentischen Sounds und Audios für Entspannung, Auszeit und die Entdeckung der eigenen Lust. Doch für ihre Idee brauchte sie sowohl eine Plattform als auch qualitativ hochwertigen Content. Und dafür logischerweise Kapital.

Gemeinsam mit ihrem Freund und Partner Michael Holzner gründete Julie 2018 femtasy.

Die ersten paar tausend Euro lieh sich Julie aus ihrem familiären Umfeld. Zusammen mit ihrem Freund und Partner Michael begann sie, User Research zu betreiben. Sie sprachen mit vielen Personen über das Thema, erfragten die persönlichen Probleme und Bedürfnisse, die Hürden und Pain Points. Anhand dieser Daten wurde nicht nur die perfekte Plattform erbaut, sondern auch der Content produziert. Zusammen mit einem Pool aus etwa 400 Frauen entwickelten sie die ersten 100 Audios, die von den gleichen Frauen auch auf der Plattform getestet wurden. Eigene Sprecher und Sprecherinnen nahmen die Inhalte auf und ermöglichten Julie somit wirklich einzigartigen und eigenen Content. Jedes kleine Feedback und jeder kleine Kritikpunkt der Testpersonen wurde aufgenommen und nach Möglichkeit umgesetzt. Auch beim Markenaufbau und Branding wurde die Zielgruppe so eng wie möglich einbezogen. Doch wo sollte man hier den Preis ansetzen? Wie viel sind die Nutzerinnen bereit zu zahlen? Um den optimalen Preis zu finden, schaute sich Julie andere Streaming-Dienstleister an, wie beispielsweise Netflix und Spotify. Ein Abo-Modell, wie es auch die Mainstream-Plattformen vormachten, war genau das richtige – nur den Preispunkt setze sie etwas tiefer an. Zum einen weil es sich um einen neuen Markt handelte und zum anderen, weil einfach noch wenig Content auf der Plattform vorhanden war. Julie, die sich bereits ein kleines Team zusammengestellt hatte, startete eine erste Fundraising-Runde, um noch mehr Kapital, Knowledge und Ressourcen in ihr Projekt fließen zu lassen. 2018 war es dann soweit: femtasy ging an den Start.

femtasy trifft den Nerv der Zeit

Die Zeit und Mühe, die Julie in User Research investierte, zahlte sich aus. Nach wenigen Monaten knackte sie mit femtasy die erste Million Plays. Das Geld, das sie sich zu Beginn leihen musste, konnte sie wieder zurück zahlen, als die erste Finanzierungsrunde mit Business Angels abgeschlossen war. Die Preise für die Abo-Modelle wurden mittlerweile angepasst und sind nun der perfekte Mix aus wichtigen Marketingfaktoren wie etwa dem Revenue (Einkommen) und der Conversion Rate (Umwandlungsrate, bspw. von Besucher zu Käufer). Aktuell können Nutzerinnen einen Gratis-Zugang für 14 Tage bekommen und nach der Testphase entweder in ein Jahresabo für 84,99 Euro wechseln oder einen Monatszugang für 12,99 Euro wählen. Jeder, der die Plattform nutzt, kann sich durch die drei Kategorien »Stories«, »Sounds« und »Soul« klicken und je nach Stimmung und Vorliebe auf unterschiedliche Audios zurückgreifen.

femtasy entwickelte sich so gut, dass Julie mit 26 Jahren vom Forbes Magazine mit einem Platz auf der begehrten *30 under 30*-Liste geehrt wurde. Auch weitere Auszeichnungen ließen nicht lange auf sich warten. Besonders stolz ist Julie auf die Auszeichnung vom Bundesministerium für Wirtschaft und Energie, das femtasy mit dem Publikumspreis für das digitale Startup 2020 auszeichnete. Denn das zeigt ihr, anderen Unternehmen und dem Markt, dass das Thema Sexual Wellness eben nicht in die Schmuddelecke gehört, sondern mitten in die Gesellschaft. Es ist genauso unter Lifestyle und Health angesiedelt, wie bspw. Meditation – was auch jahrelang belächelt wurde. Doch nun gibt es zahlreiche Bücher, Apps, Kurse und andere Produkte zu diesem Thema. Und genau das will Julie auch für femtasy. femtasy soll zur Aufklärung, Selbstfindung und Gesundheit beitragen, soll die Frau in den Mittelpunkt stellen und das Verständnis für Sexualität salonfähig machen.

Heute hat Julie 30 Teammitglieder an ihrer Seite, die sie in allen Belangen unterstützen. Ab und an werden externe Dienstleister herangezogen, aber wirklich komplett ausgelagert wird nichts. Zusammen hat das Team es nun geschafft, nach Frankreich zu internationalisieren. Ein riesiger Schritt und ein wahnsinnig schönes Gefühl für Julie.

Durch Überzeugungsarbeit zum Erfolg

Obwohl Julie mit femtasy sehr erfolgreich ist, war der Weg dahin oftmals holprig – aber nie langweilig. Denn in einen neuen Markt einzusteigen, empfindet die junge Unternehmerin als spannende Herausforderung. Und davon gab es eine Menge. Zum einen galt es, die Zielgruppe für dieses Thema zu sensibilisieren und aufzuklären. Nach Julie muss sich gesellschaftlich dahingehend noch viel ändern, und so etwas passiert nicht von heute auf morgen. Daher ist es unumgänglich, Geduld an den Tag zu legen, proaktiv auf die Menschen zuzugehen und wann immer es möglich ist, davon zu erzählen. Nicht nur von femtasy, sondern auch von der Sache an sich: die weibliche Lust und Leidenschaft zu befreien und auszuleben. Um sich selbst etwas Gutes zu tun.

Doch nicht nur die Zielgruppe galt und gilt es noch immer zu überzeugen. Auch Investoren für femtasy zu begeistern, stellte eine große Hürde dar. Viele Kapitalgeber dürfen noch immer nicht in bestimmte Produkte investieren, da die dahinter stehenden Limited Partner gewisse Produktkategorien für sich ausgeklammert haben. Beispielsweise bezeichnen viele CBD-Produkte noch immer als Drogen und stempeln Sexual Wellness noch immer als Porno ab. Obwohl dies nicht den Tatsachen entspricht und man reines Schwarz-Weiß-Denken mittlerweile abgelegt haben sollte. Auch Julie musste mit femtasy etwas Aufklärungsarbeit bei ihren Kapitalgebern betreiben und versuchen, die festgezurrten Scheuklappen der Branche zu lockern. Mit den richtigen Zahlen, Fakten und viel Geduld ist es ihr gelungen, aber für Gründer und Gründerinnen, die zukünftig in den Markt einsteigen wollen, wünscht sie sich leichtere Bedingungen.

Aber auch weil femtasy ein »female-centric product« ist, stieß Julie auf Widerstand. Noch immer sind die meisten Investoren männlich, obwohl Julie ganz klar erkennt, dass auch mehr und mehr Frauen in diesen Positionen aktiv werden. Trotzdem herrscht eine Ungleichheit. Ein Produkt an den Markt zu bringen, das rein auf Frauen ausgelegt ist, lässt sich deutlich schwieriger vor männlichen Geldgebern pitchen. Hier nahm sich Julie vor, primär mit überzeugenden Zahlen den Business Case vorzutragen und zu verdeutlichen, dass femtasy lukrativ und gewinnbringend sein wird. Ihre Research-Daten gaben ihr Recht. Die richtigen Geschäftspartner stiegen auch ein. Doch Menschen zu überzeugen, die einfach nicht der Zielgruppe entsprechen, machte es deutlich schwieriger.

Im Hier und Jetzt

Nina Julie Lepique ist eine Unternehmerin, die mit beiden Beinen im Leben steht und rundum gefestigt wirkt. Für sie war es genau richtig, den Sprung ins kalte Wasser zu wagen, und ihren Überzeugungen zu folgen. Jung gründen funktionierte bei ihr, weil es die perfekte Mischung aus Wahnsinn und Naivität war – genau das, was Unternehmer und Unternehmerinnen zu Beginn brauchen. Sie müssen an sich und ihre Ideen glauben. Und das tut Julie zu 100 Prozent. Weil Female Empowerment, die Befreiung der weiblichen Lust und der gesellschaftliche »Impact«, den sie mit femtasy anstoßen möchte, so nah an ihren eigenen persönlichen Werten sind.

Doch neben der Thematik genießt sie es auch, einfach Gründerin zu sein, selbstständig und frei. Ein Team aufzubauen, eine Corporate Culture zu entwickeln und die Menschen um sie herum zu fördern und zu fordern. Das liebt sie. Es ist die Art von Arbeit, bei der sie selbst am meisten lernt und sich weiterentwickelt. Als Mensch und als Unternehmerin. Zurück in ein Unternehmen zu gehen, in dem sie angestellt ist und keinerlei unternehmerischen Anteil besitzt, ist für sie zu diesem Zeitpunkt undenkbar. Dafür ist sie viel zu gern unabhängig und ihr Unternehmergeist zu groß.

Man lernt nie aus

Nichtsdestotrotz gibt es Dinge, die sie heute anders machen würde, Fehler, die sie als Learnings auch gerne an andere weitergibt. Zum einen hätte sie sich mit femtasy viel früher auf den Markenaufbau konzentrieren müssen. Doch der Fokus war damals vor allem, zahlenbasiert zu arbeiten und ganz viel Zeit in Performance Marketing zu stecken. Heute weiß sie, dass es mindestens genauso wichtig ist, eine Marke in einer neuen Nische so schnell es geht groß werden zu lassen.

Zum anderen würde sie ganz anders an den Teamaufbau herantreten. In den ersten Monaten des Startups ging es darum, die Streaming-Plattform möglichst zügig an den Start zu bringen. Also entschied sich Julie, Menschen einzustellen, die Generalisten waren und ihr Know-how in verschiedenen Bereichen einsetzen sollten. Heute weiß sie, dass sie durch diese Entscheidung sehr viel an Effizienz einbüßen musste. Einfach deshalb, weil keiner ihrer Mitarbeiter Experte in einem bestimmten Bereich war. Daher würde sie viel früher auf Spezialisten setzen, von ihrem Knowledge profitieren und so direkt fundierter arbeiten.

Obwohl sie es geschafft hat, viele Investoren von sich und femtasy zu überzeugen, hat sie nun einen differenzierteren Blick auf das Thema Finanzierung. Blauäugig und unerfahren, wie sie am Anfang war, bekam sie den Tipp, auf einen möglichst großen Investorenpool zu verzichten. Viele Leute, die alle ihre Meinung, ihr Mitspracherecht und ihre persönlichen Vorgehensweisen haben, könnten hinderlich sein. Auf diese Warnung reagierte Julie und hielt die Anzahl der Geldgeber möglichst gering. Eine Strategie, die sie heute nicht mehr fahren würde. Ganz im Gegenteil. Denn ihre eigenen Erfahrungen lehrten sie, dass man von mehr Know-how und mehr Herzblut – auch von kleineren Investoren – sehr viel mehr profitieren kann.

Eine Frau, eine Vision

Fragt man Julie, wo es mit femtasy hingehen soll, ist ihre Antwort ganz klar: femtasy soll die führende Europäische Female Pleasure Brand werden. Und das geht nur, wenn ein gesellschaftliches Umdenken erfolgt. Aber sie glaubt an den Erfolg und an ihre eigenen Stärken. Mit ihrem Team möchte sie die Nische erfolgreich dominieren – und das geht nur, wenn der Markt wächst und mehr Aufmerksamkeit bekommt.

Um von innen heraus zu wachsen – als Unternehmen – gibt es Teammeetings, in denen gerne mal Gedankenexperimente durchgeführt werden. Was ist, wenn wir jede Woche hunderttausend Euro mehr verdienen wollen? Was müssen wir machen, wenn wir jede Woche hunderttausend Euro weniger ausgeben wollen? Fragen, die nach Antworten verlangen, auch wenn es nicht die eine Lösung gibt. Aber aus diesen Gesprächen entstehen meistens richtig gute Projekte bei femtasy, Ideen und Themen, die Julie und das Team angehen wollen, um sich selbst und ihre Vision nach vorne zu katapultieren. Und, um den außergewöhnlichen Erfolg an seine Spitze zu treiben.

MATHIAS MESTER

Paralympischer Speerwerfer und gefeierte Medienpersönlichkeit

Klickt man sich durch die Liste der Auszeichnungen von Mathias Mester, so ist man auf jeden Fall eine Weile beschäftigt. Er ist einer der bekanntesten Para-Sportler Deutschlands. Mit seiner Größe von 142,5 cm stellte er neue Rekordweiten im Speerwerfen für Kleinwüchsige auf und übertrifft sich dabei immer wieder selbst. Auch wenn seine *außergewöhnlich erfolgreiche* Karriere als Sportler heute vorbei ist, begeistert er seine Fans weiter. Er ist zur TV-, Influencer- und Autoren-Persönlichkeit und zu einem Botschafter des paralympischen Sports geworden. Erst kürzlich tanzte er sich bei der Sendung *Let's Dance* ins Finale und in die Herzen der Zuschauer und gibt Vorurteilen keinen Raum. Seine Sympathie und sein Humor versprechen Großes für die Zukunft.

Geboren wird Mathias Mester im Jahr 1986 in Münster. Die Familie ist immer schon recht sportlich, beide Cousinen spielten in der Fußball-Bundesliga und auch sein Vater ist in dem Sport sehr erfolgreich. Ganz seiner Familie treu bleibend spielt auch Mathias Fußball, jedoch nur zum Hobby in der Kreisliga. Mit 16 Jahren fängt er eine Ausbildung zum Bauzeichner in der freien Wirtschaft an und schließt diese erfolgreich ab. Bei einem Fußball-Hobby-Turnier soll sich die Karriere von Mathias jedoch schlagartig ändern und sein bisheriges Leben völlig auf den Kopf stellen.

Das Talent von Mathias wird entdeckt

Mathias wird bei dem Turnier von seinem Entdecker angesprochen. Dieser ist nordrhein-westfälischer Landestrainer im paralympischen Sport der Leichtathletik und lädt ihn zu einem Probe-Training ein. Im Kopf geht Mathias die Dinge durch, die dagegen sprechen, doch seine Einstellung ist eindeutig: »Na klar, warum nicht?«. Das Probetraining beweist, was der Talent-Scout bereits vorher gesehen hatte. Mathias bekommt den Speer in die Hand gedrückt und wirft ihn über den Rasen. Seine spätere Trainerin Steffi Nerius ist angetan, er habe »Bums« und einen guten Zug im Arm. Sie versprach, sich zeitnah bei ihm zu melden.

Nur wenige Tage später hält Mathias das Angebot für eine Ausbildung zum Bürokaufmann in der Sportlerklasse in den Händen. Das Besondere: Im Rahmen dieser Ausbildung kann er Beruf und Sport verbinden. Denn für sportliche Termine wird er freigestellt, ohne dass er die Fehlzeit im Betrieb nachholen muss. Mathias stimmt zu und zieht das erste Mal aus seiner Heimatstadt weg nach Leverkusen – der Startschuss für seine Karriere als Para-Sportler.

Der Speerwurf ist seine Hauptdisziplin.

Nationale und internationale Höchstleistungen

Für Mathias beginnt die Blüte seiner sportlichen Karriere. Mit dem Speerwerfen aber auch Kugelstoßen und Diskuswurf feiert er Erfolge. Im Jahr 2005 wird er Internationaler Deutscher Meister in allen drei Disziplinen. Aber auch außerhalb von Deutschland wird es aufregend, er stellt Europa- und Weltrekorde in seiner Hauptdisziplin, dem Speerwerfen, auf und nimmt an zahlreichen Wettkämpfen teil. Hier beweist er echtes Können, er wird IPC-Weltmeister in Assen bei den Weltmeisterschaften für Menschen mit Behinderung. In den Sommer-Paralympics 2008 dann die Ernüchterung: die Disziplinen Speer- und Diskuswurf werden im paralympischen Programm nicht angeboten. Auch im Kugelstoßen macht der Sportler eine gute Figur und erreicht den zweiten Platz, die Silbermedaille ziert seinen Hals. Viele andere Meisterschaften und Wettkämpfe später, darunter 22 deutsche Meistertitel, dürfen heute einige Gold-, Silber- und Bronze-Medaillen Mathias' Zuhause schmücken. Im Jahr 2021 wird er erneut Europameister mit dem Speer, verkündet dann jedoch aufgrund gesundheitlicher Probleme sein Karriereende als Sportler. Auch zur Teilnahme an den Paralympischen Spielen in Tokio kommt es nicht mehr.

Das Geschäftsmodell Profi-Sportler – lohnt sich das?

16 Jahre Leistungssport zeichnen die Karriere von Mathias Mester. Doch nicht immer konnte er von dieser Tätigkeit auch leben, erst die letzten 3 Jahre seiner Sport-Karriere ist dies so. Nach seiner Ausbildung lebt er also zunächst von seinem Bürojob, welcher vom Bundesministerium als Sport-Förder-Stelle unterstützt wird. Beim Bundesverwaltungsamt in Köln ist er so als Sachbearbeiter tätig. Fünf Stunden arbeitet Mathias zu diesem Zeitpunkt täglich in Gleitzeit: vormittags Arbeit – nachmittags Training – oder umgekehrt.

Später kann er ganz von seinem sportlichen Erfolg leben. »Doch das ist nur durch meinen Verein und meine Partner möglich gewesen«, so der heute 35-Jährige. Toyota Deutschland ist damals einer seiner größten Unterstützer und macht ihm zum Vollzeit-Profi-Sportler. Als Markenbotschafter verdient Mathias also sein Geld. Auch nach seinem Karriere-Aus im Profi-Sport und einem Karrierewechsel in die Medienwelt bleiben einige seiner Partner und Projekte bestehen.

Ein neuer Lebensabschnitt beginnt

Heute ist Mathias vielseitig aufgestellt. Er ist Moderator, Gast in Talkshows und Fernsehsendungen und hat auch ein eigenes Buch geschrieben. »Klein anfangen, groß rauskommen: Mein verrücktes Leben auf 142,5 cm«, in seiner Biografie schreibt er von witzigen bis hin zu provokanten und zum Denken anregenden Anekdoten seines Lebens. Auch einen Podcast hat er ins Leben gerufen, er hält Vorträge und hat verschiedene andere Kooperationen. Gemeinsam mit seiner Agentur Mina Entertainment und anderen Persönlichkeiten wie Martin Rütter oder Detlef Steves baut er sich jetzt etwas Neues auf. Ein ganz anderer Lebensabschnitt beginnt und Mathias ist bereit für neue Abenteuer: »Ich freue mich einfach auf all das was kommt!«

Sein Ziel ist, zu zeigen, wie er wirklich ist. Er möchte mit seiner positiven Art begeistern und als Botschafter für Inklusion ein Vorbild für andere sein. Als @Weltmester zeigt er sich auch auf Instagram als humorvoller Typ, der sich auch selbst gerne mal selbst auf die Schippe nimmt. Dabei entertaint er seine Follower nicht nur, sondern beweist auch Charakterstärke und Selbstbewusstsein.

Ein Strategiemeeting mit Mathias Mester

Als typischer Influencer sieht Mathias sich nicht. Trotzdem setzt er sich regelmäßig mit seinem Management zusammen und diskutiert seine Möglichkeiten. Kooperationen filtert er dabei stets nach eigenem Ermessen. Wahllose Rabattcodes, das gibt es bei ihm auf dem Kanal nicht zu sehen. Dabei könnte er damit sicher viel Geld verdienen. Doch er möchte keine Werbeplattform sein, sondern sich mit allen seinen Partnern zu 100 Prozent identifizieren können. Beim Zusammensetzen erstellen die Beteiligten dann gemeinsam eine Strategie.

In der ersten Hälfte des Jahres 2022 nimmt Mathias dann an der TV-Sendung *Let's Dance* teil. Auch das verändert seine Position auf Social Media. Anfragen für Kooperationen aller Art erreichen ihn nun, denn auch seine Followerzahlen schießen in die Höhe. Vorher hatte er 67.000 Abonnenten auf Instagram, heute sind es über 160.000. Doch Mathias möchte sich treu bleiben, andere inspirieren und auch motivieren.

Ein Learning, was Mathias erst kürzlich aus seinem Wachstum auf Social Media lernen musste: Je mehr Follower und Erfolg man auf Social Media hat, desto mehr Kritiker gewinnt man auch hinzu. Auf diese Minderheit nicht zu hören und sich auf seinem Weg beirren lassen, das ist schwer, aber essenziell.

Die Teilnahme bei Let's Dance

Die Show und alle Vorbereitungen sind ein Prozess auf Augenhöhe, so der Sportler. Er kann eigene Ideen einbringen und fühlt sich als Kleinwüchsiger nie von dem Sender vorgeführt. Folge für Folge steigert er seine Leistung und knackt in der Finalshow zweimal die 30-Punkte-Marke. Obwohl es letztendlich »nur« für den dritten Platz reicht, ist Mathias' Teilnahme an der Show ein echtes Statement und er beweist, dass Vorurteile in einer modernen Welt keinen Platz mehr haben. »Ein Stück weit habe ich mich in der Show ja auch über mich selbst lustig gemacht, wem das nicht gefällt, der kann ja einfach wegschalten oder mir nicht folgen!«, so sein abschließendes Fazit.

Sein ursprüngliches Ziel für *Let's Dance*: Nur nicht als erster ausscheiden. Dass er es bis ins Finale schafft, damit hätte er selbst nicht gerechnet.

Von Höchstleistungen im Sport bis hin zu Charaktereigenschaften – darauf blickt Mathias stolz zurück

Sportlich hat Mathias alles erreicht, was er jemals wollte. Aber auch seine Teilnahme bei *Let's Dance* ist für ihn ein echtes Highlight, von dem er wohl noch in einigen Jahren erzählen wird. Nicht etwa, weil er den dritten Platz erreicht hat. Auch, dass er sich der Öffentlichkeit zeigt und mit seiner Behinderung selbstbewusst, locker und offen umgeht, ist bereits Teil seiner Persönlichkeit. Ganz besonders war aber auch das Tanzen selbst eine Herausforderung, der er sich stellen wollte. Er ist stolz auf die Message, die er mit seiner Teilnahme verbreitet: Egal wer man ist oder wo man herkommt – man kann alles schaffen.

Das nimmt er auch in anderen Bereichen seines Lebens als Mission. Er will, dass die Menschen mit sehr viel mehr Spaß durchs Leben gehen und zeigen dass man auch über sich selbst lachen sollte. »Ich lebe Inklusion!«, so der Ex-Athlet, »ich habe mir mal die Frage gestellt, was es mir bringt, nur zu Hause rumzusitzen und mich für meine Behinderung zu schämen? Nicht mehr rauszugehen, nicht mehr am Leben teilzunehmen? Das ist nicht das, was ich will. Da ist ja kein Leben.« Dabei hat Mathias viel Glück. Er ist dankbar dafür, kaum Gegenwind auf seinem Weg zu erfahren, doch Kritiker gibt es leider überall. Selbst andere kleinwüchsige Menschen haben schon etwas gegen ihn gesagt. Doch er bleibt sich treu und bewegt damit die Leben anderer. Er macht Menschen mit Behinderung Mut, täglich bekommt er Dankes-Nachrichten von Personen, die er motiviert hat, furchtlos zu sein.

Die Standbeine von Mathias Mester

Radiomoderator, TV-Persönlichkeit, Influencer, Botschafter – mit seinen vielen Tätigkeiten beweist Mathias sein Allroundtalent als Entertainer. Doch sind mehrere Standbeine zwangsläufig nötig, um *außergewöhnlich erfolgreich* zu sein? In seiner Branche ja, da ist er sich sicher. »Als Person des öffentlichen Lebens glaube ich, dass man sich auf verschiedene Dinge fokussieren sollte.« Am besten steht das, was man am besten kann, an erster Stelle, aber man sollte immer noch andere Optionen in der Hinterhand haben. Denn der Schuss kann natürlich auch nach hinten losgehen.

Im Einzelhandel oder bei der Gründung eines Unternehmens sei das nicht so, hier sollte die Konzentration eher auf der einen Sache liegen, so Mathias.

Die Entscheidung, welche Standbeine in Angriff genommen werden, überlässt Mathias Mester nicht einfach seiner Agentur. Er vertraut auf sein Bauchgefühl und weiß in welcher Richtung er sich selbst sieht. Von Agenturseite erhält er Unterstützung und Begleitung, Tipps und hilfreiche Ratschläge. Wenn er jedoch eine Entscheidung gefällt hat, kann er sich zu 100 % sicher sein, dass seine Agentur hinter ihm steht.

Der Weg zu außergewöhnlichem Erfolg

Für Mathias ist es vor allem eines, was ihm auf dem Weg seiner Karriere begleitet hat – seine unglaubliche Entschlossenheit. Daher lautet sein ultimativer Geheimtipp: »Lass dich von deinen Zielen und Träumen nicht abbringen, vor allem nicht von anderen Menschen!« Auch in seiner Vergangenheit gab es Momente in denen er ins Grübeln kam, in denen andere ihm aufgrund seiner Behinderung in seine Pläne hineinreden wollten. Doch jedes Mal, wenn er nicht zu lange über etwas nachdachte und einfach tat, worauf er Lust hatte, führte das zu noch größeren Erfolgen – es ist sein Erfolgsrezept.

JENS KNOSSALLA

Knossi

Jens Knossalla

Mit der Entertainer-DNA auf den begehrten Twitch-Thron

Wo Knossi auftaucht, ist Entertainment vorprogrammiert. Denn der selbsternannte »König des Internets« verwandelt alltägliche Situationen in ein Event und begeistert mit seinen verrückten Show-Konzepten nicht nur seine 3 Mio. Fans auf YouTube und Twitch. Dabei versammelt er bis zu 300.000 Zuschauer in einem Livestream und gehörte 2021 zu den Top 5 der erfolgreichsten Twitch-Streamer weltweit. Doch Knossi ist weit mehr als ein Entertainer. Mit seinem Gespür für innovative Geschäftsideen, nutzt er geschickt die Schnelllebigkeit des Internets und setzt immer wieder neue Business-Strategien um. Ob eigene Songs, Spirituosen oder eine Software für interaktive Erlebnisse – Knossi liebt neue Herausforderungen und das beweist er durch seine außergewöhnliche Erfolgsgeschichte.

Der Jugendtraum vom Show-Business

Es gibt unzählige Künstler, die durch einen merkwürdigen Zufall ins Show-Business gestolpert sind und ganz andere Pläne verfolgten. Doch Jens Heinz Richard Knossalla gehört nicht dazu. Denn wenn er auf seine Jugend im baden-württembergischen Rastatt zurückblickt, existierte schon immer dieser eine ausdrückliche Wunsch in ihm: eines Tages auf der Bühne stehen und das Publikum begeistern. Stundenlang stand er für diesen Traum vor dem Spiegel, übte erste Moderationen und stellte sich vor, irgendwann mal eine eigene Late-Night-Show zu präsentieren. Dass sich am Ende so eine außergewöhnliche Karriere aus diesem Wunsch entwickelt, hätte Jens allerdings niemals zu träumen gewagt. Denn zunächst musste er ziemlich schnell feststellen, dass der Weg ins Rampenlicht viele Stolpersteine bereithält.

Am Anfang stand für Jens die Frage, wie der Einstieg ins Show-Business überhaupt gelingen sollte. Auf Video- oder Streaming-Portale konnte er damals nicht zurückgreifen, denn 2008 existierten auf YouTube hauptsächlich pixelige Tiervideos. Twitch sollte erst drei Jahre später an den Start gehen. Deshalb führte kein Weg an der Fernsehbranche vorbei und Jens bewarb sich bei einigen TV-Produktionen. Damals arbeitete er noch als Bürokaufmann und musste in seiner Freizeit mühsam von Casting zu Casting rennen, bis er eine erste Zusage ergatterte. Dadurch absolvierte Jens seinen allerersten TV-Auftritt in der ProSieben-Spielshow »Wipe Out« und danach folgten weitere Show-Teilnahmen. Aber auch kleine Rollen in Scripted Dokus, wie »Richter Alexander Hold« sowie der Seifenoper »Gute Zeiten, schlechte Zeiten«.

In diesen drei Jahren konnte Jens zwar ins TV-Geschäft reinschnuppern, doch sein Traum vom Entertainer ließ sich leider nicht erfüllen. Vielmehr handelte es sich um eine anstrengende Phase. Für seinen Lebensunterhalt reichten diese kurzen Jobs nicht und über neue Aufträge entschieden die Casting-Agenturen. Wenn Jens heute zurückblickt, erinnert er sich an diese ungewisse Zeit mit vielen Höhen und Tiefen. Doch er stellt klar, dass sein inneres Feuer trotzdem existierte und damit auch der Traum, Menschen zu unterhalten und mit einer Show-Karriere durchzustarten. Aufgeben war nie eine Option, also kontaktierte Jens weitere Produktionsfirmen und ließ sich nicht von seinem Weg abbringen.

Vom Poker-Experten zum allerersten Stream

Diese Hartnäckigkeit sollte sich 2011 endlich auszahlen, denn in diesem Jahr nahm Jens bei »PokerStars sucht das PokerAss« teil und konnte die Castingshow auf ProSieben tatsächlich gewinnen. Das Pokern hatte er sich selbst beigebracht und sein Hobby sollte ihm nun den Weg in die TV-Branche erleichtern. Denn dieser Sieg änderte alles, plötzlich konnte er nicht nur um die Welt reisen, pokern und Events moderieren, sondern seine Bekanntheit deutschlandweit steigern. In dieser Zeit entwickelte sich Jens auch endgültig zu Knossi, dem Poker-Experten. Denn bei den Pokerturnieren verwendete er zum allerersten Mal seinen besonderen Spitznamen, den er seitdem zu einer wertvollen Marke aufbaute.

Erst einmal folgten weitere Poker-Veranstaltungen und TV-Produktionen rund um das beliebte Kartenspiel. Ganze fünf Jahre lang moderierte Knossi verschiedene Poker-Magazine und besaß in der Zeitschrift Pokerblatt eine wöchentliche Kolumne mit dem Namen »Der Knaller von Knossalla«. Für Jens markiert dieser Zeitraum auch einen wichtigen Bestandteil seiner Entertainer-Entwicklung. Denn durch die zahlreichen Interviews mit Prominenten und seine spontanen Aktionen konnte er seine Kamera-Präsenz weiter trainieren und verbessern. Zum ersten Mal spürte er, dass seine Entertainer-Qualitäten die Zuschauer begeisterten. Außerdem sorgte eine entscheidende Begegnung auf einem Turnier 2016 für ganz neue Karrieremöglichkeiten.

Denn an diesem Abend sollten verschiedene YouTuber bei einem Poker-Event dabei sein. Unter anderem auch Rewinside, der früh als Streamer und Musiker Erfolge feierte. Dieser bemerkte direkt Knossis unterhaltsame Art und die Begeisterung, vor Publikum zu sprechen. Für Rewinside stand daher fest: Knossi muss seinen eigenen Twitch-Kanal starten. Auf dem Portal lassen sich Videospiele und andere Inhalte per Livestream übertragen, parallel sind Chats mit den Zuschauern möglich. Bei Knossi sorgte diese Idee zunächst für große Skepsis, alleine schon durch die technischen Voraussetzungen. Aber was sollte schon schiefgehen? Er nahm die Herausforderung an, schaute sich drei Tage lang Tutorials auf YouTube an und startete dann mit den allerersten Poker-Livestreams und fünf Zuschauern auf Twitch.

So gelingt der Twitch-Streamer-Einstieg

Für diesen Einstieg in die Streaming-Welt benötigte Knossi laut eigener Aussage keine hochwertige Technik, denn das ließ sein Budget ohnehin nicht zu. Vielmehr startete er mit einem einfachen Twitch-Account, einer Logitech-Webcam für ca. 30 Euro, einem Standard-Mikrofon für 200 Euro und seinem privaten Computer ohne spezielle Upgrades. Für die Übertragung nutzte er OBS Studio, eine kostenlose Open Broadcaster Software, die den Bildschirminhalt eines PCs im Internet übertragen kann. Als dann immer mehr Zuschauer einschalteten und über sogenannte »Donations« Geld spendeten, konnte Knossi sein Equipment Schritt für Schritt verbessern.

Dadurch stieg er auf ein hochwertiges Großmembran-Kondensatormikrofon um, die Kosten starten dafür bei 500 Euro. Dabei gilt, je höher der sogenannte Feldbetriebsübertragungsfaktor in Millivolt pro Pascal (mV/Pa), desto höher die Klangqualität. Das alleinige perfekte Streamer-Mikro gibt es allerdings nicht, vielmehr lohnt sich eine ausführliche Recherche durch Tests und Erfahrungsberichte anderer Streamer. Insgesamt ist es laut Knossi heute möglich, mit einem Equipment-Budget von 1.000 Euro als Twitch-Streamer zu starten und eine ausreichende Qualität zu gewährleisten. Diese Technik lässt sich online bestellen, um noch einmal Geld zu sparen.

Jedoch garantiert dieser Start noch lange nicht, dass es zum erfolgreichen Livestream und tausenden Fans reicht, das möchte Knossi dringend klarstellen. Bei ihm selbst ließ sich der Erfolg nicht vorhersagen und die Zuschauerzahlen stiegen auch nicht über Nacht plötzlich um mehrere tausend an. Vielmehr überzeugte Knossi mit seinem Spaß am Streaming selbst, auch wenn anfangs nur wenige Zuschauer seinen Streams folgten. Zwei Jahre lang stellte er täglich seine Entertainer-Qualitäten unter Beweis. Dabei blieb er immer authentisch und alle Chat-Teilnehmer durften für neue Projekte abstimmen, was die Bindung enorm verstärkte. Durch diese Strategie steigerte sich sein Publikum kontinuierlich von fünf auf durchschnittlich 100.000 gleichzeitige Twitch-Zuschauer in seinen täglichen Streams.

Interaktive Zuschauer-Ideen für Streamer

Exakt diese Zuschauer-Einbindung stellt für Knossi auch einen wichtigen Erfolgsfaktor dar. Denn egal, welche zukünftigen Projekte geplant werden, die Community wird in diese Entscheidung mit einbezogen. Dafür hat Knossi den Mechanismus entwickelt, dass die Zuschauer je nach Themenvorschlag eine 1, 2 oder 3 in den Chat schreiben. Klingt simpel, doch so lässt sich schnell ein Stimmungsbild erkennen. Außerdem schaut er sich zusammen mit seinem Team auch heute noch die Key Performance Indicators (KPIs) der verschiedenen Formate an. Das heißt, es werden bestimmte KPIs festgelegt, die den Erfolg eines Events beschreiben. Das sind zum Beispiel Zuschauerzahlen, aber auch Likes oder Chat-Teilnehmer. Viele lassen sich über das kostenlose Programm Twitch-Tracker abrufen.

Leonard Stade, Jens Knossalla und Patrick Stasek bringen interaktive Erlebnisse auf ein neues Level.

Bei der Auswertung dieser KPIs wurde dabei früh deutlich, welchen hohen Stellenwert die möglichen Interaktionen der Community besitzen. Denn je mehr die Zuschauer aktiv in einen Stream eingreifen konnten und eigene Entscheidungen trafen, desto erfolgreicher war das Event. Um die Möglichkeiten in diesem Bereich auszubauen, entwickelte Knossi mit seinen Geschäftspartnern Patrick Stasek und

David Leonard Stade deshalb die Digital Blast GmbH und das Produkt Streamblast.com. Mit dem Ziel, alle Übertragungen von Streamern bzw. anderen Creatorn aus den unterschiedlichsten Bereichen noch interaktiver zu gestalten und dadurch den Mehrwert zu erhöhen. Dabei ist es via Streamblast.com zum Beispiel möglich, bei Konzert-Livestreams die Licht- und Nebelmaschine zu steuern und über den nächsten Song abzustimmen. Oder aber vor einem Event festzulegen, welche Outfits oder Kostüme die Teilnehmer tragen sollen.

Zusätzlich wird von Digital Blast gerade ein Tool entwickelt, dass durch sogenanntes Emoji-Tracking die Zuschauerreaktionen analysiert. Kommen also bei einer bestimmten Aktion plötzlich viele Herz-Emojis vor, ist dieser Inhalt besonders beliebt und wird in der Themenplanung berücksichtigt. Digital Blast konnte dadurch bereits erste Investoren überzeugen und eine Finanzierung im einstelligen Millionenbereich einsammeln. Bei dieser Strategie müssen Streamer laut Knossi jedoch beachten, dass sich nie alle Zuschauer-Wünsche erfüllen lassen.

Das ungewöhnliche Vertriebskonzept des ALGE Likörs

Dass sich erfolgreiche Business-Modelle jedoch nie komplett planen lassen, beweist auch die Erfolgsgeschichte von Knossis ALGE Likör. Denn das Geschäftsmodell entwickelte sich zufällig durch einen Livestream, in dem er sich in einem Spiel mit unterschiedlichen Symbolen den Namen ALGE verpasste. In den Tagen danach sprachen ihn alle Leute auf der Straße mit dem Namen an, weshalb zunächst die Idee für einen ALGE-Song entstand. In dem Musikvideo trank Knossi zu Beginn ein giftgrünes Getränk und seine Augen leuchteten. Als der Song mehrere Millionen YouTube-Klicks generierte und in die Top 50 der deutschen Singlecharts einstieg, erreichten ihn plötzlich hunderte Anfragen zu dem Getränk. Knossi erinnert sich noch genau, wie ihn die Idee zur Likör-Produktion direkt begeisterte. Außerdem wollte er nie ausschließlich fremde Marken präsentieren, sondern eigene Produkte mit einer Geschichte entwickeln.

Doch für die großen Hersteller war es nicht möglich, diese Idee innerhalb weniger Wochen umzusetzen. Deshalb musste schnell ein anderer Plan her und der bestand aus der Zusammenarbeit mit dem Startup FJU. Denn die Gründer Finn Brüggemann und Julian Rotermund erkannten das große Potenzial und entwickelten innerhalb von drei Wochen den ALGE Likör aus Limetten, Zitronen und einen Alkoholgehalt von 15 Prozent. Und die jungen Gründer sollten mit ihrer Prognose recht behalten, denn nach nur sechs Tagen war die erste Charge ausverkauft. Heute gibt es den Likör in hunderten Märkten deutschlandweit, über 800.000 Flaschen wurden verkauft. Das erfolgreiche Startup entwickelt sogar mittlerweile auch Getränke für andere Künstler.

Diese Entwicklung zeigt, dass für einen langfristigen Erfolg eine schnelle und flexible Geschäftsentwicklung nötig ist. Denn Knossi weiß, wenn die Nachfrage besteht, ist schnelles Handeln gefragt. Dafür sorgt das Internet mit seiner Schnelllebigkeit, ein heutiger Trend kann in ein paar Tagen wieder komplett verschwinden. Daher gibt es den ALGE Likör beispielsweise auch in diversen Sonderformen. Weil sich Knossi in dem Videospiel »GTA Online« Theo van Alge nennt und seine Fans die Twitch-Streams und seinen Charakter lieben, wurde auch dafür eine Likör-Version produziert. Dadurch werden spontane, beliebte Trends aufgegriffen und viel schneller umgesetzt als in großen Konzernen.

Knossis Markenzeichen ist die Krone – er bezeichnet sich selbst als »König des Internets«.

Mit Promi-Networking zum neuen Streaming-Rekord

Aber auch ein weiterer Erfolgsfaktor wird deutlich, wenn man sich die die hohe Prominenten-Dichte in Knossis Videos und bei den Events anschaut. Denn egal wo und wann er auftritt, Stars wie der Rapper Sido, Sänger Pietro Lombardi, aber auch der Comedian Mario Barth sind dabei. Davon profitiert Knossi, da die Künstler viele Fans und Follower besitzen, was die Reichweite eines Streamers erhöht. Deshalb entsteht schnell die Frage: Wie hat es Knossi geschafft, sich so ein großes und prominentes Netzwerk aufzubauen? Doch auch in diesem Fall entstanden die Begegnungen zufällig.

Knossi erinnert sich noch an ein Konzert des Rappers Kool Savas, wo er livestreamte und dabei wiederum von Sido gesehen wurde. Dieser machte ihn dann mit Kool Savas bekannt und es entstanden richtige Freundschaften. Aus diesen spontanen Begegnungen und gemeinsamen Streams entwickeln sich dann auch immer wieder Ideen für gemeinsame Show-Formate, wie das »AngelCamp«, das durchschnittlich 141.000 Zuschauer und bis zu 312.000 Zuschauer gleichzeitig auf Twitch verfolgten. Insgesamt 5,3 Mio. Zuschauer erreichte der 72-stündige Livestream, in dem Knossi mit anderen Prominenten angelte und Challenges bestehen musste.

Dabei ist sich Knossi natürlich darüber bewusst, dass Auftritte bei bekannten YouTubern oder Streamern seine eigene Reichweite erhöhen. Doch diese Entwicklung lässt sich laut Knossi für Einsteiger nicht erzwingen. Besser ist es, zwar andere Streamer zu kontaktieren, aber die eigenen Konzepte bestmöglich umzusetzen, um eine hohe Reichweite aufzubauen und damit andere Künstler überzeugen zu können. Dabei lohnt es sich auch, alle Medien-Kanäle zu nutzen, also nicht nur auf Twitch aktiv zu sein, sondern auch bei YouTube, Instagram, Facebook und Twitter. Bei den Themen gibt es allerdings kein Geheimrezept, denn Knossi selbst probiert immer wieder unterschiedliche Bereiche aus, von Gaming über Stunt-Videos oder Backstage-Einblicke.

Knossis Erfolgstipps für angehende Streamer

Diese Strategie hat Knossi zu einem multimedialen Entertainer werden lassen, der scheinbar jedes Projekt erfolgreich abschließt. Damit konnte er alle Wünsche aus seinem Rastätter Kinderzimmer nicht nur umsetzen, sondern bei weitem übertreffen. Sogar sein größter Traum ist in Erfüllung gegangen. Denn im Januar 2021 moderierte Knossi mit »Täglich frisch geröstet« eine eigene Late-Night-Show auf RTL. Was soll da also noch kommen? Der Entertainer ist optimistisch, dass seine Reise weitergeht, viele weitere Formate stehen schon in den Startlöchern.

Dabei steht immer das Ziel im Vordergrund, nämlich die Wünsche der Zuschauer und seine eigenen bestmöglich zu kombinieren, um ein unterhaltsames Gesamtkonzept zu entwickeln. Das sollten auch angehende Streamer befolgen, denn letztendlich entscheiden die Zuschauer über den Erfolg. Insgesamt gilt für Knossi aber das Motto: Bleib du selbst und verstell dich nicht, denn das merken die Zuschauer! Nur wer authentisch bleibt und sich tatsächlich für die Meinungen anderer interessiert, baut eine Bindung auf und sorgt für Sympathie. Wer dann mit seiner Persönlichkeit beim Publikum nicht gut ankommt, kann das laut Knossi leider nicht erzwingen.

Außerdem sollten angehende Streamer immer offen für neue Konzepte bleiben. Denn nicht alle Entwicklungen lassen sich planen, zu strenge Vorgaben stören die Kreativität. Als Beispiel nennt Knossi einen Live-Stream in Hamburg, in dem er spontan bei jemandem ins Auto stieg, sich die Stadt zeigen ließ und hunderttausende Zuschauer begeisterte. Solche Aktionen machen den Unterschied, denn sie offenbaren, ob für den Streamer das Geld oder der Spaß im Fokus stehen. Für Knossi steht fest, dass sich ein Start als Streamer nur lohnt, wenn du eine brennende Leidenschaft für Entertainment besitzt und so alle Stolpersteine überstehen kannst.

SABRINA SPIELBERGER

Ensani Foundation und Digidip

Sabrina Spielberger

Vom Fashion-Blog zum Affiliate-Netzwerk

Gründerin, Geschäftsführerin, Investorin, Stifterin – Sabrina Spielberger ist in verschiedenen Bereichen aktiv und möchte sich stetig weiterentwickeln. In einer Zeit, in der Affiliate Marketing gerade einmal in den Kinderschuhen steckte, entwickelte sie mit ihrer Firma Digidip eine bequemere Variante des Empfehlungsmarketings. Vor Kurzem hat sie den Exit geschafft und Digidip verkauft. Doch damit ist noch lange nicht Schluss: Denn Sabrina möchte auch weiterhin *außergewöhnlich erfolgreich* bleiben.

Es begann mit Fashion-Tipps

Um 2010 herum war Sabrina Spielberger in einer Agentur tätig und arbeitete mit dem Schwerpunkt Display Advertising. Was heute selbstverständlich ist, war damals noch lange nicht so ausgereift. Nebenbei schrieb sie an ihrem eigenen Blog über Fashion, Beauty und Lifestyle. Dabei gab sie immer Tipps für spannende Deals von verschiedenen Shops, bei denen sich für gute Produkte Geld sparen ließ. Schon damals plante Sabrina, die Monetarisierung ihres Blogs voranzutreiben. Werbebanner waren allerdings keine Option für sie, denn Sabrina legte Wert darauf, einen kompakten und durchgehenden Content zu haben. Was sie aber schon damals interessierte: Wie lassen sich die Links auf die externen Shops am besten zu Geld machen?

Füllen einer Marktlücke

Affiliate Links und damit auch das Affiliate Marketing waren damals noch nicht so weit ausgereift. Sabrina erkannte, dass die Technologie zwar eine schlaue Idee war, es aber an der Umsetzung haperte. Diese war zu aufwendig, zu kompliziert, zu spezifisch aufgebaut. Um diese

Marktlücke zu füllen, entschied sie, ein eigenes Meta-Netzwerk für Affiliate-Links aufzubauen. Was die Konkurrenz nicht abdeckte, sollte die Plattform tun, die heute als Digidip bekannt ist. Die Kernfaktoren für den Erfolg: bessere Partnerschaften als auf bestehenden Plattformen, höhere Vergütungen für die Affiliates, ein optimiertes User Interface (UI), kurzum: Alles sollte so simpel und intuitiv wie möglich gehalten sein.

Inspiration bei einer Taxifahrt – rasanter Aufstieg zum Meta-Netzwerk

Das Netzwerk von Digidip umfasst eine riesige Menge an Partnerprogrammen inklusive Tracking-Links für die Affiliates. Sabrina beschreibt ein typisches Beispiel in ihrem Business wie folgt: Ein Blog, der über Affiliate Marketing Geld verdienen möchte, meldet sich bei Digidip an. Es ist lediglich eine einmalige Anmeldung notwendig und dem Blog stehen sämtliche Partner-Netzwerke zur Verfügung, womit die Plattform dem Affiliate eine ganze Menge Arbeit abnimmt – dieser müsste sich sonst in jedem Partnerprogramm einzeln anmelden. Für alle Partnerlinks, die über Digidip laufen und zum Verkauf führen, erhält die Plattform eine kleine Provision. Dass sich dieser Ansatz bewährt hat, zeigt, dass nicht nur Blogger oder Influencer Digidip nutzen, sondern auch teilweise große Verlagsseiten. Diese sparen sich so Zeit und Mühe für die technische Seite der Vermarktung der erwähnten Produkte und können sich darauf konzentrieren, hochwertigen Content zu liefern.

Der Unique Selling Point (USP), also das Alleinstellungsmerkmal von Digidip: der Ansatz, auf Premium-Partner zu setzen. Im Internet, und vor allem im Bereich des Affiliate Marketings, finden sich laut Sabrina viele fadenscheinige Business-Modelle, die aber rechtlich in einer unklaren Zone operieren. Das ist vielen Leuten auch bekannt und hat zu einem entsprechend schlechten Ruf des Konzepts der Partner-Netzwerke geführt. Digidip allerdings setzt auf 100 Prozent Transparenz. Es handelt sich um ein Invite-Only-Netzwerk, also wird jeder Partner geprüft und – sofern er als seriös erachtet wird – proaktiv eingeladen, am Partnerprogramm teilzunehmen. Dies ist für die Nutzer von Digidip zwar etwas kostspieliger, dafür aber gleichzeitig transparenter und abgesicherter.

Die Erfolgszahlen sprechen für sich: Digidip ist weltweit vertreten, hat seinen größten Markt in den USA und bietet Partnerprogramme für über 40.000 Shops. Der Weg dahin war jedoch ein steiniger. Wie Sabrina erzählt, dauerte es allein ein Jahr, die Plattform zu programmieren. Dafür konnte sie auf Programmierer ihrer Business Angel zurückgreifen. Aber auch die Deals mit den jeweiligen Portalen und das anschließende Einpflegen auf Digidip musste erfolgen. Hier hat Sabrina fast alles selbst erledigt, ehe sie 2013 mit ihrer Firma an den Start gehen konnte. Auch den Namen hat sie sich selbst ausgedacht. Die Idee dazu kam ihr auf einer Taxifahrt. Wichtig war ihr vor allem ein knackiger Name mit einer coolen und leicht zu merkenden Buchstabenfolge – und möglichst ohne Begriffe wie Werbung, Ad oder Link. Inspiriert von einem Laden, an dem sie vorbeifuhr, kam sie auf Digi und suchte nach einem passenden zweiten Namensteil. So entstand der Name Digidip.

Ungeplante Internationalisierung brachte großen Erfolg

In den Folgejahren wurde das Affiliate-Business immer beliebter und erreichte stetig höhere Umsätze. Einen großen Schritt machte Sabrina, als sie begann, Digidip internationaler aufzustellen. Hatte sie ursprünglich nur Deutschland als Zielmarkt ins Auge gefasst, wurde dieser jedoch äußerst schnell skalierbar. Folglich entschied sich Sabrina, auch international aktiv zu werden. Und da die USA heute den größten Markt für Digidip bieten, war es definitiv eine ausgezeichnete Entscheidung. Spannend dabei ist, dass die Plattform ausschließlich aus ihrem Headquarter in Berlin operiert und keine Zweigstellen benötigt – auch nicht auf anderen Kontinenten.

Mit der erfolgreichen Entwicklung ihres Affiliate-Netzwerks Digidip gilt Sabrina Spielberger als eine der Vorreiterinnen im Bereich Affiliate Marketing.

Stetig neue Ziele

Luft nach oben gibt es allerdings auch noch. Sabrina sagt, dass sie schon länger den Markt in Asien ins Auge gefasst hat. Gleichzeitig ist es ihr wichtig, neue Publisher-Modelle zu erschließen und dadurch innovativer zu werden. Auch Social Media darf nicht ignoriert werden und bedarf mehr Fokus, genauso wie die Zusammenarbeit mit Influencern auf Digidip. Ziel bleibt weiterhin, dass die Mitarbeiter stolz darauf sind, für das Unternehmen zu arbeiten. Auf dieser Basis soll die Unternehmenskultur weiterentwickelt werden.

Ihre persönlichen Ziele mit Digidip hat Sabrina allerdings bereits erreicht, als sie die Firma im Sommer 2021 verkaufte und damit den von vielen Gründern anvisierten Exit schaffte. Bis Ende Juni des Folgejahres blieb sie noch als Geschäftsführerin in der Firma, um den Übergang möglichst reibungslos sicherzustellen.

Konkurrenz als Chance, um Meilensteine erreichen

Angesprochen auf die größten Fehler, die Gründer machen können, ist sich Sabrina sicher: die Konkurrenz zu unterschätzen. Jeder habe irgendwo Konkurrenz, die einem etwas wegnehmen kann. Seien es Marktanteile, Kunden oder auch nur mediale Aufmerksamkeit. Ihr persönlich hat die Analyse der Konkurrenz besonders geholfen, USPs für Digidip zu bilden – nämlich die transparente Plattform mit zertifizierten und geprüften Publishern. Die (potenzielle) Konkurrenz dürfe man hierbei nie unterschätzen und sollte diese auch auf dem Schirm haben, wenn sie wenig bedrohlich wirken. Dafür ist wiederum eine Vertrautheit mit dem Markt Voraussetzung. Auch ihre Business Angel konnte sie damit überzeugen, proaktiv auf mögliche Konkurrenten einzugehen, diese zu analysieren und Konzepte zu entwickeln, um weiterhin erfolgreich zu arbeiten.

Stichwort erfolgreich: Rückblickend gibt es einige Meilensteine und Errungenschaften, auf die Sabrina in ihrer Karriere als Unternehmerin besonders stolz ist. Vorneweg steht die Entwicklung von Digidip zu einem profitablen Geschäft nach drei Jahren, sodass Sabrina dann beginnen konnte, ihren Mitarbeiterstamm aufzubauen. Als schnell wachsendes Startup wurde sie darüber hinaus mit mehreren Awards ausgezeichnet. Ein Meilenstein ist außerdem die Etablierung auf dem US-Amerikanischen Markt, obwohl Digidip nach wie vor vollständig aus Deutschland arbeitet. Darüber hinaus freut sie sich sehr über den riesigen Umsatz, die sie mit ihrem E-Commerce-Business erreicht hat (über 2,5 Milliarden Euro). Schlussendlich ist der Verkauf an Yieldkit der letzte Meilenstein ihrer Digidip-Karriere.

Nicht auf den Lorbeeren ausruhen

Auf den bisherigen Erfolgen will sich Sabrina aber nicht ausruhen, denn sie ist auch als Investorin und Stifterin aktiv. So plant sie, die Erlöse vom Digidip-Verkauf in vielversprechende Unternehmen und Fonds zu investieren. Interessant dabei ist, dass sie nie geplant hatte, auch als Investorin tätig zu sein. Laut Eigenaussage kam das aus der Situation heraus. Zuvor hatte sie sich stets auf ihre Projekte fokussiert und einfach an und für Digidip gearbeitet. Mit steigendem Bekanntheitsgrad der Plattform kamen mehr Anfragen von Interessenten rein und die Öffentlichkeitsarbeit beanspruchte immer mehr Zeit. So gab sie als allererstes den Blog ab; schlussendlich wurde dieser überwiegend als Testseite für neue Tools verwendet. Es sei aber wichtig gewesen, mehrere Standbeine aufzubauen und sich dadurch finanziell besser abzusichern, erklärt sie.

Neben den künftigen Investitionen möchte sich Sabrina in Zukunft stärker auf ihre Stiftung, die *Ensani Foundation*, konzentrieren. Mit dieser Stiftung möchte sie benachteiligte Kinder unterstützen, Bildung zu erhalten. Auch einen Kampf gegen die Diskriminierung und für die Integration verfolgt sie mit ihrer Stiftung. Darüber hinaus plant Sabrina, künftig häufiger als Speakerin aufzutreten, sowohl um ihr eigenes Wissen zu teilen als auch andere zu inspirieren und ihnen ebenfalls zum Erfolg zu verhelfen. Eventuell wird sie auch wieder gründen. Wann und was, das steht noch in den Sternen. Aber sobald die richtige Idee sie nicht mehr loslässt, könnte die Reise wieder losgehen.

Geheimrezept: die richtige Motivation

Welchen Tipp hat Sabrina, um *außergewöhnlich erfolgreich* zu werden? Das Entscheidende ist ihr zufolge die richtige Motivation für den Start in das eigene Projekt, ebenso wie die Beibehaltung dieser im Laufe der Entwicklung. Gründer müssten in Vollzeit an ihren Ideen arbeiten, um ein nachhaltig erfolgreiches Business aufzubauen. Dazu gehöre auch, sich mittelfristig mit Themen wie Mitarbeiterführung auseinanderzusetzen und sich in diesem Bereich professionell aufzustellen – auch durch Coachings. Sabrina etwa wollte eines Tages selbst gerne ein cooles, ambitioniertes Team führen und das hat sie motiviert, weiter an Digidip zu arbeiten. Und das, wie man sieht, *außergewöhnlich erfolgreich*.

JULE NAGEL

julesboringlife

© Enya Svea

Jule Nagel

Von 0 auf 6 Millionen Follower in Rekordzeit

Auf der Plattform TikTok wurde Jule innerhalb von wenigen Wochen zur Berühmtheit. Es war nicht ein Video das sie berühmt gemacht hat, vielmehr war es ihre einzigartige Art, ihr unverkennbarer Humor und auch die Entwicklung vom schüchternen Mädchen zur selbstbewussten jungen Frau. In ihren Videos zeigt sie neben trendigen Tanzeinlagen ihren Alltag, ihre Familie und alle Facetten ihres gar nicht mal so langweiligen Lebens. »Julesboringlife« ist der Name ihres Accounts. Die Bezeichnung stimmte vielleicht damals, heute sieht es jedoch ganz anders aus. Zahlreiche Kooperationspartner, der Besuch von Releasepartys und Freunde mit der gleichen Leidenschaft – Jule führt ein Leben, auf das viele sicher mit Neid blicken. Es zeigt sich jedoch, dass hinter den glamourösen Clips ein aufwändiger Vollzeitjob steckt. Content Creatorin, Influencerin oder TikTokerin – Jules Berufsbezeichnung ist irrelevant, denn eines ist sie sicher: *außergewöhnlich erfolgreich*.

Jule Nagel ist eigentlich das typische Mädchen von Nebenan. Jemand, mit dem sich viele identifizieren können. Sie hat braune lange Haare, eine positive Ausstrahlung und zeigt sich höflich und freundlich. Doch wenn sie in der Stadt unterwegs ist, dann geht sie nicht in der Masse unter. Zahlreiche Menschen drehen sich zu ihr um, gehen auf sie zu und bitten um ein Foto mit ihr. Doch wie kam es dazu?

Ein Schicksalsschlag, der alles ändert

Im Jahr 2002 wird Jule in der Nähe von Stuttgart geboren und wächst als klassisches Dorfkind sehr idyllisch auf. Als sie 12 Jahre ist, ist die Familie im Urlaub und ihre Mutter bemerkt einen merkwürdigen Knubbel an Jules Hals. Zunächst scheint es harmlos, sie vermuten einen Insektenstich dahinter. Später erhält Jule eine Schock-Diagnose:

Lymphknotenkrebs. Mit 2 bis 3 Menschen aus 100.000 Einwohnern, die jährlich daran erkranken, eine eher seltene Krebsart. Obwohl die Heilungschancen gut stehen, ist Jules unbeschwerte Kindheit zunächst vorbei. Sie selbst erfasst die Konsequenzen der Diagnose zu diesem Zeitpunkt noch nicht, ihre Mutter bricht jedoch sofort in Tränen aus. Alles was das kleine Mädchen von damals versteht ist, dass ihr die Haare ausfallen werden. Mehrere OP's und eine Chemotherapie muss sie über sich ergehen lassen und auch ihren 13. Geburtstag feiert sie im Krankenhaus. Insgesamt eine schwierige Zeit, die das junge Mädchen durchmachen muss. Sie wünscht sich ihre langen Haare und einen gesunden Körper zurück, doch das dauert. Am 18. Januar 2016 ist es dann tatsächlich soweit und Jule ist den Krebs los. Was bleibt, ist der Lebenswille und der Wunsch, aus jedem Tag einen Guten zu machen.

Nach dem Krebs ist Jule ein anderer Mensch, sie musste einen schlimmen Schicksalsschlag überstehen, der für die ganze Familie nicht einfach war. Auch in ihrem Umfeld erfährt sie negative Reaktionen, sie muss Erfahrung mit Berührungsängsten anderer machen. Viele haben Bedenken, dass es ihr zu viel oder zu anstrengend wird. Als Teenager dann hat Jule Vorbilder wie Bibisbeautypalace oder andere Content Creator auf Musical.ly – so hieß die Plattform bevor sie zu TikTok wurde. Ihr Wunsch: so zu werden wie ihre Idole. Videos produzieren und zahlreiche Follower haben.

Der Beginn von etwas Großem

Aus Langeweile beginnt Jule damit, einige Videos auf Musical.ly hochzuladen, doch zunächst ohne wirklichen Erfolg. Die Follower bleiben aus, doch eine hohe Followerschaft war auch nie das konkrete Ziel hinter den Uploads. Im Jahr 2017 dann wird Musical.ly für eine Milliarde US-Dollar an das chinesische Unternehmen Bytedance verkauft und später mit dem Pendant TikTok fusioniert. Nach einem guten Realschulabschluss hat Jule mehr Zeit, sie muss weder lernen noch zur Schule gehen. Also eröffnet sie einen neuen TikTok-Account und veröffentlicht ein Video nach dem anderen. Wenn man Jule heute fragt, was bei ihrem Durchbruch eine Rolle gespielt hat, so spricht sie auch vom richtigen Zeitpunkt: »Vielleicht hätte ich es nicht geschafft, wenn ich einen Monat später angefangen hätte.« Denn nach dem Wechsel von Musical.ly zu TikTok gehen ihre Videos viral. Zu Beginn fokussiert sich die TikTokerin auf den Bereich Comedy und bringt ihre Fans damit zum Lachen. Die Resonanz ist überwältigend und die Followerzahlen wuchsen täglich um mehrere tausend.

Jules Content: authentisch und spontan

Heute ist auch Jules Mutter Tanja, die Jules größter Fan und Unterstützer ist, häufig auf TikTok zu sehen. Sie ist selbst schon zum echten Fanliebling geworden. Auch der Content auf dem Account julesboringlife hat sich verändert. Er ist, wie Jule selbst auch, erwachsener und selbstbewusster geworden. Zwar bringt Jule ihre Follower weiterhin mit tollpatschigen Geschichten zum Lachen, sie zeigt aber auch die negativen Seiten ihres Lebens. Auf TikTok spiegelt sie ihren Alltag wider, die Höhen aber auch die Tiefen. Die Follower sind also nahezu live dabei, wenn Jule sich morgens schminkt, nachmittags zum Shopping geht oder ihren Umzug plant. Was viele jedoch nicht sehen, ist die Arbeit, die hinter den kurzen Videos steckt. Mindestens drei Videos landen am Tag auf Jules Account, dazu kommt der Instagram-Content sowie das Follower Management, beispielsweise das Lesen und Beantworten von Kommentaren oder Nachrichten. Nicht selten spricht Jule über ihre Videos ein Voiceover. Da passiert es auch ganz regelmäßig, dass sie in ihrem Auto sitzt und dieses als Tonstudio umfunktioniert. Dazu sagt sie selbst: »Da brauche ich einfach meine Ruhe. Ich bin da sehr perfektionistisch was das Voiceover angeht. Wenn da Leute im Hintergrund zu hören sind, das geht nicht.«

Gemeinsam mit ihrer Mutter Tanja feiert sie hier ihren Geburtstag.

Das Geheimnis hinter Jules Content

Viele fragen sich: Wie hat sie mit dem, was sie tut, so viel Erfolg? Sie weiß, vor allem das kontinuierliche Posten ist einer ihrer Erfolgsfaktoren. Möchte man sich als Influencer einen Namen machen, so hilft es nichts, einmal wöchentlich ein Foto oder Video zu posten. Stattdessen erwarten die Follower regelmäßigen Content und häufige Updates. Mit ihrer außergewöhnlichen Art und dem Hintergrund ihrer Krebsgeschichte hat Jule einen Wiedererkennungswert, der sie von anderen unterscheidet. Was sie empfehlen kann: echte Geschichten mit anderen Menschen teilen und darauf den Fokus legen. Die Follower merken, wenn die Inhalte künstlich sind. Wer hingegen gute Werte hat und diese auf seinem Account vermittelt, wird mit etwas Glück sehr erfolgreich.

Anders als vielleicht bei anderen Online-Business steckt hinter Jules Account kein ausgeklügeltes Geheimnis. Sie hat keinen Redaktionsplan, vieles entsteht durch Spontanität. Das ist nicht etwa aus mangelnder Motivation der Fall, vielmehr entscheidet sie sich ganz bewusst gegen eine solche Strukturierung. Sie selbst ist sich sicher, dass ein Redaktionsplan ihren Content verändern und ihn nicht authentisch gestalten würde. Während sie die verschiedenen Snippets aus ihrem Tag für einen Vlog auf TikTok filmt, überlegt sie sich lediglich bereits ein grobes Konzept für das Voiceover, welches sie dann als Ton über die Videosequenz legt. Der Rest entsteht spontan.

Gerade auf TikTok sind Trends elementar, da sie sich häufig wie ein Lauffeuer verbreiten. Geht ein Thema viral, so sieht man kurzerhand hunderte, wenn nicht tausende Nachahmer. Auch an Jule gehen diese Trends natürlich nicht vorbei. Jedoch ist sie niemand, der nach Trends sucht und diese nur für die Klickzahlen abfilmt. Stattdessen passiert es ihr sogar hin und wieder, dass sie selbst zum Trendsetter wird und ihre Tänze und Ideen über Nacht zum Hit werden. Meistens prüft sie am Morgen, wie der Vortag performt hat und welche Videos gut angekommen sind. Wenn dann ganz TikTok-Deutschland einen von ihr erstellten Tanz nachmacht, ist sie meist selbst überrascht.

Auch die Gefahren von TikTok sind Teil von Jules Business. Denn in den Kommentaren unter ihren Videos liest man nicht nur positive Nachrichten. Sie selbst weiß, »wer mit TikTok erfolgreich werden will, muss in die ganz Sache gestärkt hineingehen und schon etwas abgehärtet sein, sonst geht man daran kaputt.«

Mehr als nur ein Hobby

Bis zu dem Punkt, an dem die TikTokerin 3 Millionen Follower hat, verdient sie für ihren Content keinen einzigen Cent. Anders als beispielsweise bei YouTube, werden auf Instagram und TikTok die Creator nicht nach ihren Klickzahlen bezahlt, sondern erwirtschaften Einkommen lediglich aus Kooperationen mit Werbepartnern. Jule wusste damals nicht, dass dies überhaupt ein Hauptberuf sein kann. Erst als ein Management sie anschreibt und sie über ihre Möglichkeiten informiert, wird ihr und ihren Eltern klar, dass daraus ein Business werden kann. Kurz darauf kommen die ersten Werbedeals, Briefings und Verträge. Für Jule, die fast über Nacht in diese Welt hineingefallen ist, ein Arbeitsablauf, in den sie sich erst hineinarbeiten muss.

An einen ihrer ersten Deals kann sich die junge Frau noch gut erinnern. Für eine Skincare Marke erhielt sie ein zehnseitiges Briefing. Ihr erster Gedanke: »Wie lange soll diese Story werden, wenn das Briefing schon so lange ist«. Vor ihren Followern ist Jule stolz, dass sie jetzt Werbung machen darf. Für sie ist es ein großer Meilenstein in ihrer Karriere. Ihre Mutter legte dabei besonders großen Wert auf die Kennzeichnung der Werbung. Gerade im Social-Media-Bereich ist das essenziell.

Während die Einnahmen also aus den Werbedeals mit ihren Kooperationspartnern stammen, sind die Ausgaben vor allem auf die Produktion ihres Contents zurückzuführen. So steht hier vor allem technisches Equipment an oberster Stelle. Zuhause verfügt sie über eine große Ringleuchte, um jederzeit für gute Lichtverhältnisse sorgen zu können. Doch auch für unterwegs ist ihre Tasche vollgepackt. Da sie große Teile ihres Alltags mitfilmt, ist ein kleines Licht zum Mitnehmen immer dabei. Zu den Ausgaben zählen aber auch Hotelaufenthalte oder Reisekosten für Zug und Taxi. Denn auch das Netzwerken auf Veranstaltungen mit anderen Content Creators gehört zu Jules Beruf hinzu.

Unterstützung für kreative Freiheit

Heute mit 6 Millionen Followern würde es Jule als Einzelperson nicht schaffen, alle ihre Kooperationen zu organisieren und gleichzeitig Content zu produzieren sowie mit ihren Followern zu interagieren. Deshalb hat sie Unterstützung von einem Management. Mit ihrem Manager Lukas spricht Jule über alle relevanten Themen. Er ist es auch, der am Anfang des Tages eine Liste mit allen wichtigen To-Dos und Terminen schickt und sie auf Kooperationen vorbereitet. Während das Management also alle administrativen Aufgaben übernimmt, kann sich Jule voll auf das Ausleben ihrer Kreativität konzentrieren.

Werbedeals: Ein Blick hinter die Kulissen

Der Beginn einer Kooperation sieht von Seiten des Management meist ähnlich aus. Entweder ein Unternehmen meldet sich konkret selbst, um mit Jule zusammenzuarbeiten, oder das Management geht auf Unternehmen zu. Es gibt ein ganzes Team aus Key Account Managern, die Bestandskunden an die rund 40 Talente vermitteln oder auch neue Unternehmen akquirieren. Werbepartner, die sich selbst melden, werden vom Management-Team zunächst auf ihre Seriosität hin überprüft. Bei Produkten aus dem Beautybereich recherchiert Manager Lukas beispielsweise zunächst, wo diese gelistet sind und wie das Image der Marke einzuordnen ist.

Jule hat zwar Einsicht in ihr eigenes Postfach, ihr Management gibt allerdings trotzdem bestimmte Empfehlungen an sie weiter. Auf Grundlage dessen kann sie dann eine Entscheidung über die Kooperationen treffen, die sie annimmt. Für die Verhandlung des Preises schickt das Management verschiedene realistische Kennzahlen und auch Richtwerte vergangener Kampagnen an die Partner. Die Preise variieren jedoch stark nach Länge, Häufigkeit und der Art des Postings. Auch von dem Ziel des Kooperationspartners können die Konditionen abhängen. Kommt ein Werbedeal zustande, so erhält Jule ein Briefing und erstellt nach den Vorstellungen des Unternehmens ein Video oder Foto mit den Produkten. Das wird im Anschluss zur Freigabe an den Werbepartner geschickt und dann veröffentlicht oder nochmals abgeändert.

Projekte abseits von TikTok

Auch neben ihren Tätigkeiten auf Social Media treibt Jule ihre Karriere voran. Sie selbst hat früher Merchandiseprodukte von Bibisbeautypalace und Co. gekauft. Heute gibt es Hoodies und Jogginghosen mit ihrem eigenen Schriftzug »Boring« darauf. Auch einen eigenen Schülerkalender hat die heute 19-Jährige herausgebracht. Der Gedanke, dass sie für andere eine Art Vorbild ist, wie es die Influencer damals für sie waren, macht sie sehr stolz. Ihre Intention ist dabei auch, neben TikTok noch andere Standbeine zu haben. Denn sie ist sich ihrer Abhängigkeit von den Plattformen eindeutig bewusst.

Besonderen Fokus legt Jule auch auf das Verbreiten ihrer Krebsgeschichte. Auf Social Media spricht sie ganz offen über die Zeit, die für die ganze Familie der blanke Horror war. Sie zeigt Fotos und teilt ihre Erinnerungen. Ihr Ziel ist dabei eines: anderen Mut machen. Sie möchte krebskranken Kindern vorleben, wie ihre Zukunft aussehen kann und sie in der schwierigen Situation unterstützen. Auch mit Geschenken und

Besuchen bei den Kindern versucht sie diesen zu helfen – zwar nicht als Arzt, aber als Botschafterin. Das ist Jule nämlich auch dank einer ehrenamtlichen Kooperation mit der Deutschen Krebshilfe. Gemeinsam mit ihrer Mutter ist sie als Gesicht der Organisation auf Plakaten zu sehen. »Ein echter Meilenstein«, so die junge Frau.

Das bringt die Zukunft

Was Jule noch erreichen wird, darauf dürfen wir sicher gespannt sein. Für die nächsten Jahre sieht sie sich weiterhin erst einmal als Content Creatorin. Denn, sich neben einem Vollzeitjob, in dem man von früh bis Abend arbeitet, eine zweite Karriere aufzubauen, ist schwer. Doch sie kann sich gut vorstellen, später auf Seiten eines Managements zu arbeiten.

Was für sie schlussendlich der Schlüssel zu außergewöhnlichem Erfolg war? – Den Kindheitstraum, den ein jeder von uns im Hinterkopf hat, tatsächlich umzusetzen. Wenn dieser Plan aufgeht und der Traum zur Wirklichkeit wird und gelingt, dann ist man laut Jule Nagel *außergewöhnlich erfolgreich*. Und sie hat es geschafft.

FRANK OTTO

Frank Otto

Das innovative Gespür eines Medien-Pioniers

Es gibt einige Personen, die sich als Medienunternehmer bezeichnen. Doch diese Bezeichnung scheint nur auf Frank Otto so richtig perfekt zu passen. Denn was er anpackt, entwickelte sich immer zu einem lukrativen Business. Ob als Gründer von OK Radio, dem ersten deutschen Musiksender VIVA oder als Herausgeber der Hamburger Morgenpost – seine innovativen Ideen führten zum Erfolg und prägten ganze Generationen. Bis heute investiert Frank Otto immer wieder in lukrative Unternehmen und erkennt die Trends von morgen. Dabei setzt er auf Leidenschaft und sein unverwechselbares Gespür für gute Geschäftsmodelle.

Von der Musik-Leidenschaft zur ersten Geschäftsidee

Die Erfolgsgeschichte von Frank Otto könnte eine ganz andere sein, in einer völlig anderen Branche und anderen Startvoraussetzungen – wenn er sich entschieden hätte, in die Fußstapfen seines Vaters zu treten, um in den milliardenschweren Versandhandel der Otto GmbH & Co KG einzusteigen. Doch Frank sah diesen Weg nie als Option, vielmehr liebte er es, sich kreativ auszuleben und entwickelte schnell eine große Begeisterung für die Medienbranche. Allerdings existierte damals nie der konkrete Plan, die Radio- und TV-Geschichte zu revolutionieren. Und schon gar nicht, in den 1980er Jahren als Unternehmer ins Radiogeschäft einzusteigen. Denn Frank hatte sich damals als ausgebildeter Maler in der Kunstszene einen Namen gemacht. Außerdem besaß er eine große Leidenschaft für Musik und spielte in den Bands City Nord und Goya.

Dementsprechend hörte er täglich begeistert Radio. Das eintönige und kulturelle Programm der öffentlich-rechtlichen Radiosender interessierte ihn allerdings nicht allzu sehr. Stattdessen versuchte er, so wie fast alle jungen Hörer, auf internationale Sender zuzugreifen. Jedoch waren die englischsprachigen Angebote nicht für jeden empfangbar. Dadurch stieg eines Tages der Wunsch in ihm auf, einen komplett neuen Radiosender aufzubauen. Der stärker auf den modernen, rockigen Musikgeschmack setzt und sich auch insgesamt vom bisherigen Angebot unterscheidet. Doch es blieb zunächst bei einer Idee. Durch das duale Rundfunksystem war es gesetzlich nicht möglich, weitere Radiosender zu gründen oder neue Konzepte umzusetzen.

Frank Otto liebt die Musik – und gab auf der Bühne immer alles.

Der Start in die Radiobranche

Allerdings sollte sich bald eine Chance ergeben, diese Idee umzusetzen. Genauer gesagt am 3. April 1987, als das duale Rundfunksystem durch den »Staatsvertrag zur Neuordnung des Rundfunkwesens der Länder« ersetzt wurde. Dadurch waren Privatsender plötzlich erlaubt und auch eine eigene Rundfunklizenz rückte in greifbare Nähe. Von dieser historisch weitreichenden Änderung erfuhr Frank von einem Freund und traf kurze Zeit später auf seinen Mitgründer. Schnell stellten sie den Antrag für einen neuen Sender, der »OK Radio« heißen sollte. Allerdings lief dieser

Einstieg alles andere als reibungslos, denn eine Rundfunklizenz war damals mit komplizierten Auflagen verbunden. Dadurch wollte die Regierung sicherstellen, dass trotz der Privatisierung nur ausgewählte Unternehmen eine solche Lizenz erhalten.

Noch heute handelt es sich bei der Rundfunklizenz um eine Art »Radio-Führerschein«, der 1.000 bis 3.000 Euro kostet und die Kriterien der Landesmedienanstalten erfüllen muss. Diese Kriterien waren damals noch strenger, weshalb auch 1988 kurz nach Erhalt der Lizenz das erste Mahnverfahren aufgrund unerfüllter Auflagen hereinflatterte. Doch Frank nahm diese Herausforderung an und suchte nach passenden Strategien, die er in »The Program Director's Handbook« von Bob Painva fand. Dieses international bekannte Handbuch befasst sich mit der Musikauswahl, Werbetechniken sowie der öffentlichen Verantwortung eines Programmdirektors. Erst durch die intensive Beschäftigung mit dem Thema entwickelte er den unbedingten Willen, als Radio-Unternehmer erfolgreich zu sein. Letztlich legte dieser Schritt auch den Grundstein für eine neue Idee: ein komplett neues Programmkonzept.

Mit Risiko zur Radio-Revolution

Dieses innovative Radio-Konzept beruhte auf Franks Fähigkeit, selbst in alltäglichen Situationen besondere Details zu erkennen. Er selbst nennt es das »visuelle Gespür«. So fiel ihm damals auf, dass der Musikgeschmack der Jugendlichen überhaupt gar nicht mit den Playlisten der Radiosender zusammenpasste. Ob bei vorbeifahrenden Autos, beim Treffen mit Freunden oder in Kneipen – überall lief Musik, die die Radiosender nicht spielten. Und wenn doch, dann schnitten sie beispielsweise lange Gitarrensoli einfach raus und sorgten bei der Jugend für Desinteresse. Auch die gesamte Ansprache der Hörer war zu förmlich für den alltäglichen Umgang und die Themen beschränkten sich auf Politik und Gesellschaft.

Deshalb war Frank klar, dass es eine moderne Neuausrichtung geben müsse, mit einer persönlichen Ansprache und jugendrelevanten Themen. Diese Pläne konnte er allerdings nicht mit Zahlen belegen, was eine große Hürde darstellte. Wie würde das neue Konzept bei den jungen Hörern ankommen? Konnte er seinem Instinkt vertrauen? Der Unternehmer ließ sich nicht beirren, nahm das Risiko auf sich und formte das OK Radio 1990 in ein Hit-Radio um. Danach musste er auf sein Konzept vertrauen und die Zeit überbrücken. Denn anders als im Fernsehen, wo die Einschaltquoten täglich ausgewertet werden, erschien für das Radio nur einmal jährlich die sogenannte Media-Analyse. Also wartete Frank viele Monate und hoffte, dass sein innovativer Ansatz überhaupt funktionierte.

Dann war der Tag da und auch die überwältigende Erkenntnis: Der Plan geht auf! OK Radio erreichte bis zu 15 Prozent Marktanteil, in der Zielgruppe der 14- bis 29-Jährigen sogar bis zu 60 Prozent. Mit diesem großen Erfolg hatte selbst Frank nicht gerechnet, er konnte nun endlich lukrative Werbeplätze anbieten. Insgesamt veränderte dieser Schritt die Radiobranche komplett, denn plötzlich versuchten sogar öffentlich-rechtliche Sender, sein Konzept zu übernehmen und erkannten das Potenzial der jungen Zielgruppe. Für Frank lässt sich diese Erkenntnis auch in andere Branchen übertragen. Denn seiner Meinung nach bewegen sich alle Unternehmer in besetzten Märkten, müssen ein Risiko eingehen und sich durch ein innovatives Alleinstellungsmerkmal von der Konkurrenz abheben.

Das Geschäftsmodell eines Radiosenders

Auch wenn sich alles letztendlich als Glücksgriff erwies, war der Weg bis dahin mit einigen Hürden und vor allem hohen Ausgaben verbunden. Denn neben der Lizenz mussten auch das Sendestudio, die Moderatoren, weitere organisierende Angestellte sowie die Verbreitung bezahlt werden. Insgesamt entstanden Kosten in Höhe von 3 Millionen D-Mark (umgerechnet 1,5 Millionen Euro) und zunächst kaum Einnahmen. Denn ohne die Ergebnisse der Media-Analyse konnte OK Radio seine Werbeplätze nur vereinzelt verkaufen. An diesem System hat sich bis heute nicht viel geändert, denn noch immer müssen die privaten Radiosender eine Hörerschaft vorweisen, um Einnahmen zu generieren.

Dabei liegen die Preise pro Werbespot zwischen drei und zehn Euro pro Sekunde und Ausstrahlung. Also werden bei einem großen Radiosender für einen 20-Sekunden-Spot 200 Euro pro Ausstrahlung fällig. Hinzu kommen noch Kosten ab ca. 2.000 Euro für die Spotproduktion. Dies ist im Vergleich zur TV-Werbung jedoch noch verhältnismäßig günstig. Dort starten die Preise eines Nischensenders bei 15.000 Euro für einen 20-Sekunden-Spot und 100 Ausstrahlungen. Quotenstarke TV-Sendungen verlangen sogar ab 70.000 Euro für zehn Ausstrahlungen, wobei die Spotproduktion ab 5.000 Euro nicht eingerechnet ist.

Vor- und Nachteile von Radiowerbung für Unternehmen

Wer als Unternehmer Radiowerbung schalten möchte, um seine Marke aufzubauen oder bekannter zu machen, muss laut Frank insgesamt mit einem hohen Streuverlust rechnen. Das heißt, die Zuhörer werden nur stichprobenartig ermittelt, was eine genaue Zielgruppenanalyse erschwert. Deshalb ist es umso wichtiger, sich in die Kunden hineinzuversetzen, um die ideale Zeit für Radiowerbung zu ermitteln. Die Frage lautet also: Wann hört meine Kundschaft Radio und ist empfänglich für mein Produkt? Zum Beispiel schalten Supermärkte morgens Werbung, um die Kunden auf dem Weg zur Arbeit für den abendlichen Einkauf vorzubereiten. Vor dem Wochenende sind meistens Baumärkte vertreten, da sie tendenziell am Samstag besucht werden. Wer diese Gewohnheiten ganz genau kennt, kann die Werbewirkung erhöhen.

Der große Vorteil des Mediums ist zudem, dass der sogenannte Visual Transfer möglich ist. Frank hat diesen Effekt immer wieder erlebt. Wenn Unternehmen beispielsweise TV-Spots über ein neues Produkt schalten und dann gleichzeitig Radiowerbung läuft, entsteht ein visueller Gesamteindruck der Marke, was wiederum den Kaufreiz erhöht. Generell unterscheidet sich dabei jedoch die sogenannte Primetime zwischen den Medien Radio und Fernsehen. Denn während für TV-Spots abends die höchsten Kosten entstehen, besitzt das Radio seine Primetime vormittags, wenn die Hörer aufstehen oder sich auf den Weg zur Arbeit machen.

Von der Radioszene zum ersten deutschen Musiksender

Auf Frank warteten nach diesem großen Erfolg in der Radiobranche direkt weitere Herausforderungen. Andere Sender, die ebenfalls eine inhaltliche Neuausrichtung planten, kontaktierten den erfolgreichen Unternehmer und baten um Hilfe. Denn er hatte bewiesen, dass sein Gespür für Innovationen funktionierte, weshalb er auch bei weiteren, regionalen Sendern einstieg und deren Entwicklung voran brachte. Doch Frank wollte noch mehr. Schließlich beinhaltete die Medienbranche noch so viele weitere Chancen. Deshalb fiel sein Fokus 1993 auf die TV-Branche, genauer gesagt auf das Musikfernsehen. In Deutschland existierte zu dieser Zeit nur MTV als einziger öffentlich empfangbarer Musiksender. Das größte Problem: Auf MTV konnten die Zuschauer keine deutschsprachige Musik hören und sehen, sondern ausschließlich große Interpreten aus den USA.

Die deutschen Künstler mussten also ihr Glück in speziellen Musiksendungen auf anderen Sendern versuchen. Hier lag der Fokus allerdings oft nur auf »Volksmusik«. Für Frank und seine Geschäftspartner war deshalb klar, dass Deutschland einen eigenen Musiksender brauchte, der Pop- und Rockmusik spielt und deutschen Künstlern eine Plattform bietet. So entstand der erste deutsche Musiksender VIVA Television und gleichzeitig ein Konzept, das eine ganze Generation prägte. Denn VIVA brachte zudem zahlreiche Entertainer hervor, wie z.B. Stefan Raab, Heike Makatsch, Klaas Heufer-Umlauf, Oliver Pocher und Charlotte Roche. Auch finanziell lohnte sich dieser Schritt, denn neben den Werbeeinnahmen in Millionenhöhe konnte Frank Otto den Sender 2004 für über 300 Millionen Euro verkaufen.

Erfolgsfaktoren und glückliche Fehler

Wenn Frank auf seine bisherige Karriere zurückblickt und versucht, seine Erfolgsfaktoren zu benennen, fallen ihm direkt die Bedürfnisse seiner Kunden ein. Denn es musste für ihn immer die Gewissheit existieren, dass ein bestimmter Bedarf besteht. So wie bei den jungen Radiohörern oder den VIVA-Zuschauern. Im besten Fall existieren dabei ausführliche Studien oder eigene Umfragen innerhalb der Branche. Wer diese Zahlen nicht besitzt, so wie es bei Frank auch oft der Fall war, geht ein hohes Risiko ein und dessen muss man sich bewusst sein.

Außerdem gilt bei jedem Geschäftsaufbau: die Schwächen der Konkurrenz analysieren, um die Abläufe besser umzusetzen. Diese Strategie nutzte Frank zum Beispiel auch bei VIVA, indem er ausschließlich große Investitionen in Bereichen tätigte, die MTV für den deutschen Markt nicht abdeckte. So entstanden neue Studios für tägliche Talk-Sendungen und ein deutscher Musikpreis mit dem VIVA Comet. Dabei gibt der Unternehmer jedoch zu, dass es immer auch ein gewisses Glück braucht, weil sich natürlich nicht alle Auswirkungen und Zuschauerreaktionen konkret planen lassen.

Manchmal können sich dann sogar aus Fehlern neue Chancen ergeben. Exemplarisch steht hierfür Frank's Einstieg bei der Zeitung »Hamburger Morgenpost« im Jahr 1999 und sein Fehler, kurzerhand einfach den Preis der Zeitung anzuheben. Damals ein großer Fauxpas, denn eigentlich galt das ungeschriebene Gesetz, dass nur der Marktführer einen solchen Schritt unternehmen darf. Da Frank das jedoch gar nicht wusste, sorgte er mit dieser riskanten Entscheidung für erhebliche Mehreinnahmen und musste danach nicht einen einzigen Monat mit Verlusten rechnen.

Die Relevanz der Unternehmer-Leidenschaft

Bei dieser beeindruckenden Karriere stellt sich für viele natürlich auch die Frage, ob der Nachname Otto und seine Familiengeschichte diesen Weg rückblickend beeinflussten: Wie schwer es ist, aus dem Schatten des eigenen Vaters herauszutreten. Ob nie zwischendurch der Gedanke aufkam, doch den einfachen Weg zu wählen und in das milliardenschwere Handelsunternehmen einzusteigen. Doch für Frank stand dieser Gedanke nie zur Option, denn er sieht sich selbst als kreativen Künstler und schon früh wusste er, dass er seine eigene Erfolgsgeschichte schreiben würde. Dabei gibt er allerdings zu, dass der Name zumindest bei der Kapitalvergabe half, um Vertrauen bei Geldgebern aufzubauen. Denn die Investoren wussten, dass hinter dem Namen ein vermögendes Handelsunternehmen steht.

Insgesamt konnte Frank nie konkret von den Erfolgen seines Vaters profitieren, da der Name nicht im Fokus stand, sondern seine eigenen Leistungen und Strategien. Dafür waren nicht nur allein die Branchen, sondern auch die persönlichen Lebenseinstellungen zu unterschiedlich. Bei großen Meilensteinen, wie z.B. mit OK Radio oder VIVA, hörte er zwar hinterher manchmal ein »War ja klar – ein Otto eben«, aber das nützte ihm im Unternehmensaufbau recht wenig. Oberstes Credo bleibt für Frank daher, dass ein Gründer immer seine eigene Leidenschaft finden muss. Nur dann bleibt er auch authentisch und kann sich weiterentwickeln.

Zukunftsaussichten und Gründer-Tipps

Eine kontinuierliche Weiterentwicklung ist für Unternehmer essenziell. Denn seiner Meinung nach wird kein Geschäftsmodell für die Ewigkeit gebaut, alles kann und wird sich verändern. Als Beispiel nennt er den erfolgreichen Sender VIVA, der heute nicht mehr existiert. Daher sollte jeder Unternehmer bereit sein, sein Geschäftsmodell anzupassen. Außerdem ist es sinnvoll, den Blick immer nach vorne zu richten, um zukünftige Trends erkennen zu können. Frank selbst investierte beispielsweise schon vor drei Jahren in die Firma CannaCare Health GmbH und CBD-Produkte. Heute ist das Unternehmen mehrere Millionen Euro wert und mit der anstehenden Cannabis-Legalisierung kommen noch weitere Einnahmemöglichkeiten hinzu.

Ebenfalls ist es immer vorteilhaft, neben dem Zukunftsblick einen persönlichen Bezug zur gewählten Branche zu besitzen. Frank beschäftigt sich z.B. seit seiner Jugend mit dem Umweltschutz, weshalb er sich schon damals für erneuerbare Energien interessierte und auch in dem Bereich investierte. Heute hat sich daraus ein Milliarden-Markt entwickelt, der auch viele verschiedene Geschäftsmodelle ermöglicht. Daher ist für ihn klar, dass sich ein langer Atem lohnt und Geduld beim Gründer-Dasein dazugehört. Nur wer sein Ziel fest im Blick hat und auch mögliche finanzielle Hürden von vornherein einplant, kann langfristig *außergewöhnlich erfolgreich* bleiben.

SCHLUSS

Welche Wege kann man gehen, um *außergewöhnlich erfolgreich* zu werden? Sicher war dir schon vor dem Lesen dieses Buchs klar: Die eine Strategie, die immer funktioniert, gibt es nicht. Denn genau diese Erfahrung haben auch viele unserer Co-Autoren gemacht. Diverse Ansätze, verschiedene Geschäftsmodelle und unterschiedliche Strategien. Sie alle aber führten zum Erfolg. Was sie aber alle gemein haben, ist ihr unbändiger Wille und die Bereitschaft, auch nach Rückschlägen nicht aufzugeben, sondern weiter an sich zu arbeiten.

Jetzt aber geht die Frage an dich: Welches Geschäftsmodell passt am besten zu dir? Mit welcher Idee kannst du am meisten anfangen? Die Geschichten in diesem Buch sollen dir zur Inspiration und Motivation dienen. Wie du deinen Business-Weg startest, bleibt ganz dir überlassen. Aber mit unserer Erfahrung über viele Jahre und unserem weitreichenden Netzwerk an Business-Kontakten in unterschiedlichste Branchen können wir dich dabei unterstützen, die ersten schweren Schritte zu bewältigen.

Unabhängig von deiner momentanen Situation und deinen Präferenzen für das eine oder das andere Geschäftsmodell unserer Gründungsexperten können wir helfen. Wir sind Experten darin, aus Ideen ein Online-Business zu entwickeln. Mit unserem Kickstart Coaching erhältst du eine Grundausbildung zu den wichtigsten Aspekten an nur einem Wochenende. Anschließend stehen wir dir über sechs Monate beratend zur Seite und begleiten dich bei deinem Business-Aufbau. Was du dafür tun musst? Bewirb dich für unser Coaching, stelle deine Geschäftsidee vor und überzeuge uns in einem kostenlosen Strategiegespräch. Denn damit stellen wir sicher, dass du und wir erfolgreich zusammenarbeiten können.

Wichtig dabei ist vor allem ein Aspekt: Du musst Spaß und Leidenschaft für dein Projekt mitbringen, denn das sind am Ende entscheidende Faktoren, um auch schwierige Phasen beim Business-Aufbau zu meistern. Dieser zweite Teil von *Außergewöhnlich Erfolgreich* hat dir eine erste Grundlage gegeben. Wenn du willst, unterstützen wir dich auf deinem weiteren Weg. Und vielleicht schreibst genau du die nächste *außergewöhnlich erfolgreich*e Geschichte.

Wir freuen uns auf dich und deine kreativen Ideen!
Mit herzlichen Grüßen aus Köln

Dein Thomas Klußmann & Christoph J. F. Schreiber

Das reicht dir noch nicht?
Dann kannst du dich unter:

https://start.gruender.de/ae/bonus/

im Mitgliederbereich anmelden und dir ein Best-of der spannendsten, unterhaltsamsten und aufschlussreichsten Interviews unserer Co-Autoren im Video anschauen.

URHEBERRECHT

Impressum

Digital Beat GmbH
Hansaring 97
50670 Köln